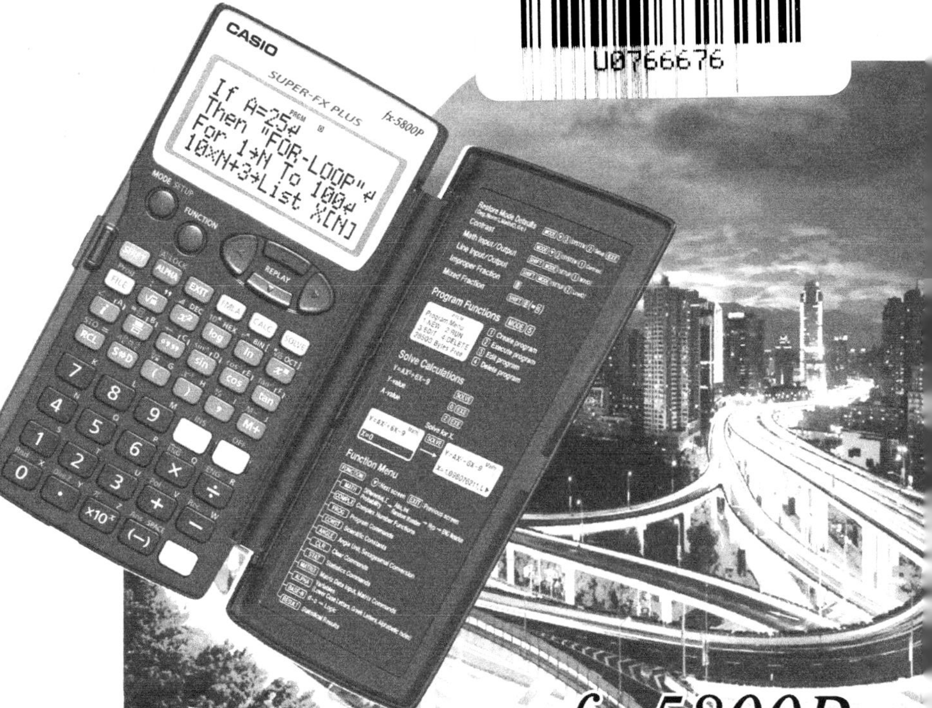

卡西欧 fx-5800P 计算器
道路施工放样程序
从入门到精通

王中伟 编著

·广州·

内容简介

本书详细介绍了卡西欧 fx-5800P 编程计算器的基本操作、编程方法与技巧，汇总了道路坐标计算的相关计算理论和公式，编制了分别适用于道路主线、立交匝道的平面坐标放样计算程序，以及一套实用的道路施工放样综合程序。

书中的程序吸收了目前最新的编程方法与技巧，内容从易到难，从简到繁，程序功能从单一到综合，层层递进。书中最后的道路施工放样综合程序已经具备了路线三维参数查询、坐标反算、平面放样计算、路基填挖施工放样计算、隧道超欠挖计算等多种功能，适用于道路、立交匝道、桥梁涵洞、隧道以及其他道路构造物的现场放样计算。

本书主要作为高等职业技术院校与卡西欧（中国）贸易有限公司合作教学的培训教材，既适合在校学生作为初学者入门学习，也可供施工一线的道路工程测量技术人员参考使用。

图书在版编目（CIP）数据

卡西欧 fx-5800P 计算器道路施工放样程序从入门到精通/王中伟编著．—广州：华南理工大学出版社，2014.10（2022.10 重印）

ISBN 978-7-5623-4456-8

Ⅰ.①卡… Ⅱ.①王… Ⅲ.①可编程序计算器-应用-道路测量-坐标测量法 Ⅳ.①U412.4

中国版本图书馆 CIP 数据核字（2014）第 252961 号

卡西欧 fx-5800P 计算器道路施工放样程序从入门到精通
王中伟　编著

出 版 人：	柯　宁
出版发行：	华南理工大学出版社
	（广州五山华南理工大学17号楼，邮编510640）
	营销部电话：020-87113487　87111048（传真）
	E-mail：scutc13@scut.edu.cn　http://hg.cb.scut.edu.cn
策　　划：	吴兆强
责任编辑：	吴兆强
责任校对：	袁桂香
印 刷 者：	广州小明数码快印有限公司
开　　本：	880mm×1230mm　1/32　印张：7.25　字数：371千
版　　次：	2014年10月第1版　2022年10月第10次印刷
定　　价：	20.00元

版权所有　盗版必究　　印装差错　负责调换

前 言

卡西欧编程计算器具有体积小、重量轻、性能稳定、耗电量小、携带方便、价格适中等特点，且计算函数丰富，可编写程序自动计算，使用方便，计算功能强大，特别适合测量工程师在野外进行相关繁琐的计算，号称测量工程师的"好帮手"。目前，卡西欧fx-5800P型计算器是使用最广泛的一种型号。

《CASIO fx-5800P 计算器与道路坐标放样计算》一书于2008年1月由华南理工大学出版社正式出版，并作为湖南交通职业技术学院与卡西欧（中国）贸易有限公司合作教学项目的教材使用至今，培养了数千名能熟练使用卡西欧编程计算器的技能型人才。

三年来，根据广大读者提出的部分合理建议，同时作者也研究、吸纳了这期间出现的编程方法和技巧，对原书稿做了大幅度改动，主要是优化了路线坐标计算原理和公式，计算器和程序操作使用流程全部采用仿真的计算器结果显示屏幕，并全部重新编写了程序，编制了分别适用于道路主线、立交匝道的平面坐标放样计算程序，以及一套实用的道路施工放样综合程序。其中，道路施工放样综合程序已经具备了路线三维参数查询、坐标反算、平面放样计算、路基填挖施工放样计算、隧道超欠挖计算等多种功能，适用于道路、立交匝道、桥梁涵洞、隧道以及其他道路构造物的现场放样计算。

本书以《卡西欧 fx-5800P 计算器道路施工放样程序从入门到精通》为书名出版发行，并将继续作为湖南交通职业技术学院与卡西欧（中国）贸易有限公司合作教学项目的教材使用。

本书由湖南交通职业技术学院王中伟担任主编，编写了第1、3、4、5、6章，并负责全书的统稿、插图绘制和全部道路放样计算程序的开发，本书第2章由湖南交通职业技术学院彭东黎编写。

本书所有程序均可向读者或者教学培训单位免费传输，需要者可与湖南交通职业技术学院王中伟联系，电子邮箱：595077@

qq. com；通信地址：湖南交通职业技术学院路桥工程学院，（湖南长沙干杉，邮编：410132）。各高职高专院校若有意向与卡西欧（中国）贸易有限公司合作教学，请与刘航先生联系，电子邮箱：liu. hang@casio. com. cn。

本书编写过程中，中铁十八局侯延哲、中铁十九局李德喜、山西读者赵全生、广东交通职业技术学院陈睿、四川读者魏加训、长沙路桥黄泽明等均不同程度地给予了帮助，在此一并致谢。

限于我们的水平，书中难免有不当之处，恳请读者批评指正。

编　者
2014 年 10 月于长沙

目 录

第 1 章　卡西欧 fx-5800P 计算器及其基本操作方法 …………………………… (1)
　1.1　卡西欧编程计算器简介 ……………………………………………… (1)
　　1.1.1　卡西欧编程系列计算器 ………………………………………… (1)
　　1.1.2　卡西欧编程计算器的工程应用 ………………………………… (2)
　1.2　计算器的按键、屏幕及基本设置 …………………………………… (3)
　　1.2.1　键盘区域 ………………………………………………………… (3)
　　1.2.2　按键 ……………………………………………………………… (4)
　　1.2.3　屏幕及状态栏 …………………………………………………… (4)
　　1.2.4　模式的选择 ……………………………………………………… (6)
　　1.2.5　计算器的设定 …………………………………………………… (7)
　　1.2.6　计算器的功能菜单 ……………………………………………… (10)
　1.3　基本计算操作 ………………………………………………………… (11)
　　1.3.1　函数 ……………………………………………………………… (11)
　　1.3.2　表达式的计算 …………………………………………………… (12)
　　1.3.3　多重语句的计算 ………………………………………………… (15)
　　1.3.4　使用存储器的计算 ……………………………………………… (15)
　1.4　角度及三角函数计算 ………………………………………………… (16)
　　1.4.1　角度的输入、转换与计算 ……………………………………… (16)
　　1.4.2　三角函数与反三角函数的计算 ………………………………… (17)
　　1.4.3　直角坐标与极坐标的换算 ……………………………………… (18)
　1.5　公式的计算 …………………………………………………………… (20)
　　1.5.1　屏幕公式计算 …………………………………………………… (20)
　　1.5.2　计算器内置公式计算 …………………………………………… (24)
　　1.5.3　用户公式计算 …………………………………………………… (27)
　1.6　普通计算模式下的其他计算 ………………………………………… (29)
　　1.6.1　微积分计算 ……………………………………………………… (29)
　　1.6.2　求和计算 ………………………………………………………… (30)
　　1.6.3　矩阵计算 ………………………………………………………… (31)
　　1.6.4　复数计算 ………………………………………………………… (35)
　1.7　数据的统计计算 ……………………………………………………… (36)
　　1.7.1　统计数据的输入与编辑 ………………………………………… (36)
　　1.7.2　统计变量及函数 ………………………………………………… (37)
　　1.7.3　单变量统计计算 ………………………………………………… (39)

1

1.7.4　双变量统计计算 …………………………………………… (41)
　1.8　其他模式的计算 ……………………………………………………… (46)
　　1.8.1　方程式计算（EQN）………………………………………… (46)
　　1.8.2　数表计算（TABLE）………………………………………… (47)
　　1.8.3　序列计算（RECUR）………………………………………… (48)
　　1.8.4　基数计算（BASE-N）………………………………………… (48)

第2章　卡西欧 fx-5800P 计算器的编程方法与技巧 ……………… (50)
　2.1　程序的建立、运行与管理 …………………………………………… (50)
　　2.1.1　创建一个新程序 ……………………………………………… (50)
　　2.1.2　程序的运行 …………………………………………………… (52)
　　2.1.3　程序文件的管理 ……………………………………………… (54)
　　2.1.4　程序文件的传输 ……………………………………………… (56)
　2.2　编程命令 ……………………………………………………………… (58)
　　2.2.1　程序命令 ……………………………………………………… (58)
　　2.2.2　统计计算命令 ………………………………………………… (66)
　　2.2.3　计算设定命令 ………………………………………………… (67)
　　2.2.4　变量的扩充 …………………………………………………… (68)
　2.3　编程方法与应用实例分析 …………………………………………… (69)
　　2.3.1　编程的步骤 …………………………………………………… (69)
　　2.3.2　编程要点与技巧 ……………………………………………… (72)
　　2.3.3　实例一：偏角法进行圆曲线放样计算程序 ………………… (74)
　　2.3.4　实例二：坐标转换计算程序 ………………………………… (79)
　　2.3.5　实例三：路线设计高程计算程序 …………………………… (82)

第3章　道路施工坐标放样的相关计算 ……………………………… (87)
　3.1　道路中线组成及其要素计算 ………………………………………… (87)
　　3.1.1　道路中线的组成 ……………………………………………… (87)
　　3.1.2　回旋曲线特性及相关计算 …………………………………… (89)
　　3.1.3　路线基本型曲线要素计算 …………………………………… (93)
　3.2　道路基本型曲线的中线坐标计算 …………………………………… (95)
　3.3　立交匝道的中线坐标计算 …………………………………………… (102)
　　3.3.1　立交匝道的线型特点 ………………………………………… (102)
　　3.3.2　不同线单元要素与坐标的计算 ……………………………… (103)
　　3.3.3　线元要素与坐标的统一计算公式 …………………………… (106)
　　3.3.4　路线坐标积分计算的数值算法 ……………………………… (110)
　3.4　道路中线外点的定位计算 …………………………………………… (114)
　　3.4.1　道路中线外一点的坐标计算 ………………………………… (114)
　　3.4.2　由路线外一点反求桩号的计算 ……………………………… (116)

目 录

第4章 道路坐标放样正反算程序 ROAD 及其应用 (120)
4.1 道路坐标放样正反算程序 ROAD (120)
4.1.1 程序清单 (120)
4.1.2 变量清单 (124)
4.1.3 程序计算流程图 (125)
4.2 路线单交点计算操作流程 (126)
4.3 全线贯通的路线数据库子程序编写及应用 (132)
4.3.1 路线数据库子程序的格式及编写示例 (132)
4.3.2 全线贯通的 ROAD 程序计算操作流程 (135)
4.4 道路坐标放样正反算程序的评析 (144)

第5章 立交匝道坐标放样正反算程序 RAMP 及其应用 (147)
5.1 立交匝道坐标放样正反算程序 RAMP (147)
5.1.1 程序清单 (147)
5.1.2 变量清单 (149)
5.1.3 程序计算流程图 (150)
5.1.4 程序基本操作流程 (151)
5.2 立交匝道数据库子程序编写及应用 (153)
5.2.1 立交匝道数据库子程序格式及编写示例 (153)
5.2.2 立交匝道参数辅助计算 EXCEL 程序的使用 (158)
5.2.3 使用数据库子程序的 RAMP 程序计算操作流程 (162)

第6章 公路施工放样综合程序 RDWORK 及其应用 (171)
6.1 公路施工放样综合程序清单 (171)
6.1.1 入口程序 (171)
6.1.2 子程序 (174)
6.1.3 数据库子程序 (181)
6.2 公路施工放样综合程序的解读 (185)
6.2.1 程序的特点与功能 (185)
6.2.2 数据库的转换 (186)
6.2.3 程序扩展变量的分配 (194)
6.3 公路施工放样综合程序的应用实例 (196)
6.3.1 中桩坐标与设计高程计算模式 (196)
6.3.2 坐标反算模式 (198)
6.3.3 平面坐标放样模式 (200)
6.3.4 路基填挖放样模式 (207)
6.3.5 隧道超欠挖计算模式 (213)

参考文献 (223)

第 1 章 卡西欧 fx-5800P 计算器及其基本操作方法

1.1 卡西欧编程计算器简介

1.1.1 卡西欧编程系列计算器

编程计算器又称程式式计算器,是一种能够输入编写好的计算程序,可根据需要随时调用进行重复计算的一种高级电子计算器。

卡西欧公司生产的编程计算器,主要型号有:fx-3650P、fx-3950P、fx-4500PA、fx-4800P、fx-4850P、fx-5800P,它们型号后面都有一个字母"P"(编程英文 program 的首字母),如图 1-1 所示。

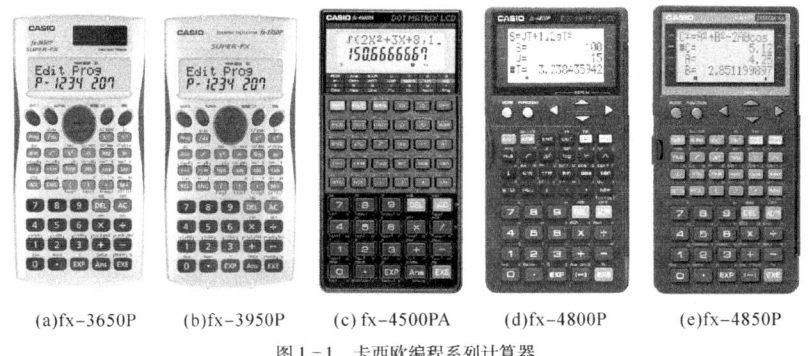

(a)fx-3650P　　(b)fx-3950P　　(c) fx-4500PA　　(d)fx-4800P　　(e)fx-4850P

图 1-1　卡西欧编程系列计算器

其中,fx-4500PA 计算器应该是第一款在工程中得到广泛应用的卡西欧编程计算器,其程序容量是 1 103 步。fx-4500PA 之后推出了 fx-4800P,其程序容量扩充到 4 500 步,而其后的 fx-4850P 型计算器在功能和外形上与 fx-4800P 型计算器几乎完全一致,只是它的程序容量猛增加到了 28 500 步,是 fx-4800P 型计算器的 6 倍多,这样大的容量,几乎可以把常用的计算程序全部存入。

fx-5800P 型计算器于 2006 年 10 月面市,是卡西欧编程计算器的又一款经典机型(如图 1-2 所示),与它的替代产品 fx-4850P 型计算器相比,其主要改进之处主要有:

(1) 显示屏采用 96 点×31 点的连续液晶矩阵显示,屏幕字符显示更加灵活。
(2) 数据通信功能,可使用通信线在两台 fx-5800P 计算器之间传递程序。
(3) 内置 128 个常用公式和 40 个科学常数。
(4) 程序使用类似 BASIC 程序结构命令,实现条件语句、循环语句等命令的结构化、

 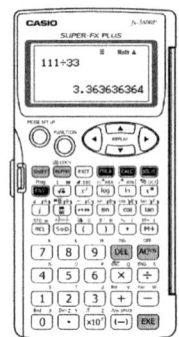

图1-2 卡西欧fx-5800P编程计算器外形图

提供比以前功能更强大的程序控制命令。

(5) 可采用自然书写形式的函数输入和输出显示。

(6) 增加了矩阵计算功能，可计算最高10阶的矩阵。

(7) 增加了数据串列，使统计计算中的样本数据便于编辑和修改。

(8) 数据存储器保护功能，使用闪存作为内存，掉电后内存数据不会丢失（同我们平时使用的U盘类似）。

除了P系列的编程计算器外，卡西欧公司还有一些高端的G系列图形计算器也具有编程功能，如fx-7400G、fx-9750G、fx-9860G等机型，这些机型均采用结构化的编程语言，与fx-5800P计算器的编程语言基本一致。

1.1.2 卡西欧编程计算器的工程应用

早在20世纪90年代末，卡西欧fx-4500PA编程计算器就已经在我国工程界得到了比较广泛的应用，到2002年，卡西欧编程计算器几乎成为工程师，特别是测量工程师的"标准配置"。

有关卡西欧计算器编程的工程应用也常见于各种学术期刊。根据作者的统计，每年发表在各类杂志上的有关卡西欧计算器的工程应用论文都有几十篇。

在电脑及各种工程软件高度发达的今天，还有如此多的期刊论文专门总结一种计算器的应用，或者强调使用这种计算器作为工具，这是不多见的。

在道路工程领域中，卡西欧编程计算器应用最广泛的领域主要还是在道路平面施工放样的计算中。道路平面施工放样的方法有很多种，其中最主要的方法是坐标放样或极坐标放样，放样工作开始之前，需要根据待放样点位和控制点的平面坐标计算出放样数据。目前全站仪都具备极坐标放样的功能，也可以利用专业软件提前计算出放样数据。但工程现场的条件是变化的，预先计算好的放样数据由于点位的破坏或通视条件的限制，可能不便再使用，需要现场计算，这时采用预先编制好计算程序的可编程计算器，可以大大缩短在外作业时间，提高工作效率。

工程实践也证明，卡西欧编程计算器非常适用于从事道路工程的技术人员使用，特别是在野外从事测量放样工作的测量工程师，号称测量工程师的"好帮手"。

第1章 卡西欧 fx-5800P 计算器及其基本操作方法

在计算机及各种工程软件高度发达的今天,卡西欧编程计算器还有如此大的应用空间,这是为什么呢?编者认为,主要原因如下:

(1) 卡西欧编程计算器价格经济,便于携带,随时可用。即便是笔记本电脑,要将它带到施工现场亦嫌笨重,且对环境要求高,掌上电脑虽便于携带,但价格偏高,且专用于计算也似乎并不方便和合算。这种可以随时从口袋里抽出来进行计算的卡西欧编程计算器,符合工程现场计算的要求。

(2) 卡西欧编程计算器可编程应用,且程序语言简单易学,可使用程序进行工程现场比较复杂的计算。

计算能力是工程技术人员的一项重要能力,而充分合理地利用计算工具进行计算对工程技术人员来说更是至关重要。要学好卡西欧编程计算器,掌握其基本计算功能的使用和应用现有程序是基础,但要想在工作中更加得心应手,关键在于掌握计算器的编程方法和技巧,结合工程实际灵活运用,而不仅仅局限于拿别人现成的程序来使用。

1.2 计算器的按键、屏幕及基本设置

1.2.1 键盘区域

卡西欧 fx-5800P 计算器的键盘主要分三个区域排列,如图 1-3 所示。

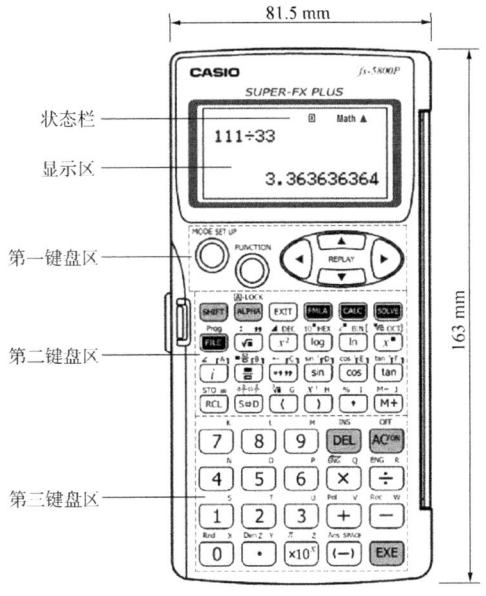

图 1-3 fx-5800P 计算器键面示意图

3

(1) 第一键盘区。有模式/设定键 ○ MODE SETUP、功能键 ○ FUNCTION 和光标移动/重演键 ◁▷△▽ REPLAY。

模式/设定键主要用于选择计算模式及配置计算器输入和输出、计算参数等设定。

功能键主要用于输入各种数学函数、命令、常数、符号以及进行其他特殊的操作。

四个光标/重演键主要用于在显示屏上移动光标、屏幕翻页、查看计算履历等。

(2) 第二键盘区。有 4 行 6 列共 24 个键,其键面功能主要是数学函数运算。

(3) 第三键盘区。有 4 行 5 列共 20 个键,其键面功能主要是数字 0～9 和 +、-、×、÷等四则运算。

1.2.2 按键

卡西欧 fx-5800P 计算器的每个按键都具有一种以上的功能。各功能以彩色符号标于键盘之上,以帮助使用者方便地找到需要的功能键。

以图 1-4 所示按键为例,该按键的功能与按键操作列于表 1-1 中。

图 1-4 fx-5800P 计算器按键功能示意图

表 1-1 fx-5800P 计算器按键功能及操作方法

编号	功能	颜色	功能说明	按键操作	在本教材中的按键表述形式
①	ln	白色	自然对数函数	按该键	[ln]
②	$e^\blacksquare$	橙色	自然数乘方函数	按[SHIFT]键,然后按该键	[SHIFT] [$e^\blacksquare$]
③	[	红色	输入字符方括号 "["	按[ALPHA]键,然后按该键	[ALPHA] [[ ]
④	BIN	绿色	设定为二进制计算模式	在 BASE-N 模式下,按该键	[BIN]

通常,为输入英文字母而按下[ALPHA]键时,状态栏将显示 **A**,表示进入英文字母或字符的输入状态,按下一个字母或字符按键之后,**A** 标记消失,键盘即返回其基本功能状态。如果先按[SHIFT]键再按[ALPHA]键,状态栏亦显示 **A**,但此时键盘将锁定英文字母或字符的输入状态,用户可连续输入字母或字符,直至再次按[ALPHA]键,**A** 标记消失为止。

英文字母及字符在键盘中的分布如图 1-5 所示。

图 1-5 fx-5800P 计算器的英文字母及字符按键分布示意图

1.2.3 屏幕及状态栏

卡西欧 fx-5800P 计算器显示屏采用 96 点×31 点的

第1章 卡西欧 fx-5800P 计算器及其基本操作方法

液晶矩阵显示和一行状态栏。一般情况下，可同时显示四行，每行可显示 16 个字符，如图 1-6 所示。

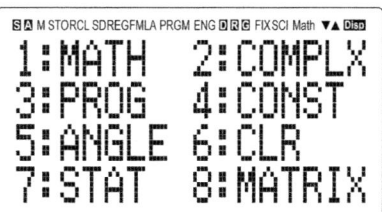

图 1-6 fx-5800P 计算器的屏幕及状态栏

为了使用户了解计算器处于什么状态或模式，显示屏状态栏上将显示各种相应的指示符，其意义列于表 1-2。

表 1-2 fx-5800P 计算器状态栏指示符含义

序号	指示符	含义
1	S	按下 SHIFT 键后出现，表示按键将输入橙色符号所标的功能
2	A	按下 ALPHA 键后出现，表示按键将输入红色符号所标的字母或符号
3	STO	按下 SHIFT RCL 键后出现，将指定值或计算结果存入指定的变量
4	RCL	按下 RCL 键后出现，查看指定给变量的值
5	SD	计算器处于 SD 模式，即单变量统计计算模式
6	REG	计算器处于 REG 模式，即双变量统计计算模式
7	FMLA	表示当前程序模式工作对象是公式
8	PRGM	表示当前程序模式工作对象是程序
9	ENG	按工程显示数值
10	D	选用"度"作为角度测量和计算单位
11	R	选用"弧度"作为角度测量和计算单位
12	G	选用"梯度"作为角度测量和计算单位
13	FIX	已指定显示小数位数
14	SCI	按科学表示法显示数值
15	Math	当前表达式的输入与输出设定为普通显示
16	Disp	当前显示的数值为中间计算结果
17	▲▼	表示当前显示屏的上、下有数据

显示屏的对比度是可调节的。首先，调出显示对比度调整屏幕（图 1-7），按键方法为：MODE ▼ 3 (SYSTEM) 1 (Contract)。

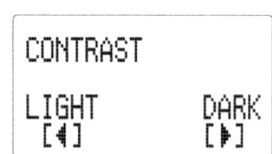

图 1-7 fx-5800P 计算器的显示对比度调整屏幕

然后使用 ◀ 和 ▶ 键调整显示对比度,当调整到满意的对比度效果之后,按 EXIT 键退出。此外,在按 MODE 键进入模式菜单屏幕时,也可使用 ◀ 和 ▶ 键调整显示对比度。

1.2.4 模式的选择

在进行计算前,首先应选择适当的模式。

按下 MODE SETUP 键,屏幕显示模式菜单选项,如图 1-8 所示,可使用 ▼ 和 ▲ 键在菜单屏幕 1 和屏幕 2 之间进行切换。fx-5800P 计算器共有 11 种模式,键入模式前的数字就可选中该模式。计算器必须处于该 11 种模式中的一种模式下,关闭电源,计算器仍能保存上次设置的模式。

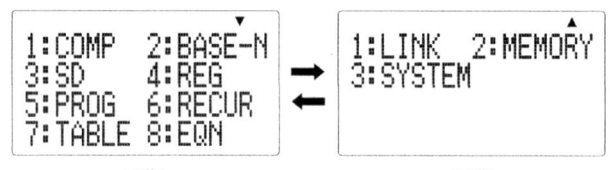

图 1-8 模式菜单选项

各种模式的含义列于表 1-3。

表 1-3 fx-5800P 计算器模式菜单选项的含义

序号	模式选项名称	含 义
1	COMP	普通计算模式,包括函数计算
2	BASE-N	基数计算模式,2 进制、8 进制、10 进制、16 进制的变换及逻辑运算
3	SD	单变量统计(数理统计)计算模式
4	REG	双变量统计(回归)计算模式
5	PROG	程序模式,定义程序或公式文件名,输入、编辑、执行程序或公式
6	RECUR	序列计算模式,可使用 a_n 和 a_{n+1} 两种序列类型创建序列表
7	TABLE	数表计算模式,创建 x 和对应 $f(x)$ 值的数表计算
8	EQN	方程式计算模式,可求解最高五元一次联立方程组及一元三次方程
9	LINK	数据通信,用于在两个 fx-5800P 计算器之间传输程序
10	MEMORY	存储器管理
11	SYSTEM	对比度调整,复位

1.2.5 计算器的设定

按下 [SHIFT] [MODE SETUP] 键,屏幕显示设定菜单选项,如图 1-9 所示,有两个设定菜单屏幕,可使用 ▼ 和 ▲ 键在菜单屏幕 1 和屏幕 2 之间进行切换。计算器设定用来配置输入和输出设定、角度单位、计算参数和其他设定。

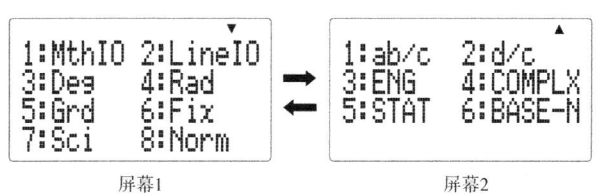

屏幕1　　　　　　　　屏幕2

图 1-9　设定菜单选项

1. 设定显示格式(MthIO, LineIO)

fx-5800P 计算器可对输入的表达式和计算结果选择使用普通显示(MthIO)或线性显示(LineIO)。

普通显示即自然书写显示方式,是 fx-5800P 计算器区别于 fx-4850P 计算器的特点之一,在这种显示方式下,计算器可按照分数、平方根、微分、积分、指数、对数和其他数学表达式的自然书写形式加以显示。这种格式既可用于输入表达式,也可应用于输出计算结果。线性显示则使用传统的计算器定义的特殊格式输入和显示表达式以及函数。

当设定了普通显示格式后,计算器屏幕的状态栏将显示 Math。支持普通显示的科技函数有 16 个,具体参见《fx-5800P 用户说明书》第 16 页。

表 1-4 是几个数学表达式的普通显示及线性显示计算屏幕示例。

表 1-4　fx-5800P 计算器普通显示及线性显示计算屏幕示例

序号	数学表达式	线性显示	普通显示
1	$\dfrac{1+2}{2\times 3}+\dfrac{5}{3}=\dfrac{13}{6}$	(1+2)÷(2×3)+5÷3 2.166666667	$\dfrac{1+2}{2\times 3}+\dfrac{5}{3}$ $\dfrac{13}{6}$
2	$\dfrac{\sqrt{18}}{3}+\dfrac{\sqrt{6}}{\sqrt{3}}-2^3\times\sqrt{3}=-8\sqrt{3}+2\sqrt{2}$	√(18)÷3+√(6)÷√(3)-2^(3)×√(3) -11.02797934	$\dfrac{\sqrt{18}}{3}+\dfrac{\sqrt{6}}{\sqrt{3}}-2^3\times\sqrt{3}$ $-8\sqrt{3}+2\sqrt{2}$
3	$\left.\dfrac{d^2}{dx^2}(x^3+4x^2)\right\|_{x=3}=26$	d²/dX²(X^(3)+4X² ,3) 26	$\left.\dfrac{d^2}{dX^2}(x^3+4X^2)\right\|_{X=3}$ 26

续表1-4

序号	数学表达式	线性显示	普通显示
4	$\int_0^{2\pi} |\sin x| dx = 4$	∫(Abs(sin(X)),0,2π)　　　4	$\int_0^{2\pi} |\sin(X)| dX$　　4

设定了普通显示格式，在完成表达式的输入后，按 EXE 键执行计算将会以普通格式显示计算结果，可以使用 S⇔D 键在小数格式与普通格式之间变换计算结果，如图1-10所示。

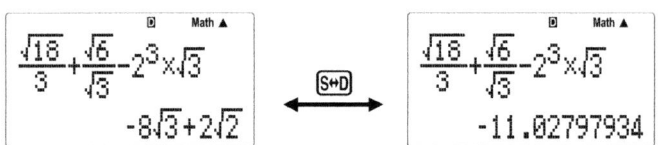

图1-10　按 S⇔D 键在小数格式与普通格式之间变换计算结果

本书后面所示 fx-5800P 计算器操作示例，若无特别强调，均设定为线性显示，不再另作说明。

2. 设定角度单位（Deg，Rad，Gra）

在进行涉及角度及三角函数的计算前，正确设置角度单位是非常重要的。

各角度单位选项的意义如表1-5所示。

表1-5　fx-5800P 计算器角度单位选项意义

序号	选项	意义
1	Deg	指定十进制度为当前角度缺省单位，屏幕状态栏显示 D
2	Rad	指定弧度为当前角度缺省单位，屏幕状态栏显示 R
3	Gra	指定梯度为当前角度缺省单位，屏幕状态栏显示 G

各角度单位的换算关系为：360度=2π弧度=400梯度。道路测量与放样中所使用的经纬仪和全站仪的度盘是按照一个圆周为360度进行分划的，因此，在使用 fx-5800P 计算器进行有关角度的测量计算中，一般设定 Deg 选项设置为角度单位。

3. 设定小数显示位数（Fix）

可以输入数字0～9，以指定小数点后显示的位数（按四舍五入）。设置了 Fix 显示格式后，状态栏显示 FIX。如要取消 Fix 格式显示，需设定 Norm 格式显示。

例如，按 SHIFT SETUP 6 4 键将显示位数设置为4位，再按 2 SHIFT π EXE 键，屏幕显示结果为6.2832。

4. 设定科学记数的有效位数（Sci）

表示数值均按科学记数法（即指数记数法）显示，并通过输入数字0～9，指定科学记数显示的有效位数，当输入0时，表示科学记数显示的有效位数为10。设定了 Sci 显示格式后，状态栏显示 SCI。设定了 Fix 与 Sci 中的任一种显示格式后，另一种自动取消。如要取消 Sci 格式显示，则需设定 Norm 格式显示。

例如，按 [SHIFT][SETUP][7][8] 键将科学记数显示的有效位数设置为 8 位，再按 100 [SHIFT][π][EXE] 键，屏幕显示结果为 3.1415927×10^2。

5．设定科学记数法范围（Norm）

可以输入数字 1 或 2 分别选择 Norm1 或 Norm2。

Norm1：对于小于 10^{-2} 和大于等于 10^{10} 的数值，采用科学记数法。

Norm2：对于小于 10^{-9} 和大于等于 10^{10} 的数值，采用科学记数法。

6．打开/关闭工学记数法（Eng）

工学记数法就是以 10^3 或 10^{-3} 的整数倍格式显示，分为数字和字母符号两个部分，其数字部分的表示范围为 1～999，显示的字母符号的意义列于表 1-6。

表 1-6 fx-5800P 计算器工学字母符号意义

序号	符号	意 义	单 位	序号	符号	意 义	单 位
1	P	千兆兆	10^{15}	6	m	毫	10^{-3}
2	T	兆兆	10^{12}	7	μ	微	10^{-6}
3	G	千兆	10^9	8	n	毫微	10^{-9}
4	M	兆	10^6	9	p	微微	10^{-12}
5	k	千	10^3	10	f	毫微微	10^{-15}

设置了 Eng 格式显示后，状态栏显示 ENG。Eng 格式显示可以与 Fix 或 Sci 共存，选择 Norm 格式显示不可以取消 Eng 格式显示，除非重复设定取消 Eng 格式显示。

例如，设置了 Eng 格式显示后，按 1000 [SHIFT][π][EXE] 键，屏幕显示结果是 3.141592654k。

在输入的数值后面直接输入表 1-6 中工学单位字母的方法是：按 [FUNCTION][1][▼][▼][▼] 键，屏幕显示如图 1-11 所示，根据需要选择其中的一个单位即可完成输入。

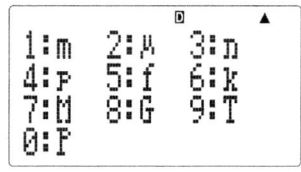

图 1-11 Eng 格式的工学单位字母输入菜单

例如，在 Eng 显示格式下，要计算表达式 2.13M + 174.3k 的结果，键入 2.13 [FUNCTION][1][▼][▼][▼][7][+] 174.3 [FUNCTION][1][▼][▼][▼][6]，屏幕显示结果

2. 3043M，再按 [SHIFT] [SETUP] [▼] [3] [2] 键取消 Eng 显示格式后，屏幕显示结果为 2304300。

7. 其他设定

fx-5800P 计算器其他设定包括：分数显示格式、复数显示格式、打开/关闭统计频数、在 BASE – N 模式中启用/禁用负值，具体见表 1 – 7 所示。

表 1 – 7 fx-5800P 计算器其他设定选项意义

序号	选项		意义
1	*ab/c*		设定计算结果的分数显示格式为带分数
2	*d/c*		设定计算结果的分数显示格式为假分数
3	COMPLX	*a + bi*	设定复数计算结果显示格式为直角坐标格式
		r∠θ	设定复数计算结果显示格式为极坐标格式
4	STAT	FreqOn	设定在 SD 模式和 REG 模式计算期间打开统计频数
		FreqOff	设定在 SD 模式和 REG 模式计算期间关闭统计频数
5	BASE-N	Signed	设定在 BASE-N 模式计算中启用负值
		Unsigned	设定在 BASE-N 模式计算中禁用负值

1.2.6 计算器的功能菜单

按下 [FUNCTION] 键，屏幕显示功能菜单。在不同的模式下，按 [FUNCTION] 键后，屏幕显示的功能菜单选项是有差别的，图 1 – 12 所示为在 COMP 模式下的功能菜单选项，图 1 – 13 所示为在 SD 模式或 REG 模式下的功能菜单选项。键入模式选项前的数字就可以选中其中一种选项。各功能选项的意义见表 1 – 8 所示。

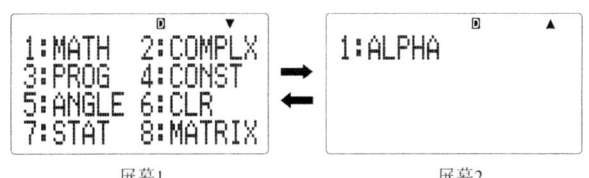

图 1 – 12 在 COMP 模式下的功能菜单选项

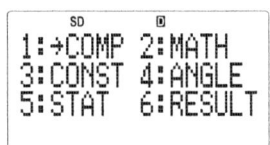

图 1 – 13 在 SD 或 REG 模式下的功能菜单选项

第1章 卡西欧 fx-5800P 计算器及其基本操作方法

表1-8 fx-5800P 计算器功能选项的意义

序号	功能选项	意 义
1	MATH	调出积分、微分、求和、极坐标、直角坐标等数学函数
2	COMPLX	调出复数计算函数
3	PROG	调出各种程序命令
4	CONST	调出计算器内置的40个常用科学常数,如真空中的光速、万有引力常数等
5	ANGLE	调出角度单位,包括10进制度、弧度、梯度及度分秒转换
6	CLR	清除统计样本、存储器、矩阵、变量等的内容
7	STAT	(1) 在普通计算模式下,用于调出各种统计计算变量; (2) 在单变量或双变量统计模式下,用于对统计样本的编辑,以及调出各种统计计算变量
8	RESULT	在单变量或双变量统计模式下,用于调出全部计算结果
9	MATRIX	调出矩阵编辑与计算命令
10	ALPHA	调出英文小写字母字符、希腊大小写字母字符、下标字符等
11	→COMP	在单变量或双变量统计模式下返回普通计算模式

按 [FUNCTION] 键进入功能菜单以及按 [MODE][SETUP] 键进入设定菜单后,都可以按 [EXIT] 键退出,但按 [MODE] 键进入模式菜单后,必须选择一种模式,按 [EXIT] 键不能退出模式菜单。

1.3 基本计算操作

1.3.1 函数

fx-5800 P 计算器的函数分为 A 型函数和 B 型函数。

A 型函数的输入方法是先输入数值,后按函数键。键面上的 A 型函数主要有 $\boxed{x^2}$、$\boxed{x^\blacksquare}$、$\boxed{x^{-1}}$、$\boxed{\circ\,\prime\,\prime\prime}$ 等。

B 型函数的输入方法是先按函数键,后输入数值。键面上的 B 型函数主要有 $\boxed{\sqrt{\blacksquare}}$、$\boxed{\sqrt[3]{\blacksquare}}$、$\boxed{\log}$、$\boxed{\ln}$、$\boxed{e^x}$、$\boxed{10^x}$、$\boxed{\sin}$、$\boxed{\cos}$、$\boxed{\tan}$、$\boxed{\sin^{-1}}$、$\boxed{\cos^{-1}}$、$\boxed{\tan^{-1}}$ 等。

除了计算器键面上标明的函数外,还有一些函数必须通过菜单选项输入。在 COMP 模式下,按 [FUNCTION][1] 键,屏幕显示如图 1-14 所示的函数菜单,再按 [▼] 键,屏幕显示如图 1-15 所示的函数菜单,再按 [▼] 键,屏幕显示如图 1-16 所示的函数菜单。

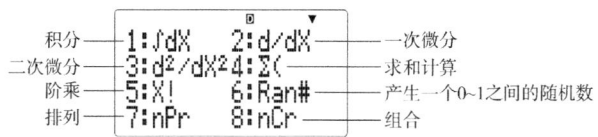

图 1-14 MATH 功能选项下的数学函数菜单 1

图 1-15 MATH 功能选项下的数学函数菜单 2

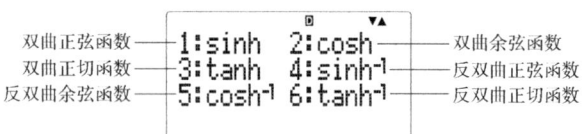

图 1-16 MATH 功能选项下的数学函数菜单 3

fx-5800P 计算器的函数都是带括号的,输入完函数的自变量后需要按 [)] 键关闭括号,但在按 [EXE] 键执行计算时,可以省略计算表达式末尾的一个或多个闭合括号。

1.3.2 表达式的计算

(1) 一般表达式的计算。一般表达式的计算及其按键操作见表 1-9 所示各例。

表 1-9 fx-5800P 一般表达式计算示例

序号	范 例	按键操作	计算结果
1	$4.33 \times (208.579 - 204.286)$	4.33 [×] [(] 208.579 [−] 204.286 [)] [EXE]	18.58869
2	$12 \times \sqrt{3^2 + 4^3}$	12 [×] [√] 3 [x²] [+] 4 [x■] 3 [EXE] (省略了末尾的两个闭合括号,以后类似情况不再说明)	102.5280449
3	$\log 24 + 4.34$	[log] 24 [)] [+] 4.34 [EXE]	5.720211242
4	$10^4 \cdot e^{-4} + 1.2 \times 10^{2.3}$	[SHIFT] [10■] 4 [)] [×] [SHIFT] [e■] [(−)] 4 [)] [+] 1.2 [×] [SHIFT] [10■] 2.3 [EXE]	422.5878667
5	$\sqrt[7]{123}$	7 [SHIFT] [√] 123 [EXE]	1.988647795
6	$2 \times \sinh 1.81166$	2 [FUNCTION] 1 [▼] [▼] 1 1.81166 [EXE]	5.957216502

(2) 含分数的表达式的计算。分数的输入键为 [▤],按 [▤] 键,屏幕显示"⌐"。分数的输入格式是:整数 [▤] 分子 [▤] 分母,或:分子 [▤] 分母。含分数的表达式计算见表 1-10 所示各例。

第1章 卡西欧 fx-5800P 计算器及其基本操作方法

表 1-10 fx-5800P 含分数的表达式计算示例

序号	范例	按键操作	计算结果
1	$\frac{2}{5}+3\frac{1}{4}$	2 [≡] 5 [+] 3 [≡] 1 [≡] 4 [EXE] （换算成小数结果）[S⇔D]	3⌐13⌐20 3.65
2	约简：$3\frac{456}{78}$	3 [≡] 456 [≡] 78 [EXE]	8⌐11⌐13
3	$\frac{1}{\frac{1}{3}+\frac{1}{4}}$	1 [≡] [(] 1 [≡] 3 [+] 1 [≡] 4 [)] [EXE] （换算成假分数）[SHIFT] [≡⇔≡] （换算成小数）[S⇔D]	1⌐5⌐7 12⌐7 1.714285714
4	$\frac{2}{3}+0.5$	2 [≡] 3 [+] 0.5 [EXE]	1.166666667
5	$\cosh^{-1}\left(\frac{20}{15}\right)$	[FUNCTION] 1 [▼] [▼] 5 20 [≡] 15 [EXE]	0.7953654612
6	$\left\lvert\log\frac{3}{4}\right\rvert$	[FUNCTION] 1 [▼] 1 [log] 3 [≡] 4 [EXE]	0.1249387366

（3）百分比的计算。百分比的输入键是[SHIFT][%]。fx-5800P 计算器的有关百分比计算的操作与 fx-4850P 计算器相比有较大的区别，主要是：fx-5800P 计算器可将百分比号（%）作为一个数学符号输入到计算表达式中，使百分比号（%）将它之前紧接的数值或括号内的运算值用作自变量（等于该值除以 100），而 fx-4850P 计算器的百分号则是作为一个运算的执行符号，按下该符号即计算表达式结果。

fx-5800P 计算器和 fx-4850P 计算器有关百分比的计算操作方法的异同如表 1-11 所示各例。由表可见，fx-5800P 计算器有关百分比的计算操作与常规的数学表达式是一致的，而 fx-4850P 计算器有关百分比的计算操作比较简洁，但按键操作方法难以记忆。

表 1-11 fx-5800P 百分比的计算示例

序号	范例	fx-4850P 按键操作	fx-5800P 按键操作	计算结果
1	求 15 的 26%？	15 [×] 26 [SHIFT] [%]	15 [×] 26 [SHIFT] [%] [EXE]	3.9
2	600 为 800 的百分之几？	600 [÷] 800 [SHIFT] [%]	600 [÷] 800 [SHIFT] [%] [EXE]	75
3	2000 增加 23% 后是？	2000 [×] 23 [SHIFT] [%] [+]	2000 [×] [(] 1 [+] 23 [SHIFT] [%] [)] [EXE]	2460
4	1500 减少 15% 后是？	1500 [×] 15 [SHIFT] [%] [−]	1500 [×] [(] 1 [−] 15 [SHIFT] [%] [)] [EXE]	1275

13

续表 1-11

序号	范 例	fx-4850P 按键操作	fx-5800P 按键操作	计算结果
5	200 加上 15 后的和是原数的百分之几？	15 [+] 200 [SHIFT] [%]	[(] 200 [+] 15 [)] [÷] 200 [SHIFT] [%] [EXE]	107.5(%)
6	500 变为 200 后，减少了百分之几？	200 [−] 500 [SHIFT] [%]	[(] 200 [−] 500 [)] [÷] 500 [SHIFT] [%] [EXE]	−60(%)
7	500 变为 600 后，增加了百分之几？	600 [−] 500 [SHIFT] [%]	[(] 600 [−] 500 [)] [÷] 500 [SHIFT] [%] [EXE]	20(%)

（4）表达式计算中的注意事项与操作技巧。

①在输入表达式计算之前，一般先按[AC^ON]键清除屏幕内容。

②在 B 型函数、常数、变量名、数值存储器名和开圆括号之前，可以省略乘号（×）。如以下表达式：

$2\sin(30)$、$10\log(1.2)$、$2\sqrt{(3)}$、$2\text{Pol}(5,12)$、2π、$2AB$、3Ans、$3(5+6)$ 等。

按照这一原则，某些表达式的输入可更加简洁，如表达式 $\dfrac{2\pi\sin30}{\cos10\cdot\sin20}$，比较简洁的按键方式为：2 [SHIFT] [π] [sin] 30 [÷] [(] [cos] 10 [)] [sin] 20 [)] 。

③fx-5800P 计算器的计算优先顺序遵循函数、分数、乘除（含省略的乘号）、加减的运算规则，对于同级别的运算，遵循由左至右的运算规则，而圆括号内的表达式的计算具有最高的优先度。

与 fx-4850P 计算器比较，由于 fx-5800P 计算器的函数都带有括号，且括号还是函数的组成部分，因此其计算顺序更加清晰，使用时不易发生歧义，如原来在 fx-4850P 计算器中输入表达式 $\log 4^2$，若不清楚其计算顺序，就可能有两种理解。

此外，fx-5800P 计算器规定：省略的乘号与乘除号（×÷）具有相同的计算级别，这也是与 fx-4850P 计算器的不同之处，使用时，特别是编程计算时要特别注意。如以往要在 fx-4850P 计算器中计算 $\dfrac{4}{7\pi}$，输入 4÷7π 即可得到正确结果 0.1818913635，而在 fx-5800P 计算器中再输入同样的表达式，得到结果则是表达式 4÷7÷π 的结果 1.795195802。

④表达式最后的圆闭括号（[EXE]键操作之前的），无论有几个，均可省略，如计算表达式 3×(2+5×(3+2)) 的值，可按3 [×] [(] 2 [+] 5 [(] 3 [+] 2 [EXE]键，答案为 81。

⑤相比较于 fx-4850P 计算器只能调出最近执行的 1 个计算表达式，fx-5800P 计算器可存储最近执行的 12 个计算表达式，按重演键 [▼] 或 [▲] 调出并显示相应的计算表达式，要编辑当前显示的表达式，可应用 [◀] 或 [▶] 键移动光标，应用 [DEL] 键删除字符，应用 [SHIFT] [INS] 键插入字符，按 [EXE] 键可以执行修改后的计算表达式。

⑥计算器内部计算使用 15 位，显示时舍入为 10 位，如果需要知道 10 位以后的数字，可以将显示结果减去显示的 10 位数。例如：按 [SHIFT] [π] [EXE] 键，显示为 3.141592654，再按 [−] 3.14159265 键，则显示结果为 3.5898×10^{-9}。

1.3.3 多重语句的计算

多重语句是由若干个表达式连接而成的，可以用于连续计算。如果只需要显示最后一个表达式的计算结果，可以使用冒号":"（按 SHIFT : 键输入）连接；而对需要显示计算结果的表达式使用"◢"（按 SHIFT ◢ 键输入）连接。

如按 2 + 3 SHIFT : 3 + 4 SHIFT ◢ 4 + 5 EXE 键，屏幕显示结果 7，再按 EXE 键，屏幕显示结果 9。无论是否在最后一个表达式使用 SHIFT ◢ 键，计算器都自动显示其计算结果。

在多重语句中，后一个语句不能直接使用前一个语句的执行结果。如按 12 × 45 SHIFT : ÷ 5 EXE 键将显示错误提示"Syn ERROR"，正确的按键应为：12 × 45 SHIFT : SHIFT Ans ÷ 5 EXE。

1.3.4 使用存储器的计算

fx-5800P 计算器使用了多种类型的存储器，用来存储和调用数值，如表 1 – 12 所示。

表 1 – 12　fx-5800P 计算器使用的存储器类型

序号	存储器名称	描　述
1	答案存储器（Ans）	答案存储器存储了最近一次执行的计算结果
2	独立存储器（M）	当加或减多个计算结果时，使用独立存储器比较方便
3	标准变量（A～Z）	使用 26 个英文大写字母字符（A～Z），可分别向变量赋值并在计算中使用它们，在编程应用中使用最广泛。 注意： （1）变量 M 同时用于独立存储器； （2）部分函数计算要占用变量
4	扩充变量（Z[1]，Z[2]，…）	在编程应用中，当 26 个变量不足以满足需要存储的值时，可以根据需要扩充变量，称为扩充变量，其命名规则为 Z[1]，Z[2]，…，每扩充一个变量，需要占用计算器 12 个字节，fx-5800P 计算器最多可扩充 2372 个变量
5	公式变量	以下字母变量仅供计算器的内置公式或用户公式使用： （1）英文小写字母字符：a～z； （2）希腊字符：α～ω，A～Ω； （3）下标字符（数字、英文大小写）：如 A_1、α_0、ω_1、Δ_x 等

（1）答案存储器。计算器自动将最后一次执行得到的计算结果保存在答案存储器中，可以直接使用 +、−、×、÷ 四则运算或 A 型函数对答案存储器中的数值进行计算（也

称连续计算）；如果要使用 B 型函数对答案存储器中的数值进行计算，则应先输入函数，再按 [SHIFT] [Ans] 键调出答案存储器中的数值。关闭计算器的电源或按 [AC^(on)] 键不会清除答案存储器中的内容。

（2）独立存储器。几乎所有普通计算器都设有独立存储器，主要作用是以简单的操作，来累积一连串数值的结果。fx-5800P 计算器将变量 M 作为其独立存储器，[M+] 和 [SHIFT] [M−] 键的操作对独立存储起作用，如计算 64 + 25 − 12 结果的操作为：64 [M+] 25 [M+] 12 [SHIFT] [M−]，按 [RCL] [M] 键可以查看累积计算结果为 77。

在累积操作使用之前，应先键入 0 [SHIFT] [STO] [M] 将变量 M 清零。

（3）标准变量。fx-5800P 计算器以英文字母 A ~ Z 定义了 26 个标准变量，它可以存储数值或表达式的计算值，但不能存储字符。

向变量赋值使用赋值符号"→"，相应的方法有两种，一是按 [SHIFT] [STO] 键，二是按 [FUNCTION] [3] [2] 键。如将 5 + 6 的计算结果赋值给变量 F 的操作方法是：5 [+] 6 [SHIFT] [STO] [F]，或 5 [+] 6 [FUNCTION] [3] [2] [ALPHA] [F] [EXE]，一般后者在编程时使用。

查看变量的值的方法也有两种，一是使用 [RCL] [A] ~ [RCL] [Z] 键，二是键入变量字母 [ALPHA] [A] ~ [ALPHA] [Z]，然后按 [EXE] 键。如 [RCL] [F] 与 [ALPHA] [F] [EXE] 都是显示变量 F 的数值。

可以在表达式和程序中直接使用变量名，如键入 2 [ALPHA] [F] [EXE] 的计算结果为 22。

变量的内容保持到重新为变量赋值为止，即使关闭计算器的电源，也不会改变变量的内容。

变量可在 26 个标准变量的基础上进行扩充，参见第 2 章的相关内容。

fx-5800P 计算器在进行直角坐标与极坐标换算函数（Pol、Rec）计算时会占用变量 I、J，因此在进行这些计算时，或者在编程使用 Pol 或 Rec 函数时，要慎重使用这些变量，以免影响计算结果的正确性。

（4）清除存储器的内容。使用 ClrMemory 命令（按 [FUNCTION] [6] [2] [EXE] 键）将清除所有变量的内容（清除为 0），包括 26 个基本变量和答案存储器，但不包括扩充变量。要单独清除某个特定变量的内容，执行向该特定变量赋值为 0 的操作即可，如清除变量 F 的内容，按 0 [SHIFT] [STO] [F] 键即可。

使用 ClrVar 命令（按 [FUNCTION] [6] [4] [EXE] 键）将清除所有公式变量的内容（清除为 0）。

1.4 角度及三角函数计算

角度及与角度有关的计算在道路工程测量与放样中应用非常多，因此有必要做重点的学习和掌握。在进行与角度有关的计算之前，必须正确设置并确认当前的角度单位，相关内容参见 1.2.5。

1.4.1 角度的输入、转换与计算

相关的操作见表 1 – 13。

第1章 卡西欧 fx-5800P 计算器及其基本操作方法

表 1-13 fx-5800P 角度的输入、转换与计算示例

序号	范例	角度单位	按键操作	计算结果
1	输入 23°12′18″	D	（显示为度、分、秒）23 [°′″] 12 [°′″] 18 [°′″] [EXE] （要回显为十进制度，紧接着按 [°′″] 键）	23°12′18″ 23.205
2	将 23°12′18″ 转换为弧度	R	23 [°′″] 12 [°′″] 18 [°′″] [FUNCTION] [5] [1] [EXE]	0.4050036529
3	将 4.25 弧度转换成度	D	4.25 [FUNCTION] [5] [2] [EXE] （要回显成度、分、秒，紧接着按 [°′″] 键）	243.5070629 243°30′25.43″
4	23.56° + 1.45πrad	D	（结果显示为十进制度）23.56 [+] 1.45 [SHIFT] [π] [FUNCTION] [5] [2] [EXE] （要回显成度、分、秒，紧接着按 [°′″] 键）	284.56 284°33′36″
		R	（结果显示为弧度）23.56 [FUNCTION] [5] [1] [+] 1.45 [SHIFT] [π] [EXE]	4.966508919
5	123°42′12″ − 32°11′56″	D	123 [°′″] 42 [°′″] 12 [−] 32 [°′″] 11 [°′″] 56 [°′″] [EXE] （要回显为十进制度，紧接着按 [°′″] 键）	91°30′16″ 91.50444444

需要强调的是，按 [°′″] 键仅仅是六十进制的输入符号按键，类似 "21°11°56°" 的屏幕显示，只是一个六十进制的数值，只有缺省角度单位是 "度"，或者其数值后面跟随角度单位符号 "°"，才可表示度、分、秒。

1.4.2 三角函数与反三角函数的计算

三角函数与反三角函数的计算相关的操作见表 1-14。

表 1-14 fx-5800P 三角函数与反三角函数计算示例

序号	范例	角度单位	按键操作	计算结果
1	$\cos 33°15′48″$	D	[cos] 33 [°′″] 15 [°′″] 48 [°′″] [)] [EXE]	0.8361585396
2	$\sin^2 23°12′18″ \times 0.01^2$	D	[(] [sin] 23 [°′″] 12 [°′″] 18 [°′″] [)] [x^2] [×] 0.01 [x^2] [EXE]	1.552534293 $\times 10^{-5}$

17

续表1-14

序号	范 例	角度单位	按键操作	计算结果
3	arcsin0.34	D	[SHIFT][sin⁻¹]0.34[)][EXE]（换算成度、分、秒）[°'"]	19.87687407 19°52′36.75″
4	$\arctan\dfrac{5634.240-5565.901}{6848.320-6795.454}$	D	[SHIFT][tan⁻¹][(]5634.24[−]5565.901[)][÷][(]6848.32[−]6795.454[)][EXE]（换算成度、分、秒）[°'"]	52.27501485 52°16′30.05″
5	$\dfrac{2\sin 30°}{\cos 10°\cdot \sin 20°}$	D	2[sin]30[)][÷][(][cos]10[)][sin]20[EXE]	2.968908796

表1-13、表1-14各示例中，凡计算结果为十进制角度的，若想跳过十进制角度显示，而直接显示度、分、秒的角度结果，可在[EXE]键之前使用▶DMS命令（按[FUNCTION][5][4]键调出），如表1-14范例3，可按[SHIFT][sin⁻¹]0.34[FUNCTION][5][4][EXE]键，屏幕即可直接显示19°52′36.75″的计算结果。

1.4.3 直角坐标与极坐标的换算

道路测量工作中采用的直角坐标及角度方向如图1-17所示，南北方向为纵轴，记为 X 轴（又称 N 轴），向北为正；东西方向为横轴，记为 Y 轴（又称 E 轴），向东为正；以北方向为0角度方向，角度顺时针旋转为正，该角度又称坐标方位角，记为 α；直角坐标系中象限按顺时针方向编号。测量坐标系的 X 轴与 Y 轴和数学坐标系的规定互换，其目的是为了定向方便，并且可将数学上的相关公式直接照搬到测量的计算工作中，不需作任何变更。

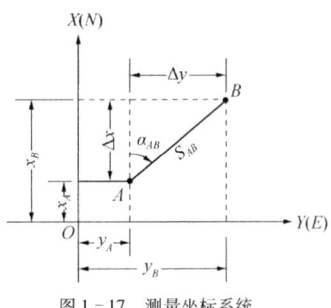

图1-17 测量坐标系

因此，fx-5800P计算器中有关直角坐标与极坐标的换算，尽管是基于数学坐标之规定的，但也完全可以用于测量坐标的相关计算而不需作其他变更。fx-5800P计算器中有关直角坐标与极坐标的换算如图1-18所示。

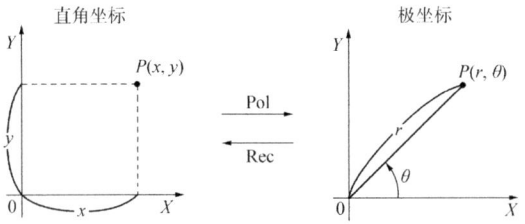

图1-18 fx-5800P计算器中直角坐标与极坐标的换算示意图

（1）直角坐标转换为极坐标的计算。

使用 Pol 函数由 (x,y) 计算 (r,θ) 的格式为 Pol(x,y)，函数 Pol 的键入方法为 [SHIFT] [Pol]，或者 [FUNCTION] 1 [▼] 5。计算出的 r 值保存在变量 I 中，θ 值保存在变量 J 中。

将 Pol 函数应用到工程测量的计算中，一般进行以下计算：

如图 1-17 所示，已知 A、B 两点的坐标差（Δx_{AB}，Δy_{AB}），或两点的坐标值 (x_A, y_A)、(x_B, y_B)，计算直线 AB 的水平距离 S_{AB} 及其方位角 α_{AB}。使用函数格式为 Pol$(\Delta x_{AB}, \Delta y_{AB})$，或 Pol$(x_B - x_A, y_B - y_A)$，计算出的 r 值即为 S_{AB}，θ 值即为 α_{AB}。

【例 1-1】 已知 A 点坐标为 (1429.55, 1772.73)，B 点坐标为 (1536.86, 837.54)，求 AB 两点的水平距离 S_{AB} 和坐标方位角 α_{AB}。

计算结果：$S_{AB} = 941.327$ m，$\alpha_{AB} = 276°32'45''$。

计算器操作步骤见表 1-15。

表 1-15 例 1-1 操作步骤

步骤	按键操作	屏幕显示	说明
1	[SHIFT] [Pol] 1536.86 [−] 1429.55 [,] 837.54 [−] 1772.73 [)]	Pol(1536.86−1429 .55,837.54−1772. 73)	当前角度单位为度，输入函数表达式
2	[EXE]	.55,837.54−1772. 73) r= 941.3266023 θ= −83.45412557	显示计算结果
3	[ALPHA] J [+] 360 [EXE] （换算成度、分、秒）[°''']	J+360 276.5458744 276°32'45.15''	角度换算

步骤 3 中，由于 θ 值在 $-180° < \theta \leqslant 180°$ 范围内计算并显示结果，因此按照方位角 α 的取值要求（$0° \sim 360°$），若计算出的 $\theta < 0$，还应加上 $360°$。

（2）极坐标转换为直角坐标计算。

使用 Rec 函数由 (r,θ) 计算 (x,y) 的格式为 Rec(r,θ)，函数 Rec 的键入方法为 [SHIFT] [Rec]，或者 [FUNCTION] 1 [▼] 6。计算出的 x 值保存在变量 I 中，y 值保存在变量 J 中。

将 Rec 函数应用到工程测量的计算中，一般进行以下计算：

如图 1-17 所示，已知 A 点的坐标值 (x_A, y_A)，以及直线 AB 的水平距离 S_{AB} 及其方位角 α_{AB}，计算 B 点的坐标值 (x_B, y_B)。使用 Rec 函数计算出的结果 (x,y) 实质为两点的坐标差（Δx_{AB}，Δy_{AB}），因此可先使用 Rec 函数计算出 AB 两点之间的坐标差 Δx_{AB}、Δy_{AB}，然后再分别加上 A 点的坐标值 (x_A, y_A)，便可计算出 B 点的坐标值 (x_B, y_B)。使用函数的格式为 Rec(S_{AB}, α_{AB})，计算出的 x 值即为 Δx_{AB}，y 值即为 Δy_{AB}。

【例1-2】 已知直线 AB 的边长为125.36m，坐标方位角 $α_{AB} = 211°07'53''$，其中 A 点的坐标为 (1536.86, 837.54)，求 B 点的坐标 (x_B, y_B)。

计算结果：$x_B = 1429.554$ m，$y_B = 772.729$ m。

计算器操作步骤见表1-16。

表1-16 例1-2操作步骤

步骤	按键操作	屏幕显示	说明
1	[SHIFT] [Rec] 125.36 [,] 211 [°'"] 07 [°'"] 53 [°'"] [)] [EXE]	Rec(125.36,211°0 7°53') X= -107.3061516 Y= -64.81141437	当前角度单位为度，输入函数表达式并计算出 A、B 两点坐标差
2	[ALPHA] [I] [+] 1536.86 [SHIFT] [◢] [ALPHA] [J] [+] 837.54 [EXE] [EXE]	I+1536.86 J+837.54 1429.553848 772.7285856	使用多重语句计算 B 点的坐标

步骤2中，尽管 $θ$ 值在 $-180° < θ ≤ 180°$ 范围内取值，但由于角度加上360°对三角函数计算结果并无影响，因此可直接使用坐标方位角 $α$ 代替 $θ$ 进行计算。

1.5 公式的计算

1.5.1 屏幕公式计算

在 COMP 模式下，在计算器屏幕上输入一个或多个公式（以":"或"◢"符号隔开），然后对其进行相应的计算操作。

1. CALC 功能

输入屏幕公式后，使用 CALC 功能可对包含变量的公式求解，操作过程中，只需输入变量的值即可计算出结果，并可多次变换变量的值，以进行多次求解。

包含变量的公式计算一般使用变量 $A \sim Z$，不能使用扩充变量（$Z[1]$、$Z[2]$ 等），使用 CALC 功能用来计算的公式，可输入计算式，也可输入等式，CALC 功能只对等式右边的计算式求解，但等式左边只能有一个单变量，如：对于计算式 $3X^2 + 2Y$，也可输入等式 $Z = 3X^2 + 2Y$，但不能输入类似 $Z + D = 3X^2 + 2Y$ 或 $7D = 3X^2 + 2Y$ 的等式。

【例1-3】 经纬仪视距测量的计算公式为：$D = K \cdot n \cdot \cos^2 α$。其中，$K$ 为常数，一般取100；n 为经纬仪观测上、下丝读数之差；$α$ 为经纬仪观测的竖直角读数。现已知以下两组测量数据，试计算其水平距离。

$n = 2.182$ m $- 0.660$m，$α = +5°27'$；$n = 2.440$ m $- 1.862$m，$α = -1°35'$

答案：$D = 150.83$m；57.76m

计算器操作步骤见表1-17。

第1章 卡西欧 fx-5800P 计算器及其基本操作方法

表1-17 例1-3操作步骤

步骤	按键操作	屏幕显示	说明
1	[ALPHA] [D] [ALPHA] [=] 100 [ALPHA] [N] [(] [COS] [ALPHA] [A] [)] [x^2] [)]	D=100N(cos(A))²	当前角度单位为度,输入屏幕公式
2	[CALC]	D=100N(cos(A))² N =0 A =0	此时 N 变量为高亮显示,等待输入 N 值
3	2.182 [−] 0.66 [EXE]	D=100N(cos(A))² N =1.522 A =0	输入 N 变量计算表达式,将结果赋值给 N 变量,同时 A 变量为高亮显示,等待输入 A 值
4	5 [°'"] 27 [°'"] [EXE]	D=100N(cos(A))² N =1.522 A =5°27'0"	输入 A 变量的值,可按 [▼] 或 [▲] 键移动光标以修改任何一个变量值
5	[CALC] 或 [EXE]	D=100N(cos(A))² 150.827058	计算并显示计算结果
6	[CALC] 或 [EXE]	D=100N(cos(A))² N =1.522 A =5°27'0"	回到公式变量输入屏幕,重新输入变量值以便重复计算,此时 N 变量为高亮显示,等待输入 N 值
7	2.44 [−] 1.862 [EXE]	D=100N(cos(A))² N =0.578 A =5°27'0"	输入 N 变量计算表达式,将结果赋值给 N 变量,同时 A 变量为高亮显示,等待输入 A 值

21

续表1-17

步骤	按键操作	屏幕显示	说明
8	-1 [°'"] 35 [°'"] [EXE]	D=100N(cos(A)²) N =0.578 A =-1°35'0"	输入A变量的值
9	[CALC] 或 [EXE]	D=100N(cos(A)²) 　　　57.75587175	计算并显示计算结果

屏幕公式计算过程中,若需要修改公式,按[EXIT]键可退出公式计算并进入公式编辑状态,修改完成后再按[CALC]键进入计算状态。

可以使用":"或"▲"符号连接多个公式,组成多重语句。公式后面以▲符号结尾的,计算时将显示该公式计算结果,否则不会显示,最后一个公式不论是否以▲符号结尾,都将显示计算结果。

2. SOLVE 功能

使用 SOLVE 功能可对输入的屏幕公式中的任何一个变量求解,操作过程中,只需输入非求解的其他变量的值即可计算出结果,并可多次变换待求解的变量,进行多次求解。

包含变量的公式计算同样一般使用变量 $A \sim Z$,而不能使用扩充变量。使用 SOLVE 功能来求解的公式,一般输入等式,等式左右两边的变量数量不限,如等式 $Z = 3X^2 + 2Y$ 和 $Z + D = 3X^2 + 2Y$ 均可,也可输入计算式,如 $3X^2 + 2Y$,则视为 $3X^2 + 2Y = 0$。

使用 SOLVE 功能只能对一个公式求解,因而不能使用":"或"▲"符号连接多个公式。

【例1-4】 在道路某平曲线设计中,已知转角 $\alpha = 30°12'10''$,试对以下三种情况进行试算:

(1) 若确定半径 $R = 200$ m,缓和曲线长 $l_s = 40$m,求外距 E。

(2) 若外距限定为 $E = 8$ m,缓和曲线长 $l_s = 40$m,反求半径 R。

(3) 若确定半径 $R = 200$ m,外距限定为 $E = 8$m,反求缓和曲线长 l_s。

本例计算所用公式为: $E = \left(R + \dfrac{l_s^2}{24R} \right) \cdot \sec \dfrac{\alpha}{2} - R$。

答案: $E = 7.499$ m; $R = 214.665$ m; $l_s = 62.622$m。

计算器操作步骤见表1-18。

表1-18 例1-4操作步骤

步骤	操作说明	屏幕显示
1	当前角度单位为度，输入屏幕公式： $E = (R + S^2 \div 24 \div R) \div \cos(A \div 2) - R$	E=(R+S²÷24÷R)÷cos (A÷2)-R
2	按 SOLVE 键显示赋值屏幕	E=(R+S²÷24÷R)÷c▷ E =0 R =0 S =0
3	分别向以下几个变量赋值： $R = 200$，$S = 40$，$A = 30°12'10''$	E=(R+S²÷24÷R)÷c▷ R =200 S =40 A =30°12'10''
4	将高亮显示移到变量 E，按 SOLVE 键计算出结果： $E = 7.499039643$	E=(R+S²÷24÷R)÷cos (A÷2)-R E= 7.499039643 L-R= 0
5	再按 SOLVE 键显示赋值屏幕	E=(R+S²÷24÷R)÷c▷ E =7.499039643 R =200 S =40
6	修改变量值，直至确认以下几个变量赋值为： $E = 8$，$S = 40$，$A = 30°12'10''$	E=(R+S²÷24÷R)÷c▷ R =200 S =40 A =30°12'10''
7	将高亮显示移到变量 R，按 SOLVE 键计算出结果： $R = 214.6648727$	E=(R+S²÷24÷R)÷cos (A÷2)-R R= 214.6648727 L-R= 0
8	再按 SOLVE 键显示赋值屏幕	E=(R+S²÷24÷R)÷c▷ E =8 R =214.6648727 S =40

续表 1-18

步骤	操作说明	屏幕显示
9	修改变量值，直至确认以下几个变量赋值为： $E = 8$, $R = 200$, $A = 30°12'10''$	E=(R+S²÷24÷R)÷c R=214.6648727 S=40 A=30°12'10''
10	将高亮显示移到变量 S，按 [SOLVE] 键计算出结果： $S = 62.62243753$	E=(R+S²÷24÷R)÷cos (A÷2)-R S= 62.62243753 L-R= 0

1.5.2 计算器内置公式计算

fx-5800P 计算器内置有 128 个不同的数学公式和科技公式，用户可不用在屏幕上输入公式而直接调用内置公式进行计算。内置公式存储在计算器中，用户不能对其进行增加、删除、修改等编辑操作。

关于每个内置公式使用的计算公式的名称、作用及相关详细信息，请参阅《fx-5800P 用户说明书》及《fx-5800P 补充资料》，表 1-19 列出了在道路工程测量与放样工作中可能会用到的公式。

表 1-19 在道路工程测量与放样中可能用到的 fx-5800P 计算器内置公式

序号	显示名称	公式	功能	备注
1	2-Line Int	$\theta = \tan^{-1}\left(\dfrac{m_2 - m_1}{1 + m_1 m_2}\right)$	求两条直线的夹角	
2	Area&IntAngl	$A = \cos^{-1}\sqrt{\dfrac{b^2 + c^2 - a^2}{2bc}}$	根据三角形的三条边求三个内角	
3	AxisMov&Rota	$X_P = (x_P - x_0)\cos\alpha + (y_P - y_0)\sin\alpha$ $Y_P = (y_P - y_0)\cos\alpha - (x_P - x_0)\sin\alpha$	坐标转换计算	
4	C-PointCoord	Pol$(X_B - X_A, Y_B - Y_A)$ $X_P = l \cdot \cos\alpha + X_A$ $Y_P = l \cdot \sin\alpha + Y_A$	求直线上任一点的坐标	

续表 1–19

序号	显示名称	公式	功能	备注
5	Coord Calc	$X_P = l \cdot \cos\alpha + X_A$ $Y_P = l \cdot \sin\alpha + Y_A$	根据直线一端点坐标和直线长度及方位角求另一点坐标	
6	CosinTheorem	$a = \sqrt{b^2 + c^2 - 2bc\cos A}$	余弦定理，根据三角形两条边长及夹角求对边边长	
7	Dist&DirecAn	$\text{Pol}(X_B - X_A, Y_B - Y_A)$	根据直线两点坐标求直线长度及方位角	
8	IntsecCoord1	$x = \dfrac{nX_3 - mX_1 + Y_1 - Y_3}{n - m}$ $y = m(x - X_1) + Y_1$ $\left(m = \dfrac{Y_2 - Y_1}{X_2 - X_1} \right.$ $\left. n = \dfrac{Y_4 - Y_3}{X_4 - X_3} \right)$	求两直线（四个点坐标）交点坐标	
9	IntsecCoord2	$x = \dfrac{nX_3 - mX_1 + Y_1 - Y_3}{n - m}$ $y = m(x - X_1) + Y_1$ $\left(m = \dfrac{Y_2 - Y_1}{X_2 - X_1} \right.$ $\left. n = \tan\alpha \right)$	求两直线（三个点坐标和一条直线的方位角）交点坐标	
10	Point – Point	$l = \sqrt{(x_2 - x_1)^2 + (y_2 - y_1)^2}$	求两点之间的距离	
11	SineTheorem3	$a = \dfrac{b \cdot \sin A}{\sin B}$	正弦定理，根据三角形一条边及其对角，求另一个已知角的对边长	
12	V – Line&Dist	$x = \dfrac{mX_A + \dfrac{1}{m}X_C - Y_A + Y_C}{m + \dfrac{1}{m}}$ $y = Y_A + m(x - X_A)$ $l = \sqrt{(X_C - x)^2 + (Y_C - y)^2}$ $\left(m = \dfrac{Y_A - Y_B}{X_A - X_B} \right)$	根据一已知直线（两点坐标）和直线外一点，求点到直线距离和垂足坐标	

要调用内置公式计算,应在 COMP 模式下按 [FMLA] 键,此时屏幕显示内置公式名称菜单,菜单按字母顺序排列,虽然可按 ▼ 和 ▲ 键滚动菜单直至找到需要的公式名称,但由于内置公式较多,要找到靠后的公式比较麻烦,此时可按公式名称的第一个字母对应的字母键(由于此时计算器锁定为字母输入状态,因此只要按字母所在的按键即可),比如要调用 IntsecCoord1(交点坐标)公式,该公式名称的首字母为"I",则按 [·] 键,此时光标高亮选择到以字母"I"开头的第一个公式,此时再按 ▼ 和 ▲ 键选择所需的公式 IntsecCoord1,如图 1-19 所示。

图 1-19 调用内置公式 IntsecCoord1 操作示意图

选中所需的内置公式名称后,按 [EXE] 键执行公式计算,其操作过程与前面所学习的屏幕公式计算操作相同。

【例 1-5】 在某道路施工放样过程中,测得两条直线 AB 与 CD 的坐标如下,试求两条直线的交点 P 的坐标:

A 点坐标:$x_A = 3855.926$ m,$y_A = 7253.241$ m;
B 点坐标:$x_B = 4062.151$ m,$y_B = 7354.111$ m;
C 点坐标:$x_C = 4017.710$ m,$y_C = 7285.267$ m;
D 点坐标:$x_D = 4135.480$ m,$y_D = 7198.657$ m。

本例正好可使用 fx-5800P 计算器内置的 IntsecCoord1(交点坐标)公式进行计算,计算结果为:$X_P = 3979.241$m,$Y_P = 7313.558$m。

操作步骤见表 1-20。

表 1-20 例 1-5 操作步骤

步骤	操作说明	屏幕显示
1	当前角度单位确认为度。 按 [FMLA] 键调出内置公式名称菜单屏幕,并选中所需的公式名称 IntsecCoord1	Built-in Fmla IncCritAngle InducMagnEnr IntsecCoord1
2	按 [EXE] 键执行公式计算,此时显示赋值屏幕	(X1,Y1)to(X4,Y4▶ Y1=0 Y1=0 X2=0

续表1-20

步骤	操作说明	屏幕显示
3	向以下几个变量赋值：$X_1 = 3855.926$，$Y_1 = 7253.241$，$X_2 = 4062.151$，$Y_2 = 7354.111$，$X_3 = 4017.710$，$Y_3 = 7285.267$，$X_4 = 4135.480$，$Y_4 = 7198.657$	(X₁,Y₁)to(X₄,Y₄)▶ Y₃=7285.267 X₄=4135.48 ▉
4	按两次 EXE 键计算显示结果	(n-m)↵ y=m(x-X₁)+Y₁ 3979.241139 7313.557635

1.5.3 用户公式计算

除了输入屏幕公式和调用内置公式进行公式计算外，也可将某个公式存储在计算器内部供以后需要时调用，这个存储的公式称为用户公式，该公式可新建，也可将内置公式按需要编辑内容后以不同的名称存储。

1. 使用不同的名称将内置公式保存为用户公式

操作步骤如下：

（1）按 FMLA 键调出内置公式名称菜单屏幕，选中需另存的内置公式名称；

（2）按 FUNCTION 2 键，执行"Save Formula"操作，屏幕显示输入文件名，此时计算器的键盘锁定为字母格式，按相应的按键输入用户公式的名称；

（3）按 EXE 键完成用户公式保存操作，此时计算器显示为用户公式清单屏幕（Fmla List 屏幕），按 EXIT 键可退出 Fmla List 屏幕。

2. 创建和保存新用户公式

创建和保存新公式的操作需在程序模式（PROG 模式）下进行，其具体操作与创建和保存程序的操作相同，只是在输入文件名后按 EXE 键执行保存时，计算器会显示程序运行模式的选择屏幕，此时按 3 键选择"Formula"选项即可。有关程序的创建和保存操作详见第2章相关内容。

3. 用户公式的编辑

要编辑现有的用户公式，需在程序模式（PROG 模式）下进入公式编辑状态，具体操作方法与编辑程序的操作方法相同，详见第2章相关内容。

但是，公式变量的使用与程序不同，公式变量可使用变量 $A \sim Z$，这个和程序变量的使用相同，但公式变量不能使用扩充变量（$Z[1]$，$Z[2]$ 等），这一点在前面的屏幕公式的输入时已经强调了，而程序可使用扩充变量。然而，有一个方面，程序表达式是不能做的，那就是公式变量还可使用其他单字符变量和带下标的2字符变量，再加上 fx-5800P 计算器的普通显示功能，这使得

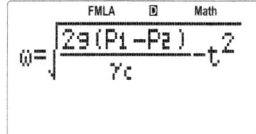

图1-20 公式表达式显示屏幕示意图

计算器输入公式的表现形式更加接近实际公式，可读性非常强，比如这个公式表达式是合法的：$\omega = \sqrt{\dfrac{2g(P_1 - P_2)}{\gamma_c}} - t^2$，屏幕显示如图 1-20 所示。

公式所用的其他单字符和下标字符的输入方法是：在 PROG 模式的公式编辑屏幕中，按 [FUNCTION] [4] 键调出字符输入菜单屏幕，再按相应的数字键即可完成字符的输入，如图 1-21 所示。

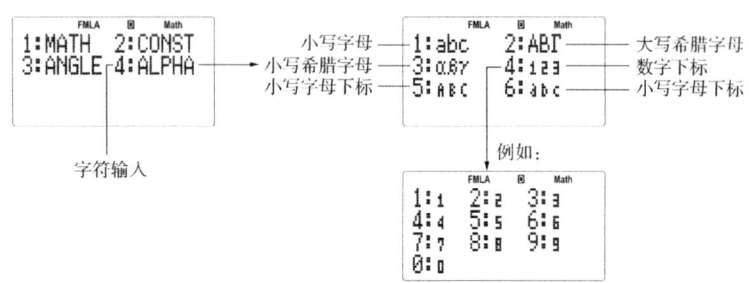

图 1-21　公式字符输入菜单示意图

4. 用户公式的调用与计算

用户公式的调用与计算有两种方式：一是在 COMP 模式下调用，二是在 PROG 模式下调用。

在 COMP 模式下按 [FMLA] 键，若计算器内存有用户公式，则屏幕不会直接显示内置公式名称菜单屏幕，而是显示公式类型的选项菜单，此时按 [1] 键选择"Original"类型，则显示用户公式清单屏幕（Fmla List 屏幕），如图 1-22 所示，再选择所需的用户公式名称，按 [EXE] 键即可执行计算操作，操作方法同前所述。

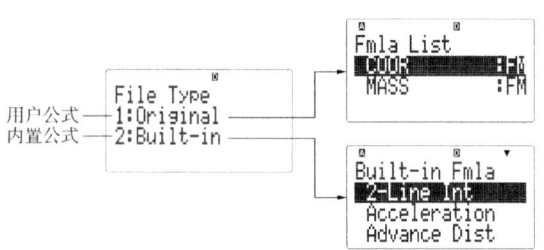

图 1-22　公式类型显示菜单屏幕

在 PROG 模式下调用用户公式进行计算，实际上是运行类型为"Formula"的程序，其过程与执行程序的过程相同，详见第 2 章相关内容。

1.6 普通计算模式下的其他计算

1.6.1 微积分计算

1. 微分计算

fx-5800P 计算器可以计算函数 $y = f(X)$ 在 $X = a$ 处的一次微分值 $f'(a) = \left.\dfrac{df}{dX}\right|_{X=a}$ 或二次微分值 $f''(a) = \left.\dfrac{d^2f}{dX^2}\right|_{X=a}$,表达式输入格式分别为 d/dX($f(X),a,\Delta X$) 和 d^2/dX^2($f(X)$, $a,\Delta X$),其中"d/dX"是微分函数,按 [FUNCTION] [1] [2] 键输入,"d^2/dX^2"是二次微分函数,按 [FUNCTION] [1] [3] 键输入,输入界面见图 1-14。

此外,只有变量存储器 X 可以用作函数的自变量,Δx 称为自变量 x 的增量或减量,为提高计算的精度,一般输入一个很小的数,如 1×10^{-5},也可以省略。当省略 ΔX 时,计算器将自动选取一个适合于求导点 $X = a$ 的值作为 ΔX。当微分计算的函数式中包含有角度时,应将当前角度单位设置为弧度。

微分计算与二次微分计算相关的操作见表 1-21。

表 1-21 fx-5800P 微分计算与二次微分计算示例

序号	范例	按键操作	计算结果
1	求函数 $y = x^3 + 4x^2 + x - 6$ 在 $x = 3$ 上的导数	[FUNCTION] [1] [2] [ALPHA] [X] [x■] 3 [+] 4 [ALPHA] [X] [x^2] [+] [ALPHA] [X] [−] 6 [,] 3 [)] [EXE]	52
2	求函数 $y = x^3 + 4x^2 + x - 6$ 在 $x = 3$ 上的二次微分值	[FUNCTION] [1] [3] [ALPHA] [X] [x■] 3 [+] 4 [ALPHA] [X] [x^2] [+] [ALPHA] [X] [−] 6 [,] 3 [)] [EXE]	26
3	求函数 $y = \sin x - \cos x$ 在 $x = 30°$ 上的导数	(确认当前角度单位为弧度) [FUNCTION] [1] [2] [sin] [ALPHA] [X] [−] [cos] [ALPHA] [X] [,] 30 [FUNCTION] [5] [1] [)] [EXE] 或者: [FUNCTION] [1] [2] [sin] [ALPHA] [X] [−] [cos] [ALPHA] [X] [,] [SHIFT] [π] [÷] 6 [)] [EXE]	1.366025404

2. 定积分计算

定积分 $\int_a^b f(X)dX$ 的表达式输入格式为 $\int (f(X),a,b,\text{tol})$,其中"$\int$"是积分函数,按 [FUNCTION] [1] [1] 键输入,输入界面见图 1-14。

此外,只有变量存储器 X 可以用作函数的自变量,tol 是误差允许公差范围,tol 可以省略,tol 省略时,缺省使用公差 1×10^{-5}。当定积分计算的函数式中包含有角度时,应将当前角度单位设置为弧度。与 fx-4800P/4850P 计算器的定积分采用辛普森法不同,fx-5800P 计算器采用高斯法计算定积分。

定积分计算相关的操作见表1-22。

表1-22 fx-5800P 积分计算示例

序号	范 例	按键操作	计算结果
1	$\int_{1}^{5}(2x^2+3x+4)\mathrm{d}x$	[FUNCTION] [1] [1] [2] [ALPHA] [X] [x^2] [+] [3] [ALPHA] [X] [+] [4] [,] [1] [,] [5] [)] [EXE]	134.6666667
2	$\int_{4}^{9}\sqrt{x}(1+\sqrt{x})\mathrm{d}x$	[FUNCTION] [1] [1] [√■] [ALPHA] [X] [)] [(] [1] [+] [√■] [ALPHA] [X] [)] [,] [4] [,] [9] [)] [EXE]	45.166666
3	$\int_{0}^{\frac{\pi}{4}}\tan^2 x\mathrm{d}x$	(确认当前角度单位为弧度) [FUNCTION] [1] [1] [tan] [ALPHA] [X] [)] [x^2] [,] [0] [,] [SHIFT] [π] [÷] [4] [)] [EXE]	0.2146018366
4	$\int_{0}^{2\pi}|\sin x|\mathrm{d}x$	(确认当前角度单位为弧度) [FUNCTION] [1] [1] [FUNCTION] [▼] [1] [sin] [ALPHA] [X] [)] [,] [0] [,] [2] [SHIFT] [π] [)] [EXE]	4

1.6.2 求和计算

求和计算式 $\sum_{k=\alpha}^{\beta}a_k$ 的表达式输入格式为 $\sum(a_k,k,\alpha,\beta)$，其中"$\sum$"是求和函数，按[FUNCTION] [1] [4]键输入，输入界面见图1-14。

表达式中k是序列$\{a_k\}$的变量，任何变量存储器都可以用作序列$\{a_k\}$的变量。

求和计算相关的操作见表1-23。

表1-23 fx-5800P 求和计算示例

序号	范 例	按键操作	计算结果
1	$\sum_{k=1}^{6}(k^2-3k+5)$	[FUNCTION] [1] [4] [ALPHA] [K] [x^2] [ALPHA] [K] [+] [5] [,] [ALPHA] [K] [,] [2] [,] [6] [)] [EXE]	55
2	$\sum_{n=1}^{5}\frac{1+n}{1+n^2}$	[FUNCTION] [1] [4] [(] [1] [+] [ALPHA] [N] [÷] [(] [1] [+] [ALPHA] [N] [x^2] [)] [,] [ALPHA] [N] [,] [1] [,] [5] [)] [EXE]	2.524886878
3	$\sum_{n=1}^{5}(\sqrt{n-1}-\sqrt{n})$	[FUNCTION] [1] [4] [√■] [ALPHA] [N] [)] [-] [√■] [ALPHA] [N] [)] [,] [ALPHA] [N] [,] [1] [,] [5] [)] [EXE]	-2.236067977
4	$\sum_{n=1}^{6}\sin\frac{n\pi}{2^n}$	(确认当前角度单位为弧度) [FUNCTION] [1] [4] [sin] [ALPHA] [N] [SHIFT] [π] [÷] [2] [$x^■$] [ALPHA] [N] [)] [,] [ALPHA] [N] [,] [1] [,] [6] [)] [EXE]	4.392667728

1.6.3 矩阵计算

矩阵计算功能是 fx-5800P 计算器的新功能，测量专业学生可用此功能学习有关"线性代数"、"测量平差"等方面的内容。鉴于篇幅，这里不再阐述线性代数、平差计算的方法和原理，仅针对矩阵运算的计算器操作做详细的介绍。

fx-5800P 计算器有 Mat A、Mat B、Mat C、Mat D、Mat E、Mat F 和 Mat Ans 七个矩阵存储器（矩阵变量），矩阵的行列数最大为 10×10，操作者可以输入 Mat A ~ Mat F 等六个矩阵的行列数及元素值，Mat Ans 矩阵仅用于存储矩阵运行的结果。

需要强调的是，矩阵计算必须符合矩阵计算的规则，主要有：
- 矩阵的加、减，如 $A+B$，或 $A-B$，要求矩阵 A、B 的行列数相等；
- 矩阵的乘法，如 $A \times B$，要求矩阵 A 的列数等于矩阵 B 的行数；
- 只有当矩阵 A 为行列数相等的方阵才可计算其行列式 $|A|$；
- 只有 $|A| \ne 0$ 时（称为非奇异矩阵）才可以计算 A^{-1}。

若矩阵计算时不满足以上规则，计算将显示出错提示：Dimension ERROR。

1. 矩阵数据的输入

矩阵的输入有两种方法：使用矩阵编辑器屏幕和使用赋值命令（→）。

（1）使用矩阵编辑器屏幕输入矩阵数据。按 [FUNCTION] [8] [1] 键显示矩阵存储区域菜单，如图 1-23a 所示，该菜单中，已包含矩阵的存储器将显示该矩阵的维数，如 4×7，而空的矩阵存储器将显示 "None"。

使用 [▼] 和 [▲] 键将高亮显示移到要用于输入数据的矩阵变量，按 [EXE] 键。此时：
- 若该矩阵存储器已包含矩阵，则屏幕显示矩阵编辑窗口，如图 1-23c 所示；
- 若该矩阵存储器为空，则显示一个用于指定矩阵维数的屏幕，如图 1-23b 所示，在输入了矩阵的行值和列值之后，按 [EXE] 键即可进入矩阵编辑窗口。

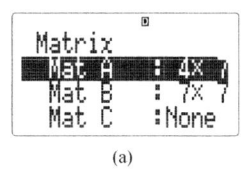
(a)
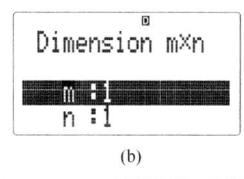
(b)
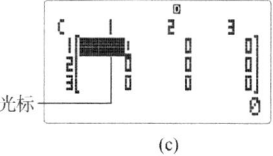
(c)

图 1-23 fx-5800P 计算器的矩阵编辑器屏幕

在矩阵编辑器屏幕上，使用四个光标键将光标移动到所需的单元格，然后输入数值，输入之后，按 [EXE] 键记录它，若单元格原来已有数据，则会被新输入的数据所代替，输入或更新全部所需数值之后，按 [EXIT] 键退出矩阵编辑屏幕。

（2）使用赋值命令（→）输入矩阵数据。首先，在 COMP 模式计算屏幕上，使用以下的句法输入要存入矩阵存储器的矩阵数据。

$$\begin{bmatrix} a_{11} & a_{12} \cdots a_{1n} \\ a_{21} & a_{22} \cdots a_{2n} \\ \vdots & \vdots & \vdots \\ a_{m1} & a_{m2} \cdots a_{mn} \end{bmatrix} = \begin{bmatrix} [a_{11}, a_{12}, \cdots, a_{1n}] [a_{21}, a_{22}, \cdots, a_{2n}] \cdots [a_{m1}, a_{m2}, \cdots, a_{mn}] \end{bmatrix}$$

如输入矩阵 $\begin{bmatrix} 1 & 2 \\ 3 & 4 \end{bmatrix}$,相应的按键操作见表 1-23。

表 1-23 使用赋值命令输入矩阵操作

步骤	操作说明	屏幕显示
1	COMP 模式下输入（赋值）矩阵 $\begin{bmatrix} 1 & 2 \\ 3 & 4 \end{bmatrix}$： [ALPHA] [[ ] [ALPHA] [1] [,] [2] [ALPHA] [ ]] [ALPHA] [[ ] [3] [,] [4] [ALPHA] [ ]] [ALPHA] [ ]]	[[1,2][3,4]]
2	将输入的矩阵数据赋值给指定的矩阵变量，如 Mat A，相应的按键为（紧接着以上按键）： [FUNCTION] [3] [2] [FUNCTION] [8] [2] [ALPHA] [A]	[[1,2][3,4]]→Mat A
3	按 [EXE] 键执行操作，则完成矩阵数据的输入与存储	A [1 2] [3 4] 1

如果指定的用于存储矩阵数据的矩阵变量已包含矩阵数据，则将会被新赋值的矩阵数据所代替（包括矩阵维数）。

2. 矩阵数据的编辑

（1）清除矩阵存储器内容。要清除特定的矩阵存储器内容，从而使该矩阵存储器的内容为空（包括维数），在图 1-23a 所示的屏幕中高亮选中欲清除的矩阵变量，再进行以下任意一种操作即可：

- 按 [DEL] 键后再按 [EXE] 键确认；
- 按 [FUNCTION] [2] 键后再按 [EXE] 键确认。

要清除所有矩阵存储器的内容，则使用 ClrMat 命令（按 [FUNCTION] [6] [3] 键调出）。

（2）更改矩阵变量的维数。要更改已有内容的矩阵变量的维数，可在图 1-23a 所示的屏幕中高亮选中欲编辑的矩阵变量，按 [FUNCTION] [1] 键后重新输入该矩阵变量的维数，类似于图 1-23b 所示的屏幕。重定义了矩阵变量的新维数后，该矩阵变量中原有数据将全部清空（变为 0 值），因此该操作要非常慎重，以免丢失有用数据。

要想在已有内容的矩阵变量基础上增加或减少矩阵维数而不丢失原有数据，可在图

1-23c所示的屏幕中按 [FUNCTION] [4] 键进入矩阵的编辑菜单选项屏幕,如图1-24所示,可在原有矩阵数据基础上插入(增加)或删除某一行(列)而不丢失其他数据。

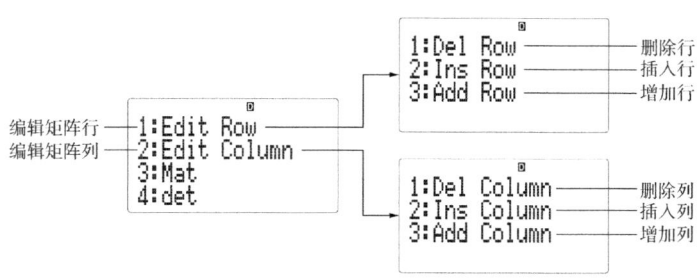

图 1-24 fx-5800P 计算器的矩阵编辑菜单选项屏幕

3. 矩阵的计算

矩阵计算相关的操作见表1-24所示各例。

表 1-24 fx-5800P 矩阵计算示例

序号	范 例	按键操作	计算结果
1	$\begin{bmatrix}2&0\\0&2\end{bmatrix}+\begin{bmatrix}1&2\\3&4\end{bmatrix}$	(设 $\begin{bmatrix}2&0\\0&2\end{bmatrix}$ 已赋值给 Mat A,$\begin{bmatrix}1&2\\3&4\end{bmatrix}$ 已赋值给 Mat B) [FUNCTION] [8] [2] [ALPHA] [A] [+] [FUNCTION] [8] [2] [ALPHA] [B] [EXE]	$\begin{bmatrix}3&2\\3&6\end{bmatrix}$
2	$\left(\begin{bmatrix}2&0\\0&2\end{bmatrix}+\begin{bmatrix}1&2\\3&4\end{bmatrix}\right)\times$ $\begin{bmatrix}3\\5\end{bmatrix}$	(Mat A、Mat B 的赋值同范例1,设 $\begin{bmatrix}3\\5\end{bmatrix}$ 已赋值给 Mat C) [(] [FUNCTION] [8] [2] [ALPHA] [A] [+] [FUNCTION] [8] [2] [ALPHA] [B] [)] [×] [FUNCTION] [8] [2] [ALPHA] [C] [EXE]	$\begin{bmatrix}19\\39\end{bmatrix}$
3	$3\times\left(\begin{bmatrix}2&0\\0&2\end{bmatrix}+\begin{bmatrix}1&2\\3&4\end{bmatrix}\right)$	(Mat A、Mat B 的赋值同范例1) [3] [×] [(] [FUNCTION] [8] [2] [ALPHA] [A] [+] [FUNCTION] [8] [2] [ALPHA] [B] [)] [EXE]	$\begin{bmatrix}9&6\\9&18\end{bmatrix}$
4	$\begin{bmatrix}1&-2\\5&0\end{bmatrix}$ 的绝对值	(设 $\begin{bmatrix}1&-2\\5&0\end{bmatrix}$ 已赋值给 Mat D) [FUNCTION] [1] [▼] [1] [FUNCTION] [8] [2] [ALPHA] [D] [)] [EXE]	$\begin{bmatrix}1&2\\5&0\end{bmatrix}$
5	$\begin{bmatrix}1&-2\\5&0\end{bmatrix}$ 的行列式	(Mat D 的赋值同范例4) [FUNCTION] [8] [3] [FUNCTION] [8] [2] [ALPHA] [D] [EXE]	10
6	转置矩阵 $\begin{bmatrix}1&2&3\\4&5&6\end{bmatrix}$	(设 $\begin{bmatrix}1&2&3\\4&5&6\end{bmatrix}$ 已赋值给 Mat E) [FUNCTION] [8] [4] [FUNCTION] [8] [2] [ALPHA] [E] [EXE]	$\begin{bmatrix}1&4\\2&5\\3&6\end{bmatrix}$

续表1-24

序号	范例	按键操作	计算结果
7	逆矩阵 $\begin{bmatrix} 1 & -2 \\ 5 & 0 \end{bmatrix}$	(Mat **D** 的赋值同范例4) [FUNCTION] [8] [2] [ALPHA] [D] [SHIFT] [x^{-1}] [EXE]	$\begin{bmatrix} 0 & 0.2 \\ -0.5 & 0.1 \end{bmatrix}$
8	求矩阵 $\begin{bmatrix} 1 & -2 \\ 5 & 0 \end{bmatrix}$ 的平方	(Mat **D** 的赋值同范例4) [FUNCTION] [8] [2] [ALPHA] [D] [x^2] [EXE]	$\begin{bmatrix} -9 & -2 \\ 5 & -10 \end{bmatrix}$

【例1-6】 某水准网按条件平差的法方程为：$NK = W$，其中 $N = AQA^T$，试计算该法方程的系数矩阵 N、系数逆阵 N^{-1} 和法方程的解 K。

基本数据如下：

Q = diag(1.1 1.7 2.3 2.7 2.4 1.4 2.6)

$$A = \begin{pmatrix} 1 & -1 & 0 & 0 & 1 & 0 & 0 \\ 0 & 0 & 1 & -1 & 1 & 0 & 0 \\ 0 & 0 & 1 & 0 & 0 & 1 & 1 \\ 0 & 1 & 0 & -1 & 0 & 0 & 0 \end{pmatrix}, W = \begin{pmatrix} -7 \\ -8 \\ -6 \\ 3 \end{pmatrix} (mm)$$

使用 fx-5800P 计算器操作步骤如下：

（1）使用 ClrMat 命令将计算器的矩阵存储器全部清空，按 [FUNCTION] [6] [3] [EXE] 键。

（2）定义 Mat **A** 矩阵变量维数为 4×7，并将矩阵 **A** 的数据输入到 Mat **A** 矩阵存储器中。

（3）定义 Mat **B** 矩阵变量维数为 7×7，并将矩阵 **Q** 的数据输入到 Mat **B** 矩阵存储器中。

（4）定义 Mat **C** 矩阵变量维数为 4×1，并将矩阵 **W** 的数据输入到 Mat **C** 矩阵存储器中。

（5）计算系数矩阵 $N = AQA^T$，按键如下：

[FUNCTION] [8] [2] [ALPHA] [A] [×] [FUNCTION] [8] [2] [ALPHA] [B] [×] [FUNCTION] [8] [4] [FUNCTION] [8] [2] [ALPHA] [A] [)]

相应的屏幕显示为：Mat **A** × Mat **B** × Trn (Mat **A**)

再按 [EXE] 键执行操作，得系数矩阵的计算结果如下：

$$N = \begin{pmatrix} 5.2 & 2.4 & 0 & -1.7 \\ 2.4 & 7.4 & 2.3 & 2.7 \\ 0 & 2.3 & 6.3 & 0 \\ -1.7 & 2.7 & 0 & 4.4 \end{pmatrix}$$

该结果已自动保存在 Mat Ans 中，若要再将结果保存在 Mat **D** 中，则按键如下：

[FUNCTION] [8] [2] [SHIFT] [Ans] [FUNCTION] [3] [2] [FUNCTION] [8] [2] [ALPHA] [D] [EXE]

（6）计算系数逆矩阵 N^{-1}，并将计算结果保存在 Mat **E** 中，按键如下：

[FUNCTION] [8] [2] [ALPHA] [D] [SHIFT] [x^{-1}] [FUNCTION] [3] [2] [FUNCTION] [8] [2] [ALPHA] [E] [EXE]

系数逆矩阵的计算结果如下：

$$N^{-1} = \begin{pmatrix} 0.470495591 & -0.3303766907 & 0.1206137125 & 0.3845135385 \\ -0.3303766907 & 0.4359227754 & -0.1591464101 & -0.3951436063 \\ 0.1206137125 & -0.1591464101 & 0.2168312291 & 0.1442587769 \\ 0.3845135385 & -0.3951436063 & 0.1442587769 & 0.6183092619 \end{pmatrix}$$

（7）计算法方程的解，$K = N^{-1}W$，按键如下：

[FUNCTION] [8] [2] [ALPHA] [E] [×] [FUNCTION] [8] [2] [ALPHA] [C] [EXE]

计算结果如下：

$K = (-0.2205972707 \quad -1.405297727 \quad -0.4393357506 \quad 1.458929205)^T$

1.6.4 复数计算

复数的表示方法通常是 $a + bi$，其中 a 称为实部，b 称为虚部，$i^2 = -1$。$a - bi$ 称为 $a + bi$ 的共轭复数，在 fx-5800P 计算器中，复数的符号 i 按 [i] 键输入。

以实部为横轴、虚部为纵轴建立图 1-25 所示的平面坐标系，则称 $r = \sqrt{a^2 + b^2}$ 为复数 $a + bi$ 的模，$\theta = \tan^{-1}\dfrac{b}{a}$ 为复数 $a + bi$ 的幅角。

复数 $a + bi$ 又称为直角坐标格式，fx-5800P 计算器还可使用另一种复数的格式 $r\angle\theta$，即极坐标格式，其中符号 $\angle$ 按 [SHIFT] [∠] 键输入，两种格式可相互转换。

fx-5800P 计算器提供了 7 个复数计算函数，按 [FUNCTION] [2] 键即可调出复数计算函数菜单屏幕，如图 1-26 所示。

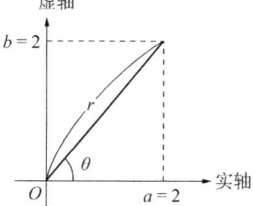

图 1-25 复数的模与幅角

图 1-26 复数计算函数菜单选项

复数计算相关的操作见表 1-25 所示各例。

表 1-25 fx-5800P 复数计算示例

序号	范 例	按键操作	计算结果
1	1 + 2i + 3 + 4i	1 [+] 2 [i] [+] 3 [+] 4 [i] [EXE]	4 + 6i
2	1 + 2i - (3 + 4i)	1 [+] 2 [i] [-] [(] 3 [+] 4 [i] [)] [EXE]	-2 - 2i
3	(1 + 2i) × (3 + 4i)	[(] 1 [+] 2 [i] [)] [×] [(] 3 [+] 4 [i] [)] [EXE]	-5 + 10i
4	(1 + 2i) ÷ (3 + 4i)	[(] 1 [+] 2 [i] [)] [÷] [(] 3 [+] 4 [i] [)] [EXE]	0.44 + 0.08i

续表 1-25

序号	范例	按键操作	计算结果
5	$\sqrt{1+2i}$	√ 1 + 2 i) EXE	1.27201965 +0.7861513778i
6	$(1+2i)^2$	(1 + 2 i) x^2 EXE	-3+4i
7	3+4i 的模	FUNCTION 2 1 3 + 4 i) EXE	5
8	3+4i 的幅角	(设当前角度单位为度) FUNCTION 2 2 3 + 4 i) EXE	53.13010235
9	3+4i 的共轭复数	FUNCTION 2 3 3 + 4 i) EXE	3-4i
10	3+4i 的实部	FUNCTION 2 4 3 + 4 i) EXE	3
11	3+4i 的虚部	FUNCTION 2 5 3 + 4 i) EXE	4
12	将 3+4i 转换成极坐标格式	(设当前角度单位为度) 3 + 4 i FUNCTION 2 6 EXE	5∠53.13010235
13	将 12∠150 转换成直角坐标格式	(设当前角度单位为度) 12 SHIFT ∠ 150 FUNCTION 2 7 EXE	-10.39230485 +6i

由于复数的直角坐标格式和极坐标格式可相互转换，因此在进行道路坐标放样计算过程中，也可使用复数计算代替 Pol 函数和 Rec 函数来进行，例如【例 1-1】和【例 1-2】的相关坐标计算，读者可自行操作验证。

1.7 数据的统计计算

统计计算在道路工程试验与检测中应用得非常广泛，同时，在测量误差的计算与分析中也有所应用。

普通科学计算器一般都有单变量统计计算功能，fx-5800P 计算器具有单变量和双变量统计计算功能，应用双变量统计功能可以进行线性回归和非线性回归计算。按 MODE 3 键进入单变量统计计算模式（SD 模式），屏幕状态栏显示 SD，而按 MODE 4 键进入双变量统计计算模式（REG 模式），屏幕状态栏显示 REG。

1.7.1 统计数据的输入与编辑

1. 统计数据的输入

fx-4850P 计算器和其他普通计算器进行统计计算时，输入的数据是不可见的，也谈不上进行编辑了，而 fx-5800P 计算器采用串列作为统计源数据，串列中输入和存储的数据还可随时进行编辑修改。fx-5800P 计算器提供了三个串列存储器，分别是 List X、List Y 和 List Freq，每个串列最多可输入并存储 199 个统计数据。使用串列作为统计数据使得统计数据的编辑修改及统计计算更加直观与简便。

fx-5800P 计算器在 STAT 编辑器列表屏幕中输入统计数据，如图 1-27 所示，进入 SD 模式或 REG 模式时，会首先出现相应的 STAT 编辑器画面。STAT 编辑器中，均包括了一个 FREQ 串列，即统计频数，它表示对应的 X 数据和 Y 数据的个数，缺省值为 1。可以设定统计频数打开（FreqOn）或关闭（FreqOff），当统计频数设定为关闭时，STAT 编辑器屏幕中不会出现 Freq 串列，计算时均按缺省值 1 进行计算。

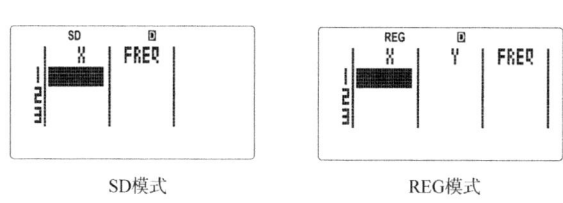

图 1-27　STAT 串列编辑器屏幕

除了变量的数目，输入统计数据的过程对 SD 模式和 REG 模式来说都是相同的。将光标移到相应位置的单元格，输入数据或者表达式，按 [EXE] 键确认即可完成单个数据的输入。

2. 统计数据的编辑

统计数据的编辑包括：替换单元格的内容、删除行、插入行、插入单元格、删除单元格和删除所有 STAT 编辑器中的数据。

要替换单元格的内容，只要将光标移到要替换内容的单元格，然后输入所需的数值或者计算表达式，完成后按 [EXE] 键确认即可。

要删除一行数据，将光标移到该行的任意单元格，然后按 [DEL] 键。

其他编辑操作需要调用命令菜单。在 SD 模式或 REG 模式下，首先将光标移到要编辑的单元格，若要插入行，则将光标移到该行的任意单元格，然后按 [FUNCTION] [5] 键，屏幕显示统计功能菜单，再按 [1] 键即可进入数据编辑命令菜单，如图 1-28 所示。

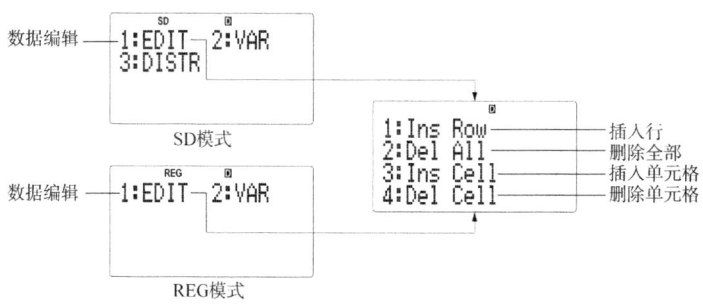

图 1-28　统计数据编辑命令菜单屏幕

1.7.2　统计变量及函数

在 SD 模式或 REG 模式中完成了统计数据的输入后，fx-5800P 计算器在普通计算模式

(COMP 模式）下通过调用统计变量及函数来计算和查看特定的统计计算结果，同时，这些统计变量及函数亦可应用于表达式的计算。

在 COMP 模式下按 [FUNCTION][7] 键，即可进入统计功能菜单，相关的统计变量及函数的含义如图 1-29 所示。

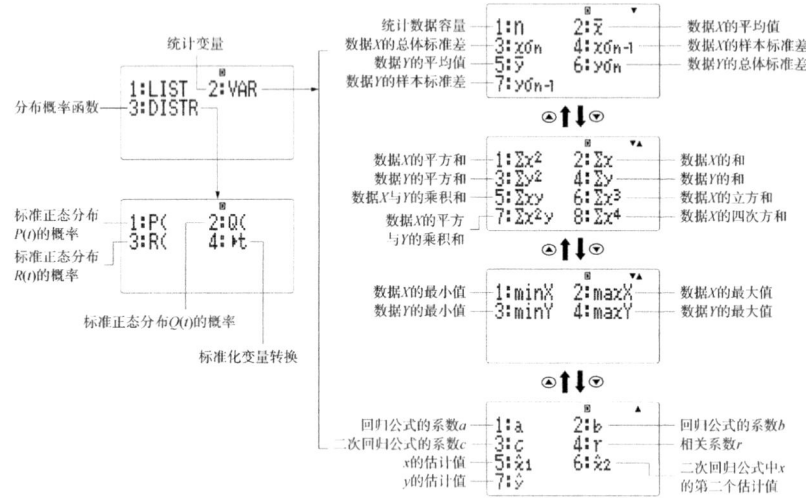

图 1-29 统计变量及函数菜单屏幕

其中，三个标准正态分布的概率计算函数的数学意义如图 1-30 所示。

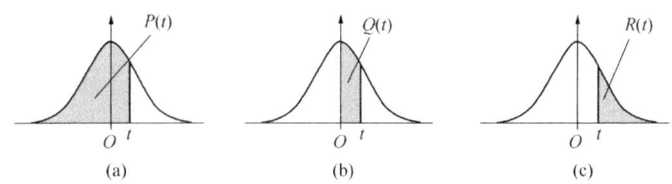

图 1-30 标准正态分布的概率计算函数示意图

需要强调的是，单变量统计计算的样本数据来源于 X 串列与 FREQ 串列值，而双变量统计计算的样本数据来源于 X 串列、Y 串列与 FREQ 串列值，尽管在单变量统计计算模式（SD 模式）下不使用 Y 串列值且屏幕上不显示 Y 串列数据，但计算器会在内部对每个 X 数据提供一个对应的 Y 值，该值缺省为 0。因此，在 SD 模式下完成了统计数据的输入后，执行涉及 Y 数据的统计计算（如调用 $\sum xy$），计算器将生成结果而不显示错误。

除通过调用统计变量计算和查看特定的统计计算结果外，fx-5800P 计算器还提供了一种在统计计算模式（SD 模式或 REG 模式）下查看全部统计计算结果的方法。在 SD 模式下，按 [FUNCTION][6] 键，在 REG 模式下，按 [FUNCTION][6][1] 键，即可调出相应的计算结果显示屏幕,如图1-31所示。这里所指的统计计算结果,是指统计数据的标准差及总和计算结果,不包括双变量回归计算结果。

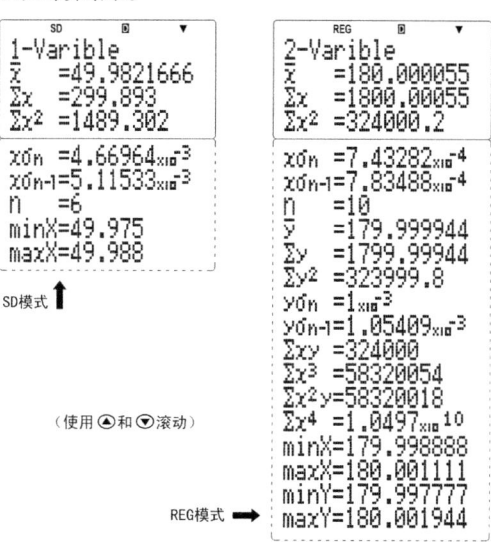

图1-31 统计数据计算结果显示屏幕

有关统计变量及函数的计算公式和数学意义,请参阅《fx-5800P用户说明书》的相关内容,在此不再赘述。

1.7.3 单变量统计计算

按 [MODE] [3] 键进入单变量统计计算模式,此时屏幕状态行显示 SD。

下面以几个实例说明使用 fx-5800P 计算器进行单变量统计计算的操作方法。

【例1-6】 对某段距离等精度独立丈量了6次,距离丈量值分别为49.988m、49.975m、49.981m、49.978m、49.987m、49.984m,试计算其算术平均值 $\bar{x}$ 和一次丈量中误差 m。

使用 fx-5800P 计算器的操作步骤如下:

(1) 按 [MODE] [3] 键进入单变量统计模式,此时屏幕状态行显示 SD。
(2) 清除原有统计数据,按 [FUNCTION] [5] [1] [2] 键调出 Del All 命令,按 [EXE] 确认。
(3) 在 STAT 编辑器列表屏幕中输入全部6个数据。
(4) 按 [FUNCTION] [6] 键调出全部统计计算结果,如下:

$\bar{x} = 49.9821666$　　　　$x\sigma_{n-1} = 5.11533 \times 10^{-3}$

$\sum x = 299.893$　　　　　　$n = 6$

$\sum x^2 = 14989.302$　　　　$minX = 49.975$

$x\sigma_n = 4.66964 \times 10^{-3}$　　$maxX = 49.988$

(5) 在测量学中,系列观测值 x_i 的中误差定义为: $m = \sqrt{\dfrac{\sum(\bar{x} - x_i)}{n-1}}$,由此可见,测量中误差 m 与统计数据计算的样本标准差 $x\sigma_{n-1}$ 变量的定义相同。

因此,本例的计算结果为: $\bar{x} = 49.982$ m, $m = 0.005$ m。

【例 1-7】 某路段水泥混凝土路面板厚检测数据如表 1-26 所示,保证率为 95%,设计厚度 $h_d = 25$ cm,代表值允许偏差 $\Delta h = 5$ mm,试对该路段的板厚进行评价。

表 1-26 水泥混凝土路面板厚度检测结果

序号	1	2	3	4	5	6	7	8	9	10
厚度 h_i/m	25.1	24.8	25.1	24.6	24.7	25.4	25.2	25.3	24.7	24.9
序号	11	12	13	14	15	16	17	18	19	20
厚度 h_i/m	24.9	24.8	25.3	25.2	25.2	25.0	25.1	24.8	25.0	25.1
序号	21	22	23	24	25	26	27	28	29	30
厚度 h_i/m	24.7	24.9	25.0	25.4	25.2	25.1	25.0	25.0	25.5	25.4

使用 fx-5800P 计算器操作步骤如下:

(1) 按 [MODE] [3] 键进入单变量统计模式,此时屏幕状态行显示 SD;按 [SHIFT] [SETUP] [▼] [5] [1] 设定统计频数打开(FreqOn)。

(2) 清除原有统计数据,按 [FUNCTION] [5] [1] [2] 键调出 Del All 命令,按 [EXE] 确认。

(3) 从表 1-26 整理统计数据如表 1-27 所示,在 STAT 编辑器列表屏幕中输入这些统计数据,当然,也可不考虑数据的统计频数,而直接输入 30 个统计数据。

表 1-27 例 1-7 中向计算器输入的统计数据

序号	厚度 h_i/m	频数(FREQ)	序号	厚度 h_i/m	频数(FREQ)
1	24.6	1	6	25.1	5
2	24.7	3	7	25.2	3
3	24.8	3	8	25.3	3
4	24.9	3	9	25.4	3
5	25.0	5	10	25.5	1

(4) 按 [FUNCTION] [6] 键调出全部统计计算结果,如下:

$\bar{x} = 25.05$ $x\sigma_{n-1} = 0.24033023$

$\sum x = 715.5$ $n = 30$

$\sum x^2 = 18826.75$ $\min X = 24.6$

$x\sigma_n = 0.23629078$ $\max X = 25.5$

因此,本题所需结果为: $\bar{h} = 25.05$ cm, $s = 0.24$ cm。

(5) 根据 $n = 30$、$\alpha = 95\%$(单边置信水平),查 "t 分布概率系数表" 得: $t_{0.95}/\sqrt{n} = 0.310$。

(6) 代表性厚度 h 为算术平均值得下置信界限, 即:
$$h = \bar{h} - t_{0.95}/\sqrt{n} \cdot s = 25.05 - 0.310 \times 0.24 = 24.98 \,(\text{cm})$$
因为 $h > h_d - \Delta h = 24.5\,\text{cm}$, 所以该路段的代表性厚度满足要求。

(7) 该路段检测厚度 h_i 满足设计厚度 h_d 的概率, 使用概率分布函数表达式 $R(25 \blacktriangleright t)$ 求得, 按键操作方法如下:

先按 [MODE] [1] 键进入 COMP 模式, 再按 [FUNCTION] [7] [3] [3] 25 [FUNCTION] [7] [3] [4] [)] [EXE] 即可求得 $R(25 \blacktriangleright t)$ 的计算结果为 0.58379, 检测厚度 h_i 满足设计厚度 h_d 的概率为 58%。

1.7.4 双变量统计计算

按 [MODE] [4] 键进入双变量统计计算模式, 此时屏幕状态行显示 REG。

双变量统计计算可进行两组统计数据的标准差及总和的计算, 还可进行这两组数据之间的回归计算, 获得相应的回归方程式。

fx-5800P 计算器可进行七种类型的回归计算, 如表 1-28 所示。

表 1-28 fx-5800P 计算器提供的七种回归计算类型

序号	回归计算类型	回归方程
1	线性回归	$y = ax + b$
2	二次回归	$y = ax^2 + bx + c$
3	对数回归	$y = a + b\ln x$
4	e 指数回归	$y = ae^{bx}$
5	ab 指数回归	$y = ab^x$
6	乘方回归	$y = ax^b$
7	逆回归	$y = a + b/x$

要查看双变量回归计算结果, 只需在 REG 模式下, 按 [FUNCTION] [6] [2] 键, 即可显示回归类型菜单, 再按对应的数字键即可查看双变量回归计算的结果了, 如图 1-32 所示是回归计算类型菜单和两个回归计算结果显示屏幕的示例。

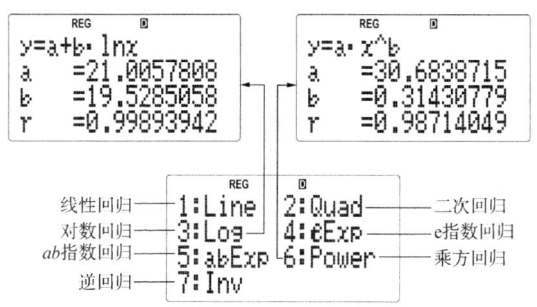

图 1-32 回归计算类型菜单和两个回归计算结果显示屏幕示例

【例1-8】 使用两台全站仪对三角形的三个内角各进行了 10 次观测,得到每次观测的内角和数据如表 1-29 所示,试对两组观测值的准确度和精确度进行评价。

表1-29 两组三角形内角和观测数据

组 号	观 测 值
第一组	180°00′03″, 180°00′02″, 179°59′58″, 179°59′56″, 180°00′01″, 180°00′00″ 180°00′04″, 179°59′57″, 179°59′58″, 180°00′03″
第二组	180°00′00″, 179°59′59″, 180°00′07″, 180°00′02″, 180°00′01″, 179°59′59″ 179°59′52″, 180°00′00″, 179°59′57″, 180°00′01″

使用各组观测值的平均值与真值(180°)之间的绝对差值来比较准确度,使用各组观测值的中误差来比较精确度。

使用 fx-5800P 计算器的操作步骤如下:

(1) 按 MODE 4 键进入双变量统计模式,此时屏幕状态行显示 RGE。
(2) 清除原有统计数据,按 FUNCTION 5 1 2 键调出 Del All 命令,按 EXE 确认。
(3) 在 STAT 编辑器列表屏幕中输入全部 10 组观测数据,其中第一组观测数据输入 X 串列,第二组观测数据输入 Y 串列。
(4) 按 FUNCTION 6 1 键调出全部统计计算结果如下:

$\bar{x} = 180.000055$ $\sum y = 1799.99944$ $\sum x^4 = 1.0497 \times 10^{10}$

$\sum x = 1800.00055$ $\sum y^2 = 323999.8$ $minX = 179.998888$

$\sum x^2 = 324000.2$ $y\sigma_n = 1 \times 10^{-3}$ $maxX = 180.001111$

$x\sigma_n = 7.43282 \times 10^{-4}$ $y\sigma_{n-1} = 1.05409 \times 10^{-3}$ $minY = 179.997777$

$x\sigma_{n-1} = 7.83488 \times 10^{-4}$ $\sum xy = 324000$ $maxY = 180.001944$

$n = 10$ $\sum x^3 = 58320054$

$\bar{y} = 179.999944$ $\sum x^2 y = 58320018$

(5) 根据以上统计计算结果,两组数据的平均值与真值(180°)之间的绝对差值分别为:

第一组:$|\bar{x} - 180| = |180.000055 - 180| = 0.000055° = 0.2″$

第二组:$|\bar{y} - 180| = |179.999944 - 180| = 0.000056° = 0.2″$

因此两组数据的准确度相同。

(6) 两组数据的中误差分别为:

第一组:$m_1 = x\sigma_{n-1} = 0.000783488° = 2.8″$

第二组:$m_2 = y\sigma_{n-1} = 0.00105409° = 3.8″$

$m_1 < m_2$,因此第一组数据的精确度要高于第二组数据的精确度。

【例1-9】 某粘土路基施工中用核子密度仪法和灌砂法测量含水量的对比试验,试验结果如表 1-30 所示,试对核子仪测定含水量进行标定。

表1-30 核子密度仪与灌砂法测定含水量对比试验结果

序号	核子密度仪	灌砂法	序号	核子密度仪	灌砂法
1	13.18	10.52	10	14.41	14.14
2	12.68	10.81	11	15.66	15.45
3	12.33	10.54	12	18.64	18.07
4	13.87	13.83	13	15.21	15.01
5	9.37	9.80	14	13.64	13.62
6	13.87	13.80	15	22.56	22.36
7	15.21	15.05	16	19.62	19.28
8	13.87	13.83	17	18.52	18.06
9	12.66	12.33			

核子密度仪（又称核子密度湿度仪，简称核子仪）一般用于测定路基或路面材料的密度和含水量，并以此计算施工压实度，是一种施工质量的现场快速评定方法，但该法测定的结果与标准方法测定的结果有一定的差异，因此使用核子密度仪测定的结果一般要与灌砂法测定的结果进行标定，建立两种方法之间的相关关系（线性相关），建立回归方程。用于标定的数据至少应有15组，其相关系数 r 应不小于0.9。

使用 fx-5800P 计算器的操作步骤如下：
（1）按 MODE 4 键进入双变量统计模式，此时屏幕状态行显示 REG。
（2）清除原有统计数据，按 FUNCTION 5 1 2 键调出 Del All 命令，按 EXE 确认。
（3）在 STAT 编辑器列表屏幕中输入全部17组数据，其中核子密度仪试验结果输入 X 串列，灌砂法试验结果输入 Y 串列。
（4）按 FUNCTION 6 2 1 键调出线性回归计算结果，显示如下：

$y = ax + b$ $a = 1.03562105$
$b = -1.0525915$ $r = 0.97218062$

从计算结果可得出，核子密度仪与灌砂法试验结果之间的线性回归方程是：$y_{砂} = 1.0356 x_{核} - 1.0526$，相关系数 $r = 0.97 > 0.9$，呈明显的线性相关，如图1-33所示。

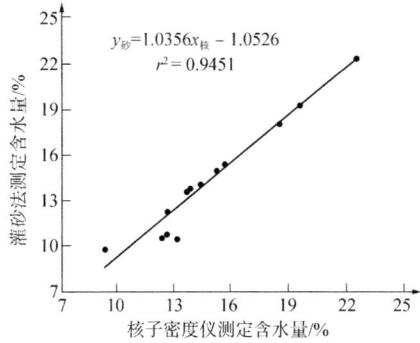

图1-33 核子密度仪与灌砂法测定含水量数据点分布与线性回归线示意图

【例1-10】 混凝土的抗压强度 R 随养护时间 t 的延长而增加,表1-31列出了一批混凝土的养护时间 t(天)与抗压强度 R(kg/cm²)的测试数据,试根据这些数据分析两者之间的关系,求出回归方程式,并计算 $t = 64$ d(天)时的抗压强度和抗压强度达到 $R = 110$ kg/cm² 时所需的养护时间。

表1-31 混凝土的养护时间与抗压强度的测试数据

序号	1	2	3	4	5	6	7	8	9	10	11	12
时间 t/d	2	3	4	5	7	9	12	14	17	21	28	56
抗压强度 R/(kg/m²)	35	42	47	53	59	65	68	73	76	82	86	99

根据表1-31数据所做的散点图(图1-34)可判定,混凝土的养护时间 t 与抗压强度 R 之间呈非线性关系,初步判定成对数关系。

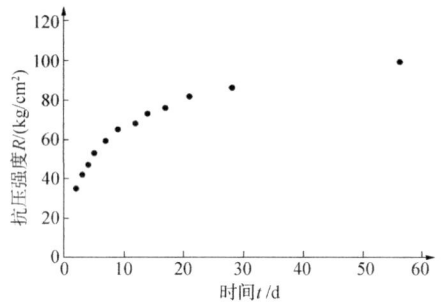

图1-34 混凝土的养护时间与抗压强度数据散点图

利用fx-5800P计算器方便的回归计算功能,对该组数据进行全部七种类型的回归计算,以作比较。计算器操作步骤如下:

(1) 按 MODE 4 键进入双变量统计模式,此时屏幕状态行显示 REG。
(2) 清除原有统计数据,按 FUNCTION 5 1 2 键调出 Del All 命令,按 EXE 确认。
(3) 在 STAT 编辑器列表屏幕中输入全部12组数据,其中时间值输入 X 串列,抗压强度值输入 Y 串列。
(4) 分别按 FUNCTION 6 2 1 ~ 7 键调出回归计算结果,如表1-32所示。

表1-32中,相关系数 r 是描述回归方程相关密切程度的指标,其取值范围为 [-1, 1],r 的值越接近1,两组数据之间的相关关系越好。由表1-32中结果可见,对数回归的相关系数 $r = 0.9989$,是各类回归方程最接近1的相关系数,由此可确定,本例中混凝土的养护时间 t 与抗压强度 R 之间呈明显的对数关系,回归方程式为:$R = 21 + 19.53\ln t$。

图1-35表示了部分回归方程图形与数据散点之间的符合关系,从图中也可看出,对数回归方程线与数据散点符合得最好。

表 1-32 例 1-10 回归计算结果汇总表

序号	回归计算类型	计算结果	回归方程式	相关系数
1	线性回归	$y = ax + b$ $a = 1.10781476$ $b = 48.984081$ $r = 0.88048115$	$R = 1.108t + 48.98$	$r = 0.8805$
2	二次回归	$y = ax^2 + bx + c$ $a = -0.0315927$ $b = 2.86300628$ $c = 36.570484$	$R = -0.03159t^2 + 2.863t + 36.57$	
3	对数回归	$y = a + b\ln x$ $a = 21.0057808$ $b = 19.5285058$ $r = 0.99893942$	$R = 21 + 19.53\ln t$	$r = 0.9989$
4	e 指数回归	$y = ae^{bx}$ $a = 49.0560834$ $b = 0.01655448$ $r = 0.80783426$	$R = 49.06e^{0.01655t}$	$r = 0.8078$
5	ab 指数回归	$y = ab^x$ $a = 49.0560834$ $b = 1.01669227$ $r = 0.80783426$	$R = 49.06 \times 1.017^t$	$r = 0.8078$
6	乘方回归	$y = ax^b$ $a = 30.6838715$ $b = 0.31430779$ $r = 0.98714049$	$R = 30.68t^{0.3143}$	$r = 0.9871$
7	逆回归	$y = a + b/x$ $a = 83.9201415$ $b = -119.8879$ $r = -0.9076288$	$R = 83.92 - \dfrac{119.89}{t}$	$r = -0.9076$

（5）按 [FUNCTION] [6] [2] [3] 键再次进行对数回归的计算与结果查看，以保证回归计算各参数变量（如 $a, b, r, \hat{x}, \hat{y}$ 等）是基于对数回归的。

（6）按 [MODE] [1] 键进入 COMP 模式。

（7）计算 $t = 64$ 天时的抗压强度，使用计算表达式：$64\hat{y}$，按键操作为：64 [FUNCTION] [7] [2] [▼] [▼] [▼] [7] [EXE]，显示计算结果为 102.2225536，即 $t = 64$ 天时的抗压强度 $R = 102$ kg/cm^2。

（8）计算抗压强度 $R = 110$ kg/cm^2 时所需的养护时间，使用计算表达式：$110\hat{x}1$，按键操作为：110 [FUNCTION] [7] [2] [▼] [▼] [▼] [5] [EXE]，显示计算结果为 95.3109108，即抗压强度达到 $R = 110$ kg/cm^2 时所需的养护时间 $t = 95$ 天。

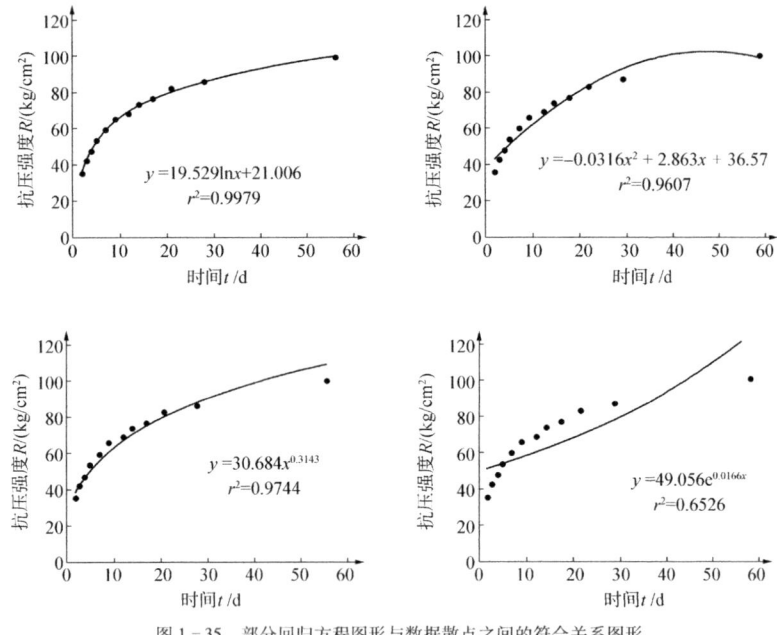

图 1-35 部分回归方程图形与数据散点之间的符合关系图形

1.8 其他模式的计算

1.8.1 方程式计算（EQN）

按 [MODE] [8] 键即进入方程式计算模式，此时屏幕显示方程类型菜单，fx-5800P 计算器可进行六种类型方程式的计算，如图 1-36 所示。

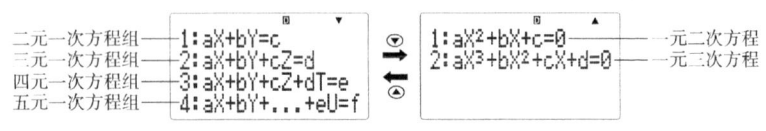

图 1-36 方程式类型菜单屏幕

选择相应的方程类型后，即进入系数编辑器屏幕，可以使用此屏幕输入方程式系数的值，如图 1-37 所示。

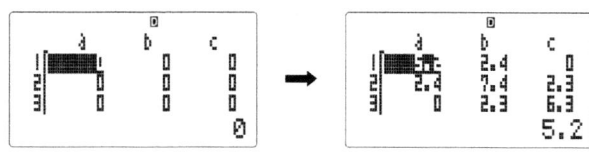

图 1-37 方程式系数编辑器屏幕

完成系数值输入后,按 EXE 键即可显示方程式的解,若解有多个值,则使用 ▽ 和 △ 键切换查看。要编辑系数值,从解屏幕按 EXIT 键则返回系数编辑器屏幕。

【例 1-11】 例 1-6 中某水准网按条件平差的法方程是一个四元一次方程组,试使用 fx-5800P 计算器的方程式计算功能求解。

$$\begin{cases} 5.2x_1 + 2.4x_2 - 1.7x_4 = -7 \\ 2.4x_1 + 7.4x_2 + 2.3x_3 + 2.7x_4 = -8 \\ 2.3x_2 + 6.3x_3 = -6 \\ -1.7x_1 + 2.7x_2 + 4.4x_4 = 3 \end{cases}$$

操作步骤如下:
(1) 按 MODE 8 键进入方程式计算模式,按 3 键选择方程类型为四元一次方程组;
(2) 进入系数编辑器屏幕,输入方程组系数值如下:

	a	b	c	d	e
1	5.2	2.4	0	-1.7	-7
2	2.4	7.4	2.3	2.7	-8
3	0	2.3	6.3	0	-6
4	-1.7	2.7	0	4.4	3

(3) 按 EXE 键显示方程式的解为: $X = -0.2205972707$, $Y = -1.405297727$, $Z = -0.4393357506$, $T = 1.458929205$, 与例 1-6 用矩阵运算的结果相同。

1.8.2 数表计算(TABLE)

按 MODE 7 键即进入数表计算模式。数表计算功能用于对一个 $f(X)$ 函数的自变量 x 指定一个范围值和步长值,然后在此范围内按步长值变化进行循环计算。

下面以一个实例说明进行数表计算的操作方法。

【例 1-12】 通过室内试验,测得水泥剂量 x 变化时,相应的水泥稳定±7 天养护后的强度 R 随水泥剂量变化呈线性函数关系,其线性相关方程为 $R = 0.385 + 35.933x$,试分别求出水泥剂量 x 在 1%~7% 之间时对应的水泥稳定±7 天强度 R,其中水泥剂量的变化步长值为 1%。(单位:水泥剂量:%;强度:MPa)

操作步骤如下:
(1) 按 MODE 7 键进入数表计算模式,此时屏幕显示表达式编辑器画面,等待输入 $f(X)$ 函数式。
(2) 输入函数式 $f(X) = 0.385 + 35.933X$,按 EXE 键确认,此时显示数表范围屏幕。
(3) 分别输入始值 Start:0.01,终值 End:0.07,步长值 Step:0.01。

47

(4) 输入所有内容后,按 [EXE] 键,进行数表计算,计算结果整理如表 1-33 所示。

表 1-33 例 1-12 数表计算结果汇总表

水泥剂量/%	1	2	3	4	5	6	7
水泥稳定 ±7 天强度/MPa	0.7443	1.1036	1.4629	1.8223	2.1816	2.5409	2.9003

例 1-12 数表计算中典型屏幕显示如图 1-38 所示。

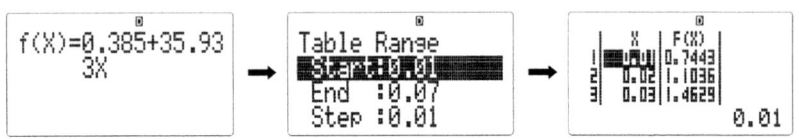

图 1-38 数表计算典型屏幕显示

1.8.3 序列计算 (RECUR)

按 [MODE] [6] 键即进入序列计算模式,可使用以下两种类型中的其中一种创建序列表。
(1) a_n 类型序列,这种序列类型可输入通项 ($a_n = f(n)$),以及序列的始值和终值。
(2) a_{n+1} 类型序列,这种序列类型可输入两项递归的递归公式 ($a_{n+1} = f(a_n)$),以及序列的始值和终值。

图 1-39 所示为 a_n 类型序列计算的一个实例屏幕。

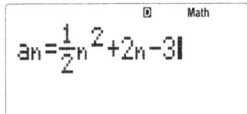 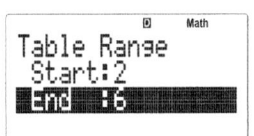 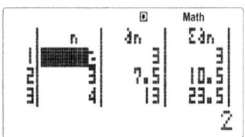

图 1-39 a_n 类型序列计算实例屏幕

图 1-40 所示为 a_{n+1} 类型序列计算的一个实例屏幕。

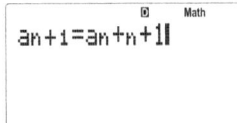 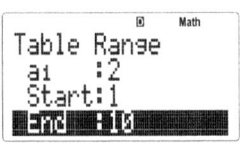 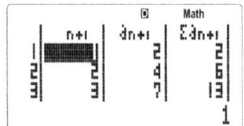

图 1-40 a_{n+1} 类型序列计算实例屏幕

1.8.4 基数计算 (BASE-N)

按 [MODE] [2] 键即可进入基数计算模式,在该模式下,可进行 2 进制、8 进制、10 进制及 16 进制的数值计算,也可进行各数制间的转换和各种逻辑运算。

图 1-41 所示为基数计算的几个实例屏幕。

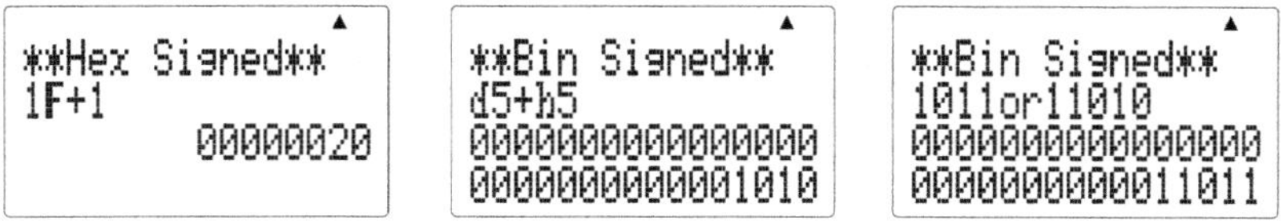

```
**Hex Signed**
1F+1
          00000020
```

```
**Bin Signed**
d5+h5
00000000000000
0000000000001010
```

```
**Bin Signed**
1011or11010
00000000000000
0000000000011011
```

图 1-41　基数计算的几个实例屏幕

第 2 章 卡西欧 fx-5800P 计算器的编程方法与技巧

2.1 程序的建立、运行与管理

程序是为实现预期目的而进行操作的一系列语句和指令。fx-5800P 计算器程序由多个顺序输入的表达式组成，程序中一个字符或一个函数（如 sin、cos、tan、log 等）占用一个字节，有些语句占用两个字节（如 Lbl n、Goto n）。程序区域最多可以存储 28 500 字节的程序。

按 MODE 5 键即进入程序模式（PROG 模式），屏幕显示菜单如图 2-1 所示。

图 2-1 fx-5800P 计算器的程序模式菜单

2.1.1 创建一个新程序

1. 输入新程序的文件名

为了便于管理程序文件，我们必须给每个程序命名，创建一个新程序就从输入程序名开始。

进入程序模式后，在图 2-1 所示的程序菜单中，按 1 键创建新程序，此时计算器锁定为字母输入状态，屏幕状态栏左上方显示 A，并在光标闪烁处等待用户输入新程序的文件名，如图 2-2 所示。

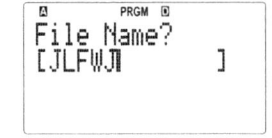

图 2-2 输入新建程序的文件名

所输入的程序文件名最多有 12 个字符。有效字符包括英文字母 A～Z、空格、[.]、数字 0～9、小数点及算术运算符号 +、-、×、÷。为了便于记忆，利于管理，我们通常取程序的主要用途或目的作为文件名，且以拼音或英文为佳。譬如，我们准备编写"已知两点坐标求距离和方位角"的计算程序，就可以输入 JLFWJ（距离、方位角的拼音声母）。一个文件名不论长短，均会占用 32 字节的存储容量。

2. 选择程序运行模式

按上述方法输入文件名后，按 EXE 键，此时屏幕出现如下程序运行模式菜单选项（图 2-3）。

第 2 章　卡西欧 fx-5800P 计算器的编程方法与技巧

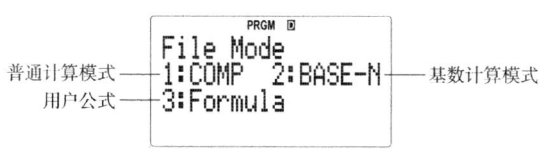

图 2-3　程序运行模式菜单

图 2-3 所示选项表示了程序运行的三种计算模式。当创建新程序时，必须根据程序包含的内容选择其运行模式，并且这个程序的运行模式一经选定将不能再变更。程序内容与程序运行模式选择关系见表 2-1 所示。

表 2-1　程序内容与程序运行模式选择

当程序包含以下内容时：	选择以下运行模式：
在 COMP 模式中执行的计算（包括矩阵、复数和统计计算）	COMP
在 BASE-N 模式中执行的计算	BASE-N
公式类型的计算	Formula

在道路工程相关的编程计算中，一般都在"COMP"模式中进行计算，很少有基数计算"BASE-N"模式的，而"Formula"模式一般用于定义用户公式（详见 1.5.3 节）。因此若无特别说明，本教材的所有程序运行模式均为"COMP"模式。

3. 输入新程序内容

按 [1] 键，选择"COMP"模式，即可进入程序输入与编辑界面，对于新建程序，此时屏幕是一个空屏，仅在首行首列有一个光标在闪烁。此时，可通过计算器键盘输入事先写好的程序清单。输入第 1 行程序内容后按 [EXE] 键，再输入第 2 行、第 3 行……每行程序输完后按 [EXE] 键。当所有程序内容输入完毕后，连续两次按 [EXIT] 键，即可保存程序内容并返回到程序模式的主菜单界面（图 2-1）。

请读者尝试输入文件名为"JLFWJ"的程序清单，以作输入练习之用。程序清单如表 2-2 所示。

表 2-2　根据两点坐标求距离和方位角程序：JLFWJ

行号	程序	说明
1	ClrMemory: Fix 3 ↵	清除变量，设置小数显示位数
2	Lbl 1 ↵	程序标记
3	"X0" ? → M: "Y0" ? → N: "X1" ? → X: "Y1" ? → Y ↵	输入原始数据
4	Pol ((X-M), (Y-N)) ↵	利用 Pol 函数计算距离与方位角
5	"D=": I ▲	显示计算结果之一：距离
6	If J<0: Then J+360 → J: IfEnd	若角度小于 0，则加上 360
7	"F=": J▶DMS ▲	显示计算结果之一：方位角（以度分秒形式）
8	Goto 1 ↵	程序跳转，实现循环计算

51

表2-2所列的程序，无论从功能上、还是从程序量上来看，都是属于比较简单的程序了。但对于第一次接触卡西欧编程计算器的使用者而言，除了数字、字母和一些常用的数学函数比较熟悉外，其他的都很陌生，要想通过按键准确、完整地输入这些程序清单恐怕还不是一件轻松的事情。

确实，对于初学者，最大的困难莫过于一些程序命令和字符的输入。为了帮助读者顺利地输入表2-2所列的程序，将程序中相关的程序命令和字符的按键方法整理如表2-3所示。

表2-3 程序 JLFWJ 中相关程序命令和字符的按键方法

序号	程序命令或字符	名　　称	按键方法
1	ClrMemory	清除变量函数	FUNCTION 6 2
2	:	分隔符	SHIFT :
3	Fix	小数显示位数设定符	SHIFT SETUP 6
4	Lbl	程序标签符	FUNCTION 3 7
5	"	引号符	ALPHA "
6	?	变量输入符	FUNCTION 3 1
7	→	变量赋值命令符	FUNCTION 3 2
8	◢	显示输出命令符	SHIFT ◢
9	If	条件控制 If 命令符	FUNCTION 3 3
10	Then	条件控制 Then 命令符	FUNCTION 3 4
11	IfEnd	条件控制 IfEnd 命令符	FUNCTION 3 6
12	<	逻辑判断小于符	FUNCTION 3 ▼ 4
13	=	逻辑判断等于符	ALPHA = 或：FUNCTION 3 ▼ 4
14	▶DMS	度分秒转换命令符	FUNCTION 5 4
15	Goto	无条件转移命令符	FUNCTION 3 8

由此可见，要在小小的计算器键盘上输入如此丰富的程序命令和字符的确是一件不容易的事情，但读者只要多使用、多练习、多熟悉，相信不久就可将程序清单输得又快又准。

2.1.2 程序的运行

编程的目的是为了解决实际的数值计算问题，而这要靠运行程序，按照程序的运行流程来完成。

fx-5800P 计算器运行程序的方法有三种（图2-4）。

第 2 章　卡西欧 fx-5800P 计算器的编程方法与技巧

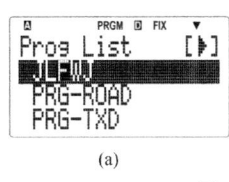  

(a)　　　　　　　　　　　(b)　　　　　　　　　　　(c)

图 2-4　fx-5800P 计算器程序的运行方法

1. 在程序模式菜单下选择"RUN"运行程序

（1）在程序模式（PROG）菜单界面上（图 2-1），按 [2] 键执行"RUN"命令，屏幕显示如图 2-4a 所示。

（2）用文件搜索的方法或按 [▼] [▲] 键找到拟要运行的程序文件名。

（3）按 [EXE] 键执行，依据屏幕提示，进行相应操作。

2. 在普通计算模式下按 [FILE] 键来运行程序

（1）在普通计算模式（COMP）下，按 [FILE] 键，用文件搜索的方法或按 [▼] [▲] 键找到拟要运行的程序文件名，如图 2-4b 所示。

（2）按 [EXE] 键执行，依据屏幕提示，进行相应操作。

3. 在普通计算模式下按 [SHIFT] [Prog] 键来运行程序

（1）在普通计算模式（COMP）下，按 [SHIFT] [Prog] 键，输入拟要运行的程序文件名（注意要用引号括起来），如图 2-4c 所示。

（2）按 [EXE] 键执行，依据屏幕提示，进行相应操作。

【例 2-1】　根据例 1-1 的数据，已知 A 点坐标和 B 点坐标，试通过运行程序"JLFWJ"计算 AB 两点的水平距离 S_{AB} 和坐标方位角 α_{AB}。

程序运行步骤如下：

① 使用三种方法中的任意一种运行程序，如在普通计算模式下，按 [FILE] 键，在程序列表中选择"JLFWJ"，如图 2-4b 所示，按 [FILE] 键运行该程序。

② 按照屏幕提示的流程，分别将 A 点坐标（1429.55，1772.73）输入给屏幕提示的 X0、Y0，B 点坐标（1536.86，837.54）输入给屏幕提示的 X1、Y1，每一个数据输入结束后，都要按 [EXE] 键确认，在未按 [EXE] 键之前，正在输入的数据还可修改，如图 2-5 所示。

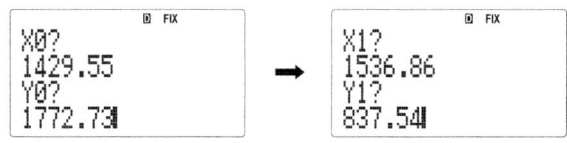

图 2-5　根据程序流程输入已知坐标数据

③ 数据输入完成后，按 [EXE] 键，根据程序流程，屏幕即可显示计算结果，每按一次 [EXE] 键，显示一个计算结果，直至所有计算结果全部显示，当显示程序计算结果时，屏幕

状态栏右方显示 Disp 标记，如图 2-6 所示。

根据程序的计算结果，可得：S_{AB} = 941.327 m，α_{AB} = 276°32′45.15″，与例 1-1 的计算结果一致。

④继续按 EXE 键，程序又返回数据输入界面，此时可输入新的数据，实现程序的循环运行。要退出程序流程，按两次 AC/ON 键即可返回原计算模式。

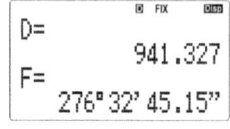

图 2-6　显示程序计算结果

2.1.3　程序文件的管理

在日常工作中，对程序文件进行管理是我们经常要做的一个工作。它主要包括：程序文件的搜索、程序文件的重命名、程序内容的编辑、程序文件的删除等。fx-5800P 计算器中有两种类型的程序文件，即运行模式为 COMP 或 BASE-N 的程序文件，屏幕状态栏显示为"PRGM"，以及运行模式为 Formula 的程序文件，屏幕状态栏显示为"FMLA"。当我们进行程序文件管理时，不论是进行程序内容编辑还是程序文件删除等操作，均可通过按 ◀ 或 ▶ 键在两种类型的程序文件之间切换，如图 2-7 所示屏幕，表示对程序文件进行编辑操作前在"Prog Edit"和"Fmla Edit"文件菜单之间切换。

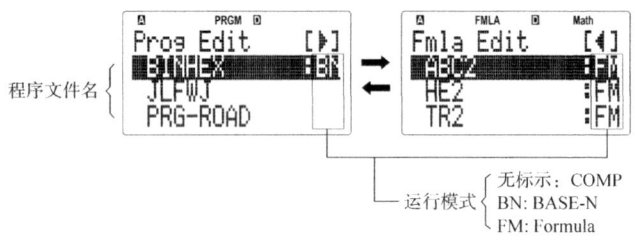

图 2-7　两类程序文件的编辑菜单

1. 文件搜索

可使用"滚动列表搜索"和"输入字符搜索"两种方法来找出文件。下面以要找到目标程序文件进行编辑为例讲述其操作。

（1）滚动列表搜索。即在计算器的显示屏上滚动显示文件名，直至找出所搜索的文件名。具体操作为：

①按 MODE 5 键进入图 2-1 所示的程序菜单，按 3 键进入程序编辑菜单；

②用 ▼ 与 ▲ 键将光标移至所要运行的程序名上（高亮显示）；

③按 EXE 键则显示程序内容。

（2）输入字符搜索。即输入所搜索的程序文件名的第一个字母。例如，搜索程序文件"PRG-TXD"，具体操作为：

①按 MODE 5 键进入图 2-1 所示的程序菜单，按 3 键进入程序编辑菜单；

②此时计算器已锁定为字母输入状态，屏幕状态栏左端显示 A，此时要输入字母"P"，只要按 6 键即可，此时高亮便移至以字母"P"开头的第一个程序文件上；

③用▼键将光标移至所要编辑的程序名"PRG-TXD"上(高亮显示),如图2-8所示;

图2-8 输入字符搜索程序文件

④按[EXE]键则显示程序内容。

2. 更改文件名

(1) 用文件搜索的方法找到拟更改的文件名并将光标移到文件名上。
(2) 按[FUNCTION]键显示文件命令(File Commands)菜单。
(3) 按[2]键(选择"Rename"),在文件名编辑窗口中更改完程序名后,按[EXE]键确认。

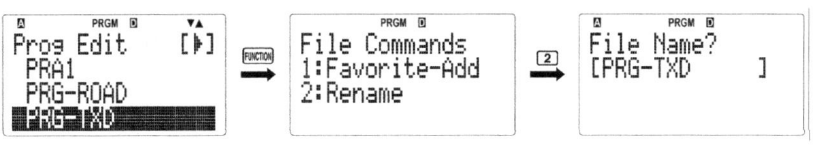

图2-9 更改文件名

3. 收藏程序

可以将常用程序的文件名添加到"Favorites",此操作使该名称在文件屏幕的顶部显示以提高搜索效率。具体操作为:

(1) 用文件搜索的方法找到拟收藏的文件名并将高亮光标移到该文件名上。
(2) 按[FUNCTION]键显示文件命令(File Commands)菜单。
(3) 按[1]键(选择"Favorite-Add"),该文件名将在屏幕顶部显示。

图2-10 收藏文件

收藏程序也可取消,具体操作为:

(1) 选择拟取消收藏的程序文件,将高亮光标移到该文件名上。
(2) 按[FUNCTION]键显示文件命令(File Commands)菜单。
(3) 按[1]键(选择"Favorite-Off"),该文件即被取消收藏。

4. 编辑程序内容

(1) 按 [MODE] [5] 键进入图 2-1 所示的程序菜单，按 [3] 键进入程序编辑菜单。
(2) 用文件搜索的方法找到拟编辑的程序文件名并将高亮光标移到该文件名上。
(3) 按 [EXE] 键，此时屏幕显示程序内容。
(4) 用 [▼] 与 [▲] 键将光标移至要修改之处，按 [DEL] 键删除错误字符或按 [SHIFT] [INS] 键插入新内容。
(5) 修改结束后，连续两次按 [EXIT] 键，即可保存修改的程序内容并返回。

5. 程序的删除

(1) 按 [MODE] [5] 键进入图 2-1 所示的程序菜单，再按 [4] 键进入程序删除菜单，屏幕画面如图 2-11 所示。

(2) 若按 [1] 键（选择 "One File"），则进行单个文件的删除。用文件搜索的方法找到拟要删除的程序文件名，按 [EXE] 键则删除此程序，按 [EXIT] 键则放弃删除操作。

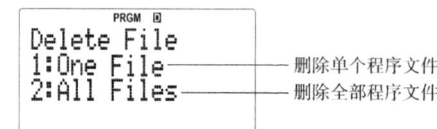

图 2-11 删除程序文件命令菜单

(3) 若按 [2] 键（选择 "All Files"），则进行所有文件的删除，此时屏幕上将出现确认删除的信息，按 [EXE] 键则删除所有程序，按 [EXIT] 键则放弃删除操作而不删除任何程序。

2.1.4 程序文件的传输

利用一个数据通信线（SB-62），可以在两个卡西欧 fx-5800P 计算器之间传输程序文件，这使得程序文件的交流变得更加方便，如图 2-12 所示。

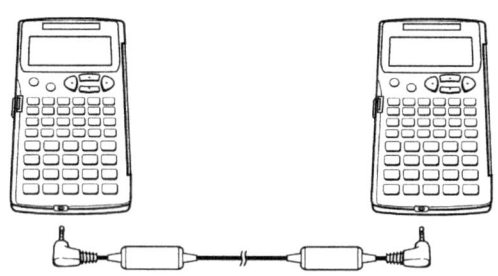

图 2-12 在两台卡西欧 fx-5800P 计算器之间传输程序文件

为描述方便，本书将保存有待传输程序文件的那台计算器称为"发送机"，而准备接收程序文件的那台计算器称为"接收机"。

传输程序文件时，可以将"发送机"上所有的程序文件传输给"接收机"，也可以只将"发送机"上的某几个程序文件传输给"接收机"，两者的操作大同小异。

这里以传输"发送机"上的程序文件"PRG-TXD"为例，其操作过程如下：

(1) 将 SB-62 数据线连接到两台计算器（发送机、接收机）的数据通信口（图 2-12）。

(2) 在接收机上按[MODE]⊙[1]键,进入通信菜单界面,再按[2]键,出现待接收状态界面,此时接收机处于待接收状态(图2-13)。

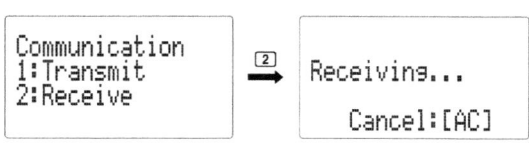

图2-13 接收机处于待接收状态

(3) 在发送机上按[MODE]⊙[1]键,进入通信菜单界面,再按[1]键,出现类型选择菜单界面(图2-14)。

(4) 按[2]键进入程序文件选择界面,用⊙与⊙键将高亮光标移至要传输的文件"PRG-TXD"处,按[1]键,该文件名左侧将显示一个"▶"标记,表示该文件已被选择,同法可选择其他多个文件。

(5) 待传输的几个程序文件都被选择后(本例只选择程序文件"PRG-TXD"),按[0]键传输程序文件,此时屏幕显示确认选项,此时按[EXE]键确认传输,按[EXIT]键取消传输。

(6) 按[EXE]键,发送机开始向接收机传输程序文件。

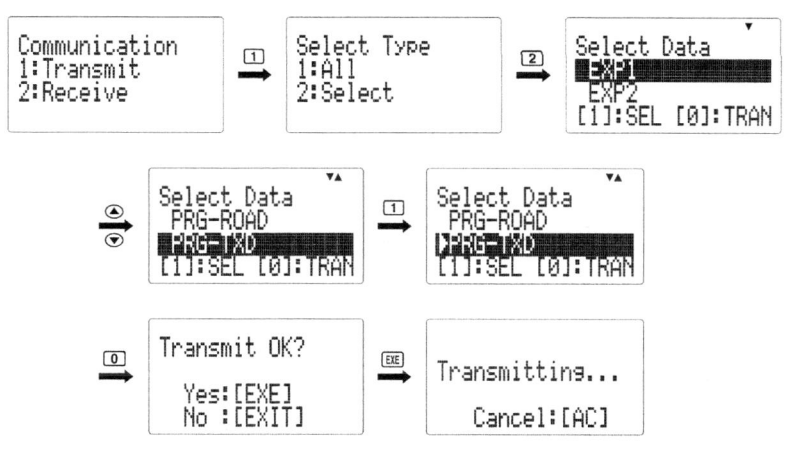

图2-14 发送机传输特定文件流程界面

(7) 文件传输完毕,发送机和接收机均显示图2-15所示的屏幕。

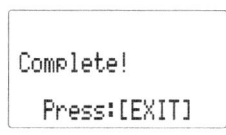

图2-15 发送机与接收机传输文件完毕的界面

2.2 编程命令

2.2.1 程序命令

程序中除应有表达式进行计算外，还需要一些关于逻辑判断、控制、转移等方面的命令，这些命令称为程序命令。比如，在例 2 – 1 中的 Lbl、◢、Goto、If、IfEnd 等。按输入方法的不同，有两类程序命令。

一类是直接使用按键（或组合按键）输入的命令，有三个：
(1) 程序调用命令"Prog"，按键方法：[SHIFT] [Prog]。
(2) 分隔符"："，按键方法：[SHIFT] [:]。
(3) 输出命令"◢"，按键方法：[SHIFT] [◢]。

另一类是在程序输入或编辑状态下按[FUNCTION] [3] 键后，屏幕显示程序命令菜单，从中选择的命令。程序命令菜单共有 5 个页面，见图 2 – 16，可以通过按 ▼ 与 ▲ 键在这 5 个程序命令菜单中切换，以便找到并输入所需的程序命令。

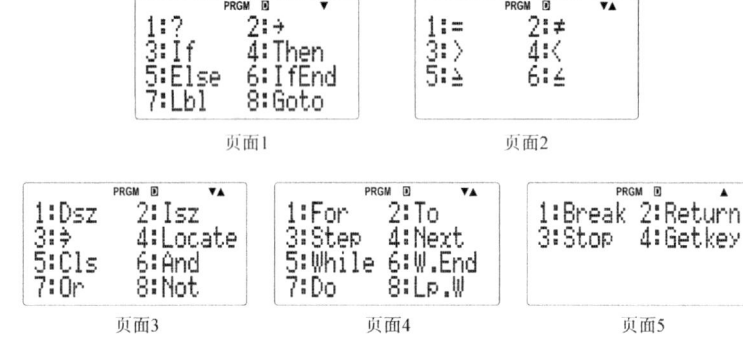

图 2 – 16　程序命令菜单页面

在输入程序内容的过程中，当要输入某一程序命令时，应先选择该命令所在的程序命令菜单页面，然后按其所对应的数字键即可。譬如，要输入无条件转移命令 Goto，则在输入程序的过程中按[FUNCTION] [3] 键，再按 [8] 键即可；要输入条件转移关系运算子≥，则在输入程序的过程中按[FUNCTION] [3] 键，再按 ▼ 键，再按 [5] 键即可。

1. 基本操作命令

（1）：（分隔符）

分隔符的功能是分隔语句，不停止程序的执行。被分隔的语句既可写成若干程序行，也可用分隔符隔开，成为一行。一般用于将短小但功能类同的语句隔开并成为一行。

（2）◢（输出命令）

输出命令的功能是暂停程序的执行并显示当前执行的结果，按[EXE]键则从"◢"命令后继续执行程序。

(3) → (变量赋值命令)

变量赋值命令的功能是将"→"符号左侧元素（可以是数值、表达式、输入的数据等）的值赋值给右侧的变量。

(4) ? (输入命令)

"?"用于通过按键输入的方法向变量赋值。

(5) " " (显示命令)

显示命令的功能是将在引号中的字母、数字、字符、命令或其他文本作为注释文本，在屏幕上显示出来。

【例2-2】 新建一个程序"EXP1"，输入表2-4所列的程序并执行，观察程序执行时数据输入、输出的特点。

表2-4 数据输入输出体验程序：EXP1

行号	程序
1	"T1"? →M:"T2"? N: ? K:? →L ↵
2	M+N→T ◢
3	K×L→S ↵
4	"DIST=": S ◢

程序内容及运行的特点总结如下：

（1）第1行。本行共有四个语句，语句间均用分隔符（：）分隔，程序从左到右依次执行。这四个语句的作用均是通过按键输入给变量赋值，但又各有不同：

①第一个语句是向变量 M 赋值，执行时，屏幕上会显示"T1?"，等待输入；

②第二个语句是向变量 N 赋值，执行时，屏幕上会显示"T2?"，并会显示变量 N 的当前值；

③第三个语句是向变量 K 赋值，执行时，屏幕上会显示"K?"，并会显示变量 K 的当前值；

④第四个语句是向变量 L 赋值，执行时，屏幕上只会出现"?"，等待输入。

通过按键输入，分别向变量赋值为：$M = 10, N = 20, K = 30, L = 40$。程序执行屏幕如图2-17所示。

（2）第2行。本行只有一个语句。通过变量赋值命令"→"将左侧表达式的值赋予右侧的变量 T，执行到此处时，输出命令"◢"会显示变量 T 的值并使程序暂停，屏幕状态栏右方会显示 Disp 标记。按 EXE 键则继续执行第三行语句。

（3）第3行。本行语句的作用与第二行相似，不同的是因为没有输出命令"◢"而不显示变量 S 的值。

（4）第4行。本行语句的作用是显示字符串和变量 S 的值，如图2-18所示。

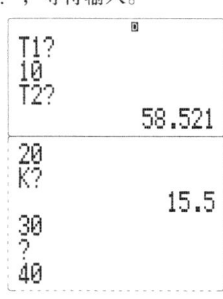

图2-17 程序的数据输入

2. 转移命令

转移命令能改变程序执行的流程。使用转移命令可多次重复执行同样的语句，亦可使程序的执行转移至其他地方。

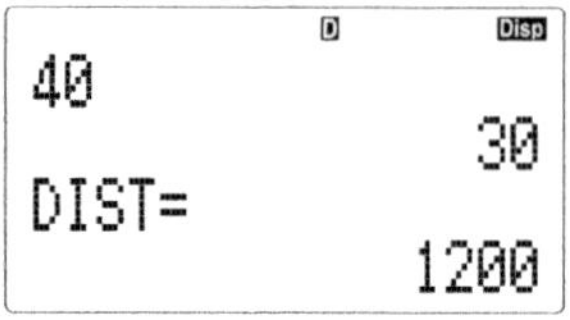

(1) Goto ~ Lbl（无条件转移）

无条件转移，即无需核对前提条件而被立即执行。

由 Goto n 和 Lbl n 构成（n 为标记名称，可以是 0～9 的数字或 A～Z 的英文字母），当程序执行到 Goto 和一个标记名称时，在执行后会转至标记有相同标记名称的 Lbl 处。如果由 Goto n 所处的同一程序中没有相应的 Lbl n，则会发生转移错误（Go ERROR）。

图 2-18　程序的计算结果输出

【例 2-3】　编制一个连续计算 $y = a + bx$ 的程序，其中 x, a, b 每次被输入新的值。程序清单见表 2-5。

表 2-5　无条件转移体验程序：EXP2

行　号	程　序
1	Lbl 1 ↵
2	"A"? → A: "B"? → B: "X"? → X ↵
3	A+BX → Y ↵
4	"Y=": Y ▲
5	Goto 1 ↵

(2) ⇒（条件转移）

条件转移是对两个变量或算式进行比较，并根据结果决定程序如何转移至紧接于"⇒"后的语句。其句法形式有两种：

① 〈表达式〉〈关系运算子〉〈表达式〉⇒〈语句 1〉：〈语句 2〉：…

② 〈表达式〉⇒〈语句 1〉：〈语句 2〉：…

该命令与关系运算子（=、≠、>、<、≥、≤）组合使用。其功能如下：

句法①：如果"⇒"命令左侧的条件为真，则执行〈语句 1〉，然后执行〈语句 2〉，并依次执行后面的所有内容。如果"⇒"命令左侧的条件为假，则跳过〈语句 1〉，然后执行〈语句 2〉及其后面的所有内容，如图 2-19 所示。

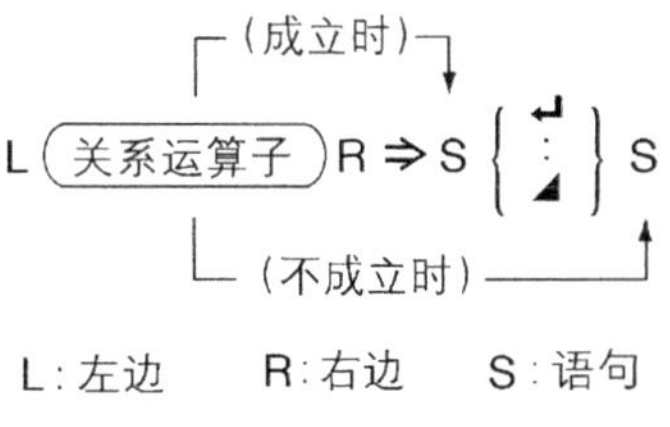

句法②："⇒"命令左侧的条件运算结果非零会解释为"真"，所以会执行〈语句 1〉，然后执行〈语句 2〉及其后面的所有内容。"⇒"命令左侧的条件运算结果为零会解释为"假"，因此会跳过〈语句 1〉，而执行〈语句 2〉及其后面的所有内容。

图 2-19　条件转移流程图

L：左边　　R：右边　　S：语句

【例 2-4】　编制一个程序，使其能在输入大于等于零时计算输入值的平方根，而在输入值小于零时计算输入值的平方。

程序清单见表 2-6。

表 2-6 条件转移体验程序：EXP3

行号	程序
1	Lbl 1 ↵
2	?→A ↵
3	A≥0⇒√(A)→B ↵
4	A<0⇒A²→B ↵
5	B ◢
6	Goto 1 ↵

当此程序被执行时，其首先提示您为 A 输入一个值。若 A 值大于等于 0，则程序的执行转移至第三行的语句。而若 A 值小于 0，则程序的执行将转移至第四行的语句。最后，无条件转移使程序的执行从 Goto 1 返回至 Lbl 1，并重新执行程序。

（3）计数转移

计数转移有两种：Isz（递增）及 Dsz（递减）。其句法格式为：

①Isz〈变量〉:〈语句1〉:〈语句2〉:…

②Dsz〈变量〉:〈语句1〉:〈语句2〉:…

该语句被执行时，变量的值会被递增（或递减）1，此时若变量值非零，则执行〈语句1〉，然后执行〈语句2〉，并依次执行后面的所有内容。如果此时变量值为零，则跳过〈语句1〉，然后执行〈语句2〉及其后面的所有内容。

【例 2-5】 编写一个程序，使其能输入 10 个数值，并计算这 10 个数值的平均值。程序清单见表 2-7。

表 2-7 计数转移体验程序：EXP4

行号	程序
1	10→A：0→C ↵
2	Lbl 1 ↵
3	?B ↵
4	B+C→C ↵
5	Dsz A ↵
6	Goto 1 ↵
7	C÷10 ◢

程序中，将变量 A 作为控制变量，用 Dsz 对其值进行递减 1，若 A 的值仍大于零，则将输入的 B 变量值累加到变量 C，并无条件返回 Lbl 1 语句，否则将变量 C 的值除以 10。

3. 控制结构命令

（1）If 语句（"If～Then～Else～IfEnd"结构语句）

If 语句用于按照"If"后面的表达式（即分支条件）的真假来控制程序的执行分支。其句法格式为：

  If〈条件表达式〉：Then〈语句1*〉：Else〈语句2*〉：IfEnd：〈语句3*〉

上述句法格式中，〈语句1*〉中带"*"号，表示可以是多个语句，后面类似，不再一一说明。

当"If"后面的条件表达式为真时，会执行"Then"后面的语句，直到"Else"（若有 Else 语句）或"IfEnd"（若没有 Else 语句），再执行"IfEnd"后面的语句；当"If"后面的条件表达式为假时，会跳过"Then"及其后面的语句，而执行"Else"后面的语句（若有 Else 语句），再执行"IfEnd"后面的语句。

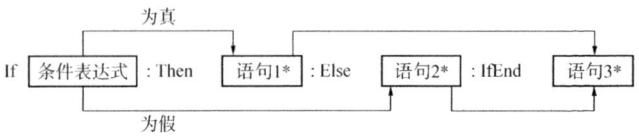

图 2-20   If 语句执行流程图

"If"必须始终伴随着"Then"，并最好以"IfEnd"作为结尾，"Else"及其后面的语句则可以根据需要使用，若无需要，可以没有。

若使用"If"而没有相应的"Then"，将产生句法错误（Syntax ERROR）。若省略"IfEnd"，不会有错误，但某些程序内容可能会产生意外的执行结果。

【例 2-6】 将例 2-4 的程序改写为"If～Then～Else～IfEnd"结构的语句。程序清单见表 2-8。

表 2-8   "If～Then～Else～IfEnd"结构体验程序：EXP5

行号	程 序
1	Lbl 1 ↵
2	?→A ↵
3	If A≥0: Then √‾(A)→B ↵
4	Else A²→B ↵
5	IfEnd ↵
6	B ◢
7	Goto 1 ↵

本例中，第 3、4、5 行程序也可合并为一行：

  If A≥0: Then √‾(A)→B: Else A²→B: IfEnd ↵

（2）For 语句（"For～To～Step～Next"结构语句）

只要赋予控制变量的值位于指定的范围内，For 语句就会重复执行"For"和"Next"之间的语句。其句法结构为：

第 2 章　卡西欧 fx-5800P 计算器的编程方法与技巧

For〈表达式（始值）〉→〈变量（控制变量）〉To〈表达式（终值）〉Step〈表达式（步长）〉：〈语句 1*〉：Next：〈语句 2*〉

"For"必须与"Next"语句成对出现。"For"表示循环的开始，即循环头，"Next"是返回循环头的标志，循环的次数取决于控制变量的初、终值及控制变量的步长值。步长语句"Step"如果省略，则默认控制变量步长值为 1。

【例 2-7】　将例 2-5 的程序改写成"For ～ To ～ Step ～ Next"结构的语句。
程序清单见表 2-9。

表 2-9　"For ～ To ～ Step ～ Next"结构体验程序：EXP6

行号	程　序
1	0→C↵
2	For 1→A To 10 Step 1:? B: B+C→C: Next↵
3	C÷10▲

本例中，变量 A 为控制变量，其初值为 1，终值为 10，每循环一次变量 A 增加 1（即步长值为 1），当其累加值大于其终值时即跳出循环，即共循环 10 次。本例中由于步长为 1，则"Step 1"可以省略。如将本例中步长值改为 2，则只能进行 5 个数据的输入。

（3）While 语句（"While ～ WhileEnd"结构语句、"Do ～ LpWhile"结构语句）
While 语句也是一种循环结构，其句法结构形式有两种。

① "While ～ WhileEnd"结构

句法为：While〈条件语句〉：〈语句 1*〉WhileEnd：〈语句 2*〉

只要 While 后面的条件语句为真（或非零），则从 While 到 WhileEnd 之间的语句就会重复执行。当 While 后面的语句变为假（或为零）时，则跳出循环执行 WhileEnd 后面的语句。

与 For 语句类似，While 与 WhileEnd 也必须成对出现。如果第一次执行 While 语句的条件即为假，则执行会直接跳至 WhileEnd 后面的语句，而一次都不执行从 While 到 WhileEnd 之间的语句。为确保 While 语句的循环作用，防止出现无限循环（死循环），应使 While 与 WhileEnd 之间的条件语句能随着循环次数的增加而发生变化。

【例 2-8】　将例 2-5 的程序改写成"While ～ WhileEnd"结构的语句。
程序清单见表 2-10。

表 2-10　"While ～ WhileEnd"结构体验程序：EXP7

行号	程　序
1	1→A: 0→C↵
2	While A≤10: A+1→A:? B: B+C→C: WhileEnd↵
3	C÷10▲

本例中，变量 A 作为计数器使用，每循环一次计数器累加一，以达到循环一定次数后能跳出循环结构的目的。

② "Do～LpWhile"结构

句法为：Do:〈语句1*〉: LpWhile〈条件语句〉:〈语句2*〉

只要 LpWhile 后面的条件语句为真（或非零），则从 Do 到 LpWhile 之间的语句就会重复执行。当 LpWhile 后面的条件语句变为假（或为零）时，则执行 LpWhile 条件语句后面的语句。与 While～WhileEnd 句法结构相比，该结构由于在执行 LpWhile 之后才评估该条件，所以从 Do 到 LpWhile 之间的语句至少执行一次。

【例2-9】 将例2-5的程序改写成"Do～LpWhile"结构的语句。

程序清单见表2-11。

表2-11 "Do～LpWhile"结构体验程序：EXP8

行号	程　序
1	0→A: 0→C↵
2	Do: A+1→A: ? B: B+C→C: LpWhile A<10↵
3	C÷10▲

4. 其他程序命令

（1）Prog（调用程序命令）。Goto 命令能产生本程序区域内的转移，但要进行不同程序区域间的转移则无能为力，这就要用到 Prog 命令。

以输入 Prog"文件名"的方式，可使程序的执行转移至另一个程序（或"子程序"）。

当一个程序在该程序不同区段必须执行相同的计算内容时，可将该计算内容以另一个程序文件存入计算器，以便前者调用，以节约和优化前者的程序代码，后者一般称为"子程序"。其实，在计算器中所谓的"主程序"和"子程序"，其实都是一样的程序文件，只不过"主程序"是一个首先执行的那个程序，而"子程序"是被另一个（可能是"主程序"，也可能是另一个"子程序"）调用的程序。

程序转移至所指定的子程序后，自子程序的开头执行，执行至子程序的最后时，程序又返回至紧接于引出子程序的 Prog 命令后的语句，也可在子程序执行过程中自一个子程序转移至另一个子程序。

由一个子程序转移至另一个子程序的过程称为嵌套，嵌套最多可进行10次，其表现形式为"后进先出"，如图2-21所示。

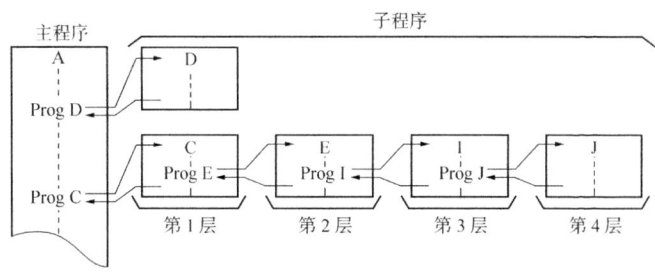

图2-21 子程序调用、嵌套流程示意图

（2）程序控制命令。程序控制命令包括 Break、Return、Stop 三个命令。Break 命令常用在循环结构中强制中断程序，并跳至下一个命令；Return 命令常用在程序的末尾，如在子程序末尾则从子程序返回调用此子程序的程序。在主程序中，此命令会终止程序；Stop 的作用是强制终止程序的执行。在子程序中执行此命令会终止所有执行，包括所有子程序和主程序。

（3）GetKey（返回按键代码命令）。该命令可以获得对应按的最后一个键的代码值。计算器键盘区上各键所分配的代码值如图 2-22 所示。

（4）Cls（清屏命令）。清屏命令 Cls 可用于在显示计算结果之间清除显示屏画面。单独执行 Cls 命令或加在程序的末尾能立即清除画面内容，然后显示得出的最终计算结果。

（5）Locate（屏幕定位命令）。该命令的功能是在指定的屏幕位置显示指定值或字符串。其句法为：

Locate〈列号〉,〈行号〉,〈值/表达式/字符串〉

其中，列号的取值范围是 1~16 的整数，行号的取值范围为 1~4 的整数。

【例 2-10】 新建一个程序 "EXP9"，输入表 2-12 所列的程序并执行，观察程序执行时的特点。

图 2-22 卡西欧 fx-5800P 计算器按键代码分布图

表 2-12 屏幕定位体验程序：EXP9

行号	程　序
1	Do ↵
2	Cls: Locate 1,1,Ran#: Locate 1,4,"PRESS 0" ↵
3	LpWhile Getkey≠25 ↵

执行该程序时，屏幕第一行显示一个 0~1 之间的随机数，第 4 行显示 "PRESS 0"，随机数在不停地闪烁并变换着不同的数值，此时按任意键（除 [AC] 键和 [0] 键外）均不能改变这一状态，而当按下数字键 [0] 时，由于 Getkey 获值为 25，则跳出 Do~LpWhile 循环结构，程序结束运行。

（6）逻辑运算命令。这类命令包括 And（逻辑与）、Or（逻辑或）、Not（逻辑非）三个命令。这三个命令返回的真或假取决于运算两端的表达式，其运算情况归纳见表 2-13。

表2-13 逻辑运算返回值

逻辑运算命令	运算两端表达式真假情况	返回值
And	真 And 真（两端均为真）	真
	真 And 假，假 And 真（一真一假）	假
	假 And 假（两端均为假）	假
Or	真 Or 真（两端均为真）	真
	真 Or 假，假 Or 真（一真一假）	真
	假 Or 假（两端均为假）	假
Not	Not 假	真
	Not 真	假

【例2-11】 若变量 A 值为12，变量 B 值为3，试判别以下表达式的返回值（真或假）：①$A=2$ And $B>2$；②$A<10$ Or $B<5$；③Not $B<5$。

结果：①表达式返回"假"；②表达式返回"真"；③表达式返回"假"。

（7）清除命令。可以从按键 [FUNCTION] [6] 时出现的菜单上选择清除命令，如图2-23所示。清除命令共有四个：ClrStat、ClrMemory、ClrMat、ClrVar，分别用来清除统计列表数据、变量及 Ans 存储器、矩阵存储器、公式变量。

图2-23 清除命令菜单选项

2.2.2 统计计算命令

在程序的编制过程中，可以通过选择 [FUNCTION] [7] 在程序中调用一些十分重要的统计计算命令。这些命令在程序中的灵活应用使得卡西欧 fx-5800P 型计算器更加出色，以前需要定义较多变量、需要多行语句才能解决的问题，现在可能只需一两个统计计算命令即可解决。

在程序的输入过程中，统计计算命令都可以从选择 [FUNCTION] [7] [1] 时出现的统计命令菜单中选择（图2-24）。

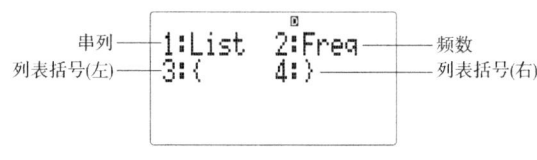

图2-24 统计计算命令

1. ｛｝（列表括号）

该括号中的数据可赋值给统计串列（称为列表数据），其句法格式为：

｛〈表达式1〉，〈表达式2〉，…，〈表达式n〉｝

列表括号｛｝中的表达式也可以是数值，其数量 n 最多不超过 199 个，否则会出现错误信息提示 Argument ERROR。

2. List（串列）

当需要对统计数据 X 串列、Y 串列或 Freq 串列进行数值的调用、查看或赋值时，就要用到此命令。其句法格式为：

(1) List X，List Y，List Freq：用于指定 X 串列、Y 串列或 Freq 串列。

(2) List X [n]，List Y [n]，List Freq [n]：用于指定 X 串列、Y 串列或 Freq 串列的某个位置。

当需要对 X 串列、Y 串列或 Freq 串列进行数值的调用、查看或赋值时，以上两个命令常与▲（输出命令）、→（变量赋值命令）、?（输入命令）等组合使用。

【例2-12】 新建一个程序"EXP10"，输入表2-14所列的程序并执行，然后在"REG"模式下的 STAT 数据编辑器中查看结果。

表2-14 串列命令体验程序：EXP10

行号	程　序
1	ClrStat ↵
2	?A：｛A，A +1，A +2｝→List X ↵
3	?B：B→List Y [1]：B +1→List Y [2]：B +2→List Y [3] ↵

3. LinearReg 等（回归命令）

在程序编制中，可以基于 STAT 编辑器中的数据（List X，List Y，List Freq）直接使用回归命令执行指定的回归计算并调用其统计参数。

卡西欧 fx-5800P 计算器提供的回归命令共有七个，分别是：LinearReg（线性回归）、QuadReg（二次回归）、LogReg（对数回归）、ExpReg（e 指数回归）、abExpReg（ab 指数回归）、PowerReg（乘方回归）、InvReg（逆回归）。

【例2-13】 将例2-5的程序改写成运用"统计计算命令"的语句。

程序清单见表2-15。

表2-15 统计计算命令体验程序：EXP11

行号	程　序
1	ClrStat ↵
2	For 1→A To 10：?B：B→List X [A]：Next ↵
3	$\bar{x}$ ▲

2.2.3 计算设定命令

程序还可以调用很多设置命令，比如显示格式设置命令（Fix、Sci、Norm 等）、角度单位设置命令(Deg、Rad、Gra)等,其意义与输入方法同第1.2.5节有关计算器设置相同,这里不再一一介绍。

2.2.4 变量的扩充

前面(第1.3.4节)已经提到,卡西欧fx-5800P编程计算器使用了多种类型的存储器,其中在编程中使用得最多的是标准变量。标准变量使用26个英文大写字母字符($A \sim Z$),但当26个标准变量不足以满足编程的需要时,可以根据需要进行扩充,称为扩充变量。每扩充一个变量,需要占用计算器12个字节的程序存储空间。因此,扩充变量的数量应根据需要来定义,扩充的变量越多,可存储程序的空间就会越小。

1. 扩充变量数量的定义

此操作的命令格式为:〈要扩充的变量个数〉→ SHIFT DimZ EXE

例如:要扩充10个变量,命令显示为:10 → DimZ;要取消(释放)所有的扩充变量,命令显示为:0 → DimZ。

2. 扩充变量的命名

扩充变量的名称由字母"Z"和后跟的由方括号"[ ]"括起来的数值组成,如$Z[1]$、$Z[2]$等。

3. 扩充变量的使用

定义了扩充变量的数量后,可以像操作标准变量($A \sim Z$)一样进行使用,比如赋值、计算等。

4. 有关扩充变量的使用事项

(1)对变量进行扩充可以解决在编写程序时变量不够用的问题。但计算器本身的总容量是有限的,如果过多地扩充变量,将导致程序存储空间不够而影响程序的编写。所以,有必要及时释放扩充变量,使变量总数不致影响程序存储空间。

(2)扩充变量名称的后括号"]"可以忽略,方括号内的值也可以使用计算表达式,如$Z[2 \times B]$、$Z[A]$。

(3)扩充变量名称方括号中的值必须是1到定义的扩充变量数量之间的整数,否则将出现Memory ERROR错误(存储器错误)。

(4)给标准变量赋值时,赋值符号"→"可以使用,也可以不用,如"? → A"和"? A"都是合法的,但是给扩充变量赋值时,必须使用赋值符号"→",如"? → $Z[1]$",否则会出错,错误信息为Syntax ERROR(语法错误)。

(5)定义扩充变量数量之后,每个扩充变量的初值均为零。假设前一次定义的扩充变量数为5个,则名称依次为$Z[1] \sim Z[5]$,当再次定义扩充变量数为6个时,则会更新扩充变量数,即为6个扩充变量,而不是11个扩充变量,名称依次为$Z[1] \sim Z[6]$。如果前一次定义的扩充变量均已赋值,则在再次定义后,新增加的扩充变量值为初值(零),如有不存在的扩充变量则会将其值丢失。例如:第一次定义扩充变量数为5,并分别给$Z[1] \sim Z[5]$进行了赋值,若再次定义扩充变量数为6,则$Z[1] \sim Z[5]$的赋值不变,$Z[6]$值为初值(零),若再次定义扩充变量数为3,则$Z[1] \sim Z[3]$的赋值不变,$Z[4]$、$Z[5]$的值丢失。

2.3 编程方法与应用实例分析

2.3.1 编程的步骤

这里以编写水准仪路线中平测量计算程序为例，说明编程的步骤。

1. 第一步：确定数学模型

在卡西欧 fx-5800P 计算器中编程，可以说唯一的目的就是进行数值计算，因此，若明确了程序的功能，首先要进行的就是确定程序的数学模型，也就是计算公式。

用水准仪进行路线中平测量，路线中桩高程的计算公式是：

$$H_i = H_已 + a - b_i \qquad (2-1)$$

2. 第二步：分析计算公式，确定计算器变量

在式（2-1）中，H_i、$H_已$、a、b_i 是计算公式中的变量，而计算器程序中只能使用基本变量（$A \sim Z$）和扩展变量，因此必须给计算公式变量确定好计算器变量，以便编写程序代码。这里，我们可以将以上四个计算公式变量分别定义为 H、Z、A、B 四个计算器基本变量。则式（2-1）就可改写为：

$$H = Z + A - B \qquad (2-2)$$

这样就可以在程序编写时将其输入程序中了。当然，计算器变量到底使用什么字母，完全依据编写者的喜好而定，但要注意以下几点：

（1）为节约内存，尽量使用基本变量，只有基本变量不够用，方可考虑扩展变量。
（2）若计算程序中使用了 Pol 函数或 Rec 函数，不要使用"I"和"J"两个基本变量。
（3）如有可能，尽量使用与计算公式变量相同的字母。

为了增加程序的可读性和使用的方便性，在变量输入或输出时，一般都要用字符串作为其提示符。比如本例中各变量提示符可确定为：

（1）变量"Z"是后视已知点高程，提示符可为"BM H (M)"。
（2）变量"A"是后视尺读数，提示符可为"BS"。
（3）变量"B"是前视（中视）尺读数，提示符可为"FS"。
（4）变量"H"是待测中桩点高程，由于是输出数据，提示符可为"H ="。

为了养成良好的编程习惯，建议读者使用表格将变量清单一一列出，以免出错，特别是编写大型、复杂的应用程序时，更应如此。本例的变量清单列于表 2-16。

表 2-16 水准仪路线中平测量计算程序变量清单

序号	数学模型变量	fx-5800P 计算器变量	输入（输出）提示符	单位	说明
1	H_i	H	H =	m	待测中桩点的高程
2	$H_已$	Z	BM H (M)	m	后视已知点的高程
3	a	A	BS	m	后视尺中丝读数
4	b_i	B	FS	m	前视（中视）尺中丝读数

3. 第三步：编写程序清单

由于显示的限制，在计算器上浏览和修改程序代码并不方便，因此除了短小简单的程序之外，一般不建议直接往计算器中输入程序代码，而应先在纸面上编写好程序清单，再输入到计算器中，这也是良好的编程习惯之一。

程序分析：根据路线中平测量的操作程序，我们可知，式（2-2）中"Z"是后视已知点高程，"A"是该后视点的水准尺中丝读数，"B"是待测中桩点的水准尺中丝读数。在一个测站上，"A"和"Z"一经确定（测定）是不再改变的，而"B"则会因待测中桩点不同而水准尺读数不同，"H"是计算结果，即为待测中桩点高程。因此，在程序运行流程中，"A"和"Z"应只输入一次，而"B"应多次输入，相应地，"H"会多次显示输出。

水准仪路线中平测量计算程序清单见表2-17。

表2-17 水准仪路线中平测量计算程序：ZPCL

行号	程　序	说　明
1	"BMH(M)"?Z: "BS"? A⏎	输入后视点高程、后视尺读数
2	Lbl 1 ⏎	程序标记
3	"FS"?→B⏎	输入前视中桩点水准尺读数
4	"H=": Z+A-B→H◢	计算并显示待测中桩点高程
5	Goto 1 ⏎	程序跳转，实现循环计算

4. 第四步：在计算器中输入程序内容

操作方法详见第2.1节（程序文件的建立、运行与管理）。

5. 第五步：程序的运行与调试

将程序运算结果与手动计算或已有数据资料进行对比，对程序的正确性进行验证确认，若程序不能正常运行或者结果计算不准确，应认真检查和核对程序代码，改正错误，此步骤可能要多次进行，直至满足要求。

不论编写程序是自用还是他用，最好附一个算例并列出程序操作流程，以便自己或他人能准确理解程序的内容、功能和使用方法。

本例的算例数据列于表2-18，操作流程列于表2-19。

表2-18 路线中桩高程测量记录计算表

测点及桩号	水准尺读数/m			视线高程/m	高程/m
	后视	中视	前视		
BM4	4.267			235.739	231.472
K4+000		4.32			231.42
+020		2.73			233.01
+040		2.50			233.24
+060		1.43			234.31

续表2-18

测点及桩号	水准尺读数/m			视线高程/m	高程/m
	后视	中视	前视		
+078		2.56			233.18
+100		0.81			234.93
ZD1	4.876		0.433	240.182	235.306
+140		2.14			238.04
+150		2.01			238.17
+181.7		2.51			237.67
+201.2		4.12			236.06
ZD2	4.587		2.016	242.753	238.166
+220.7		3.01			239.74
+240		2.64			240.11
ZD3			1.312		241.441

表2-19 水准仪路线中平测量计算程序操作步骤

步骤	屏幕显示	按键操作	说明
1	BM H(M)? 0	231.472 EXE	输入后视已知高程点 BM4 的高程
2	231.472 0 BS? 0	4.267 EXE	输入后视尺读数
3	BS? 0 4.267 FS?	4.32 EXE	输入中桩 K4+000 的中视读数
4	FS? 4.32 H= 231.419	EXE	显示中桩 K4+000 的高程计算结果
5	4.32 H= 231.419 FS?	2.73 EXE	输入中桩 K4+020 的中视读数
6	FS? 2.73 H= 233.009	EXE	显示中桩 K4+020 的高程计算结果

续表 2-19

步骤	屏幕显示	按键操作	说明
9	……		同法计算 K4+040～K4+100 的中桩高程
10		[AC^ON] [AC^ON]	退出本测站的计算

本程序每次运行只能进行一个测站的计算，当一个测站计算完毕，需退出程序，然后重新运行，输入新测站的后视点高程和后视读数后方可进行新的测站计算，计算流程同表 2-19，读者可将算例中的数据一一验证完成。

根据算例和计算程序的计算结果对比，程序计算准确无误。

2.3.2 编程要点与技巧

在用卡西欧 fx-5800P 计算器编写程序的过程中，如不注意一些事项将会带来很大的麻烦。有些可能程序出现错误导致无法执行，而有些错误虽然能让程序运行，但所得结果却不正确，这种错误更让人头疼。而编程技巧应该建立在熟练掌握计算器各项操作、各程序命令（函数）的特点和已建立正确合理的数学模型的基础上。

（1）应养成先建立数学模型，再在稿纸上书写语句，最后才用计算器进行程序内容编制并调试的习惯。如果一开始就直接在计算器输入语句，当在编完程序后去查找问题相当麻烦，特别是语句较多时就更难理清头绪。同时，备好程序清单也能很方便地将程序移植到其他型号的计算器中。

（2）程序输入过程中一定要注意语法格式和句法的表达要求。比如字符串一定要用双引号" "，For 语句中一定要将"For"与"Next"配套使用，等等。这些错误很难发现但又是很容易避免的。

表 2-20 列出了一些容易出现的错误。

表 2-20　fx-5800P 计算器编程中容易出现的错误

序号		程序代码	分析
1	错误表达	If M≤K≤C: Then K²→K: IfEnd	这个 If 语句的错误之处是"If"后面的条件表达式不符合格式要求，有点想当然了。该错误语句在程序中可以执行，但会产生错误的结果。正确的表达应使用逻辑运算符"And"进行表述
	正确表达	If K≥M And K≤C: Then K²→K: IfEnd	
2	错误表达	? Z [1]	给扩展变量赋值与给标准变量赋值有所不同，必须使用赋值命令"→"
	正确表达	?→Z [1]	

72

第 2 章　卡西欧 fx-5800P 计算器的编程方法与技巧

续表 2-20

序号		程序代码	分　析
3	错误表达	2→B: 1→A: While A≤10: B²→B: WhileEnd	这是一个无限循环（死循环）。这种情况将造成无法执行 While 语句后的程序内容，从而无法实现程序功能。在这个循环结构中，变量 A 起着控制循环次数的作用，即计数器的作用，应该每循环一次，其值要加 1，以便能跳出循环
	正确表达	2→B: 1→A: While A≤10: B²→B: A+1→A: WhileEnd	
4	错误表达	A=2+3◢	这个语句的本意是将表达式"2+3"的值赋给变量 A 并显示变量值，语句在执行时不会产生错误信息，但会造成计算结果错误。在卡西欧 fx-5800P 中，赋值命令不再是"="而是"→"
	正确表达	2+3→A◢	

（3）在程序调试阶段可能出现的问题很多，我们可以采用以下方法来快速查找可能有错误的语句：从程序执行菜单来运行程序，即按 MODE 5 2 键来运行需调试的程序。这样在运行过程中出现错误信息提示时，我们可以按 ◀、▶ 或 EXE 键，这时即可进入程序内容编辑画面，光标闪烁的位置即是发生错误的地方。有时调试时并不出现错误信息提示，但程序运行结果却有误，那么我们可以在调试到某一步时按 AC ON EXIT 键进入到当前运行的语句处，以便检查。

（4）使用按键输入给变量赋值时应合理使用变量赋值符"→"。在例 2-2 中我们已经体验了使用和不使用变量赋值符"→"在输入操作上的区别。在程序循环运行过程中，若某些变量的值较少变化，此时可不使用变量赋值符"→"，这样在运行程序时，只需第一次输入数值，在程序运行需要再次为该变量赋值时，"?"会伴随该变量的当前值，若数值不变，只需按 EXE 响应即可。而对于每一次都要求输入新数据的变量，则可使用变量赋值符"→"，这样程序运行时必须输入数据给该变量赋值。

（5）为增强程序的可读性和可操作性，可在程序中加上"注释性内容"，引号必须有且应作为单独的语句，那么引号内的内容在执行时将在屏幕上显示出来。如果定义变量时在输入命令"?"前加上"注释性名称"，则当程序执行要求输入变量值时，屏幕上显示的是变量的注释性名称。

（6）巧用计算器的内藏函数，可以起到事半功倍的效果。在卡西欧 fx-5800P 计算器中，Pol 函数可以将直角坐标换算为极坐标，Rec 函数可以将极坐标换算为直角坐标，可以很方便地根据坐标计算方位角与距离或者根据方位角和距离可以反求坐标。计算器本身具有的定积分函数计算功能使得各种复杂线形的坐标计算变得更简单容易。

（7）卡西欧 fx-5800P 可以在程序中使用统计计算命令和矩阵计算命令，这样可以简化很多数学模型。在统计计算中应用列表命令，可将计算结果输入列表并进行列表操作，既减少了变量的定义，又大大方便了计算结果的存储与查询。本章后面的部分实例也用到了统计计算命令或矩阵计算命令。

(8) 灵活运用转移命令和控制结构命令。在卡西欧 fx-5800P 中，这样的命令很多，如 For 语句、While 语句等。如果条件判断有多种结果，每种结果会引发不同的计算内容，或有需重复计算的部分，这些命令可以很方便地实现。

(9) 将常用的计算内容作为公用的子程序，一方面可以简化程序的编写，另一方面便于程序的调试与更新。

2.3.3 实例一：偏角法进行圆曲线放样计算程序

1. 数学模型

设交点（JD）的偏角为 α，在此所设的圆曲线半径为 R，如图 2-25 所示。

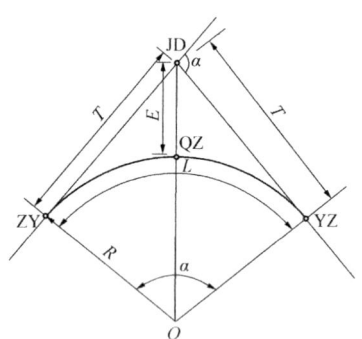

图 2-25 路线平曲线要素计算示意图

(1) 平曲线要素计算。

切线长： $$T = R\tan\frac{\alpha}{2} \qquad (2-3)$$

曲线长： $$L = R\alpha \cdot \frac{\pi}{180} \qquad (2-4)$$

外距： $$E = R(\sec\frac{\alpha}{2} - 1) \qquad (2-5)$$

切曲差： $$D = 2T - L \qquad (2-6)$$

(2) 主点里程桩号计算。

交点	JD	里程
	-)	T
圆曲线起点	ZY	里程
	+)	L
圆曲线终点	YZ	里程
	-)	$L/2$
圆曲线中点	QZ	里程
	+)	$D/2$
交点（校核）	JD	里程

$(2-7)$

(3) 偏角法放样要素计算。

偏角法是以曲线起点（或终点）至曲线上任一点 P 的弦长与切线之间的偏角（弦切角）Δ 和弦长 C 来确定 P 点的位置，如图 2-26 所示。

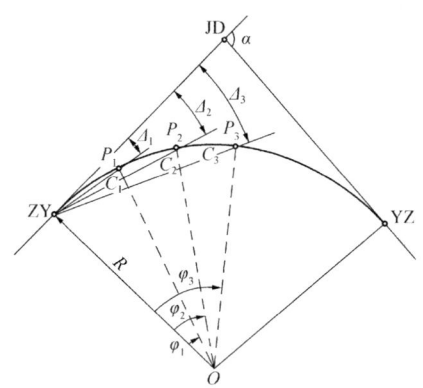

图 2-26 偏角法放样示意图

偏角：
$$\Delta = \frac{\varphi}{2} = \frac{l}{2R} \cdot \frac{180}{\pi} \qquad (2-8)$$

弦长：
$$C = 2R\sin\frac{\varphi}{2} = 2R\sin\Delta \qquad (2-9)$$

2. 变量清单（见表 2-21）

表 2-21 偏角法进行圆曲线放样计算程序变量清单

序号	数学模型变量	计算器变量	输入（输出）提示符	单位	说明
1	JD	M	K(JD)=	m	交点桩号
2	R	R	R=	m	圆曲线半径
3	α	A	ANGLE	°′″	交点转角
4	T	T	T=	m	切线长
5	L	L	L=	m	曲线长
6	E	E	E=	m	外距
7	D	D	D=	m	切曲差
8	ZY	Z	K(ZY)=	m	直圆点桩号
9	YZ	P	K(YZ)=	m	圆直点桩号
10	QZ	Q	K(QZ)=	m	曲中点桩号
11		K	K(P)=	m	拟放样点桩号
12	Δ	B	DA=	°′″	偏角值
13	C	C	C=	m	弦长

3. 程序清单（见表 2-22）

表 2-22 偏角法进行圆曲线放样计算程序：DYX-PJF

行号	程 序	说 明
1	Freq On: ClrStat: ClrMemory: Deg: Fix 2 ↵	基本设置
2	"K (JD)"? M: "R"? R: "ANGLE"? A ↵	输入交点桩号、圆曲线半径及转角
3	Rtan (A÷2) → T: RAπ÷180 → L: R (1÷cos (A÷2) -1) → E: 2T-L → D ↵	计算切线长、曲线长、外距、切曲差
4	Cls: "T=": Locate 4, 1, T: "L=": Locate 4, 2, L: "E=": Locate 4, 3, E: "D=": Locate 4, 4, D ↵	显示相关曲线要素计算结果
5	M-T → Z: Z+L → P: P-L÷2 → Q ↵	计算曲线主点桩号
6	Cls: "K (ZY) =": Locate 7, 1, Z: "K (QZ) =": Locate 7, 2, Q: "K (YZ) =": Locate 7, 3, P ↵	显示主点桩号计算结果
7	0 → N ↵	计算变量赋初值
8	Lbl 1 ↵	转移标识符
9	Cls: "KP"? K ↵	提示输入圆曲线上拟放样的桩号
10	If K＜Z Or K＞P: Then Cls: Locate 5, 2, "KP ERROR" ↵	判断所输入桩号是否在圆曲线上
11	Cls: Goto 1: IfEnd ↵	返回
12	90 (K-Z) ÷R÷π → B: 2Rsin (B) → C ↵	计算偏角值和弦长
13	Cls: "K =": Locate 5, 1, K: "DA =": Locate 5, 2, B°: "C =": Locate 5, 3, C ↵	显示待放样点的偏角法计算结果
14	N+1 → N ↵	计数变量自动计数
15	K → List X[N]: B → List Y[N]: C → List Freq[N] ↵	将所求点桩号、偏角、弦长分别存储到 X、Y、Freq 串列
16	Goto 1 ↵	返回

4. 计算案例

已知某 JD 的里程为 K3+984.56，圆曲线半径 $R = 180$ m，测得转角 $\alpha = 38°56'24''$，其曲线要素、主点里程及偏角法放样数据计算结果如表 2-23 所示。

表2-23 圆曲线放样（偏角法）计算结果

曲线要素	桩 号	偏角值 Δ	弦长 C/m
$T=63.64\text{m}$ $L=122.33\text{m}$ $E=10.92\text{m}$ $D=4.94\text{m}$	ZY：K3+920.92	0°00′00″	0
	K3+940	3°02′09″	19.07
	K3+960	6°13′08″	39.00
	K3+980	9°24′08″	58.81
	QZ：K3+982.08	9°43′59″	60.86
主点桩号	K4+000	12°35′07″	78.44
ZY：K3+920.92 QZ：K3+982.09 YZ：K4+043.26	K4+020	15°46′06″	97.83
	K4+040	18°57′05″	116.92
	YZ：K4+043.25	19°28′07″	119.98

5. 操作步骤（见表2-24）

表2-24 偏角法进行圆曲线放样计算程序操作步骤

步骤	屏幕显示	按键操作	说 明
1	K(JD)?　　0	3984.56 [EXE]	输入交点桩号
2	3984.56　　0 R?　　0	180 [EXE]	输入圆曲线半径
3	180　　0 ANGLE?　　0	38 [°′″] 56 [°′″] 24 [°′″] [EXE]	输入交点转角
4	T= 63.64 L= 122.33 E= 10.92 D= 4.94	[EXE]	显示切线长、圆曲线长、外距值、切曲差等曲线要素计算结果
5	K(ZY)=3920.92 K(QZ)=3982.09 K(YZ)=4043.26	[EXE]	显示主点桩号计算结果

续表 2-24

步骤	屏幕显示	按键操作	说明
6	KP? 0	3940 EXE	输入圆曲线上拟放样的中桩桩号
7	K = 3940.00 DA= 3°2'9.34" C = 19.07	EXE	显示偏角值、弦长等计算结果
8	KP? 3940	1500 EXE	输入圆曲线外的中桩桩号
9	KP ERROR	EXE	提示桩号输入有误
10	KP? 1500	3960 EXE	重新输入圆曲线上拟放样的中桩桩号
11	K = 3960.00 DA= 6°13'8.5" C = 39.00	EXE	显示偏角值、弦长等计算结果
12	……	……	根据提示重复使用程序，按两次 [AC^ON] 键可退出程序
13	X Y FREQ 1 3940 19.066 2 3960 6.219 38.998 3 3980 9.4021 58.81 3°2'9.34"	MODE 4	进入 REG 模式集中查看计算结果

6. 分析与说明

偏角法是圆曲线传统的放样方法之一。本例以圆曲线起点（ZY）至曲线上任一点 P 的弦长与切线之间的偏角（弦切角）Δ 和弦长 C 来确定 P 点的位置。为了计算偏角 Δ 和弦长 C，先需计算圆曲线要素并确定主点桩号。

程序利用了屏幕定位命令 Locate 改进了结果显示输出的效果，使得一个屏幕能同时显示四个计算结果或参数，简化了按键操作，同时也方便了现场放样工作。此外，为了避免输入桩号时出现错误（拟计算的桩号应在圆曲线上），程序中用一个 If 语句来判断所输桩号是否介于 ZY 点和 YZ 点之间。

程序中用了统计串列来存储计算结果。我们可以在停止程序运行后通过按 MODE 4 键进入 REG 模式集中查看计算结果，其中 List X 存储的是桩号，List Y 存储的偏角值，List Freq 存储的是弦长。

偏角法放样圆曲线，既可以从 ZY 点开始，也可以从 YZ 点开始，读者可尝试修改程序，计算从 YZ 点开始进行的放样数据。

2.3.4 实例二：坐标转换计算程序

1. 数学模型

如图 2-27 所示，设有统一坐标系 XOY 和施工坐标系 $X'O'Y'$，X 轴与 X' 轴间的夹角为 θ（X 轴正向顺时针旋转至 X' 轴正向的夹角，θ 范围：$0° \sim 360°$）。施工坐标系有左手系和右手系之分，如果坐标纵轴（X 轴）正向顺时针旋转 $90°$ 为坐标横轴（Y 轴）正向，则坐标系为左手系，反之则为右手系。

设施工坐标系原点 O' 点在 XOY 坐标系中的坐标为 (x_o, y_o)，则任一点 P 在 XOY 坐标系中的坐标 (x_P, y_P) 与其在 $X'O'Y'$ 坐标系中的坐标 (x'_P, y'_P) 的关系式为：

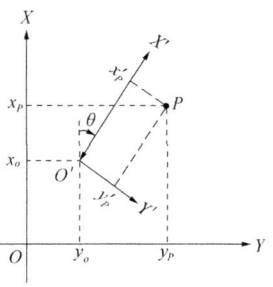

图 2-27 两平面坐标系转换计算示意图

$$\left. \begin{array}{l} x_P = x_o - y'_P \sin\theta + x'_P \cos\theta \\ y_P = y_o + y'_P \cos\theta + x'_P \sin\theta \end{array} \right\} \quad (2-10)$$

或

$$\begin{bmatrix} x_P \\ y_P \end{bmatrix} = \begin{bmatrix} x_o \\ y_o \end{bmatrix} + \begin{bmatrix} \cos\theta & -\sin\theta \\ \sin\theta & \cos\theta \end{bmatrix} \begin{bmatrix} x'_P \\ y'_P \end{bmatrix} \quad (2-11)$$

2. 变量清单（见表 2-25）

表 2-25 平面坐标系转换计算程序变量清单

序号	数学模型变量	计算器变量	输入（输出）提示符	单位	说　明
1	x_o	A	X0	m	施工坐标系原点在统一坐标系中的 X 坐标
2	y_o	B	Y0	m	施工坐标系原点在统一坐标系中的 Y 坐标

续表 2-25

序号	数学模型变量	计算器变量	输入（输出）提示符	单位	说明
3	θ	E	ANGLE	°′″	统一坐标系的 X 轴顺时针旋转至施工坐标系的 X 轴的角值
4	坐标系类型	F	LEFT（1），RIGHT（ELSE）		左手系与右手系的判别码
5	x'_P	C	XPP	m	待换算点在施工坐标系中的 X 坐标
6	y'_P	D	YPP	m	待换算点在施工坐标系中的 Y 坐标

3. 程序清单（见表 2-26）

表 2-26 坐标转换计算程序：ZBZH

行号	程 序	说 明
1	Deg: ClrMemory: ClrMat ↵	基本设置
2	"X0"? A: "Y0"? B↵	输入施工坐标系原点在统一坐标系中的 X、Y 坐标
3	"ANGLE"? E↵	输入统一坐标系的 X 轴顺时针旋转至施工坐标系的 X 轴的角度值
4	Cls: "LEFT (1), RIGHT (ELSE)"? F↵	判断施工坐标系是左手系还是右手系
5	"XPP"? C: "YPP"? D↵	待换算平面点在施工坐标系中的 X、Y 坐标
6	[[A][B]]→Mat A↵	向矩阵 A 赋值
7	[[cos (E), -sin (E)][sin (E), cos (E)]]→Mat B↵	向矩阵 B 赋值
8	F≠1⇒-D→D↵	根据施工坐标系的类型决定变量 D 的取值
9	[[C][D]]→Mat C↵	向矩阵 C 赋值
10	Mat A+Mat B×Mat C→Mat D ◢	计算转换后的坐标值，并将结果显示在矩阵 D 中

4. 计算案例

如图 2-28 所示，某路线一单圆曲线，在施工放样中，以 ZY 点（K0+271.808）为坐标原点，以切线方向为 X 轴方向，以垂直于 X 方向为 Y 轴方向建立了施工坐标系，X 轴的方位角为 60°，圆曲线上有一点 P（K0+500），施工坐标系原点在统一坐标系中的坐标、P 点在施工坐标系中的坐标等数据汇总到表 2-27 中，求 P 点在统一坐标系中的坐标。

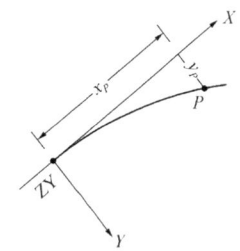

图 2-28 施工坐标系示意图

表2-27 平面坐标转换计算案例数据

桩号	在施工坐标系中的 X 坐标/m	在施工坐标系中的 Y 坐标/m	在统一坐标系中的 X 坐标/m	在统一坐标系中的 Y 坐标/m
ZY(K0+271.808)	0.000	0.000	1135.904	1235.393
+500	228.068	6.507	<u>1244.303</u>	<u>1436.159</u>

注：标注下画线的为计算结果。

5. 操作步骤（见表2-28）

表2-28 坐标转换计算程序操作步骤

步骤	屏幕显示	按键操作	说明
1	X0?　　　　0	1135.904 [EXE]	输入施工坐标系原点在统一坐标系中的 X 坐标
2	1135.904　0 Y0?　　　　0	1235.393 [EXE]	输入施工坐标系原点在统一坐标系中的 Y 坐标
3	1235.393　0 ANGLE?　　0	60 [°'"] [EXE]	输入统一坐标系的 X 轴顺时针旋转至施工坐标系的 X 轴的角值，即施工坐标系 X 轴方位角
4	LEFT(1),RIGHT(ELSE)?　　0	1 [EXE]	选择施工坐标系类型，左手系
5	1　　　　0 XPP?　　　0	228.068 [EXE]	输入待换算点在施工坐标系中的 X 坐标
6	228.068　0 YPP?　　　0	6.507 [EXE]	输入待换算点在施工坐标系中的 Y 坐标
7	[1244.3] [1436.1] 1244.302773		显示结果（矩阵形式），矩阵第一行显示的是待换算点在统一坐标系中的 X 坐标，第二行显示的是 Y 坐标

6. 分析与说明

本例关键是要分析出数学计算模型,并处理好施工坐标系的有关左手系和右手系对计算的影响。如图2-29 中,局部坐标系 $X'O'Y'$ 为左手系,而 $X''O'Y''$ 为右手系,P 点在这两个坐标系中的 X 坐标值相等,Y 坐标值大小相等而符号相反。所以,此种情况下左、右手坐标系影响的是 Y 坐标。为了解决这个问题,程序中第5行用变量 F 来存储坐标系类型,变量 F 值为1则表示是左手系,为其他值则表示是右手系,接着在第9行用一个条件转移语句即解决了此问题。根据方位角的定义,施工坐标系 X 轴的方位角即为国家统一坐标系与施工坐标系的旋转角 θ,本例中即为60°。

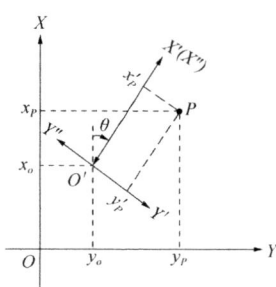

图2-29 施工坐标系类型示意图

本例采用了矩阵运算,当然也可以用代数式运算,读者可参照式(2-9)自行设计程序。

2.3.5 实例三:路线设计高程计算程序

1. 数学模型

(1)竖曲线要素计算公式。

如图2-30所示,沿路线前进方向,i_1 为后坡坡度,i_2 为前坡坡度,当 $i_1 - i_2 < 0$ 时为凹竖曲线,反之为凸竖曲线。设变坡点高程为 H_0,竖曲线半径为 R,则有:

变坡角: $\omega = |i_1 - i_2|$ (2-12)

竖曲线长度: $L = R \cdot \omega$ (2-13)

切线长度: $T = \dfrac{L}{2}$ (2-14)

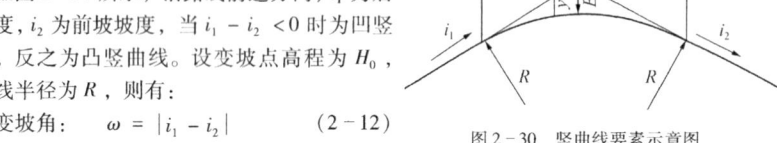

图2-30 竖曲线要素示意图

竖曲线外距:
$$E = \frac{T^2}{2R} = \frac{T \cdot \omega}{4} \quad (2-15)$$

竖曲线上任一点切竖差:
$$y = \frac{x^2}{2R} \quad (2-16)$$

式中 x ——任一点桩号与竖曲线起点(或终点)桩号之差。

(2)中桩设计高程计算公式。

竖曲线外直坡段上任一点的设计高程:
$$\left.\begin{array}{l} h = H_0 - d \cdot i_1 (后直坡段) \\ h = H_0 + d \cdot i_2 (前直坡段) \end{array}\right\} \quad (2-17)$$

式中 d ——任一点桩号与变坡点桩号之差。

竖曲线内任一点的设计高程:
$$h = h_1 \pm y (凹竖曲线取"+",凸竖曲线取"-") \quad (2-18)$$

式中 h_1——计算点的切线高程,可参照直坡段上点的高程计算。

2. 变量清单(见表2-29)

表2-29 路线设计高程计算程序变量清单

序号	数学模型变量	计算器变量	输入(输出)提示符	单位	说明
1		C		m	竖曲线变坡点桩号
2	H_0	D		m	竖曲线变坡点高程
3	R	R		m	竖曲线半径
4	i_1	I		%	后纵坡坡度
5	i_2	J		%	前纵坡坡度
6		Q			凹、凸竖曲线判别符,Q取1为凹曲线,取-1为凸曲线
7	T	T		m	切线长度
8	L	L		m	曲线长度
9	E	E		m	曲外距
10		M		m	竖曲线起点桩号
11		N		m	竖曲线终点桩号
12		K	K	m	所求任一点桩号
13	y	P		m	切竖高程差
14	h	Z	H=	m	计算范围内任一点设计高程
15		S		m	某竖曲线计算范围起点桩号
16		F		m	某竖曲线计算范围终点桩号

3. 程序清单(见表2-30、表2-31、表2-32)

表2-30 路线设计高程计算程序(主程序):ZDM

行号	程序	说明
1	ClrStat: ClrMemory: Freq0ff: Fix 3 ↵	基本设置
2	Lbl 1: ? K: Prog "ZDM-DATA1" ↵	输入计算桩号,调用"数据库"子程序
3	-1→Q: I<J⇒1→Q ↵	判断竖曲线类型,凹形取1,凸形取-1
4	R×Abs(I-J)÷100→L: L÷2→T: T^2÷(2R)→E ↵	计算竖曲线长、切线长、外距等竖曲线要素
5	C-T→M: C+T→N ↵	计算竖曲线起、终点桩号
6	Prog "GCJS" ↵	调用子程序"GCJS"计算设计高程
7	"H=": Z ▲	显示设计高程
8	Goto 1	转移以便重复计算

表2-31 路线设计高程计算程序（子程序）：GCJS

行号	程序	说明
1	If K≤M: Then D+(K-C)I÷100→Z: Return: IfEnd ↵	求后直坡段设计高程
2	If K>M And K≤C: Then (K-M)²÷(2R)→P: D+(K-C)I÷100+QP→Z: Return: IfEnd ↵	求变坡点后半段曲线设计高程
3	If K>C And K≤N: Then (K-N)²÷(2R)→P: D+(K-C)J÷100+QP→Z: Return: IfEnd ↵	求变坡点前半段曲线设计高程
4	If K>N: Then D+(K-C)J÷100→Z: Return: IfEnd ↵	求前直坡段设计高程

表2-32 路线设计高程计算程序（数据库子程序）：ZDM-DATA1

行号	程序	说明
1	0→S: 316.64→F: If K≥S And K≤F: Then 150→C: 421.953→D: -1.084→I: -1.186→J: 40000→R: Return: IfEnd ↵	第1变坡点的设计数据
2	F→S: 542.075→F: If K>S And K≤F: Then 330→C: 419.819→D: -1.186→I: 0.596→J: 1500→R: Return: IfEnd ↵	第2变坡点的设计数据
3	F→S: 824.477→F: If K>S And K≤F: Then 556.375→C: 421.167→D: 0.596→I: -1.311→J: 1500→R: Return: IfEnd ↵	第3变坡点的设计数据
4	F→S: 1250→F: If K>S And K≤F: Then 840→C: 417.448→D: -1.311→I: 3.124→J: 700→R: Return: IfEnd ↵	第4变坡点的设计数据
5	If K<0 Or K>F: Then Cls: Locate 5,2,"KP ERROR" ↵	若输入的桩号在计算范围之外，则报错
6	Stop: IfEnd ↵	

4. 计算案例

某道路纵断面设计资料见表2-33。

表2-33 某公路的纵坡、竖曲线表

序号	变坡点桩号	标高/m	竖曲线						纵坡/%		变坡点间距/m	直坡段长/m
			凸曲线半径R/m	凹曲线半径R/m	切线长T/m	外距E/m	起点桩号	终点桩号	+	-		
0	K0+000	423.580								-1.084	150.000	129.727
1	K0+150	421.953	40000		20.273	0.005	K0+129.727	K0+170.273				
2	K0+330	419.819		1500	13.360	0.059	K0+316.640	K0+343.360		-1.186	180.000	146.367
3	K0+556.375	421.167		1500	14.300	0.068	K0+542.075	K0+570.675	0.596		226.375	198.714
4	K0+840	417.448		700	15.523	0.172	K0+824.577	K0+855.523		-1.311	283.625	253.801
5	K1+250	430.257							3.124		410.000	371.072

5. 操作步骤（见表2-34）

表2-34 路线设计高程计算程序操作步骤

步骤	屏幕显示	按键操作	说明
1	K?　　　0.000	0 [EXE]	输入需计算的桩号K0+000
2	0　　　0.000 H=　　423.579	[EXE]	输出桩号K0+000的设计高程
3	H=　　423.579 K?　　　0.000	50 [EXE]	输入需计算的桩号K0+050
4	50　　　0.000 H=　　423.037	[EXE]	输出桩号K0+050的设计高程
5	……	……	根据提示循环计算，按两次[AC/ON]键可退出程序

6. 分析与说明

本例的计算量较多，在计算中桩设计高程时需要考虑：①竖曲线的凹凸类型；②中桩是在竖曲线内还是竖曲线外；③中桩在竖曲线范围内时，还要判别是在变坡点前还是变坡点后。因此相关的条件判别比较多，其核心计算程序全部写在子程序GCJS中。

本程序的另外一个特点是使用了数据库子程序。数据库子程序将一条路线全部的纵断面设计数据写到程序里面，每行程序就是一个竖曲线的主要设计数据，主要格式和流程为：

（1）先定义该竖曲线的计算范围（起始桩号），其中第一个竖曲线的计算范围从路线起点到下一个竖曲线的曲线起点，中间竖曲线的计算范围从本竖曲线的曲线起点到下一个竖曲线的曲线起点，最后一个竖曲线的计算范围从本竖曲线的曲线起点到路线终点。

（2）判别待计算桩号是否在本竖曲线的计算范围内，若不是，结束本行程序的计算，执行下一行程序；若是，则将本竖曲线变坡点桩号、高程、竖曲线半径、前后纵坡等设计数据赋值给相应变量，并从本子程序返回至主程序。

在利用纵断面设计数据编写"数据库"文件时，应注意坡度的精度问题，一般设计文件上的坡度只保留2～3位小数，建议读者根据变坡点桩号和高程自行推算出精度较高的坡度值（至少取到5位以上小数），以保证高程计算的精度。

使用数据库子程序，主程序运行只需输入路线上任意一个桩号，程序即可计算并显示该桩号的设计高程。当需要同时计算另一条公路的设计高程时，只需按上述方法根据这条公路的纵断面设计数据编写另一个数据库子程序，如"ZDM‐DATA2"，当然，主程序第2行调用的数据库子程序名称也要相应地改为"ZDM‐DATA2"，即可进行计算了。

为便于读者计算验证，表2‐35列出了本工程实例的50m一个中桩的设计高程计算结果。

表2‐35 某公路中桩设计高程计算结果

桩号	设计高程	桩号	设计高程	桩号	设计高程	桩号	设计高程
K0+000	423.579	K0+350	419.938	K0+700	419.284	K1+050	424.008
K0+050	423.037	K0+400	420.236	K0+750	418.629	K1+100	425.570
K0+100	422.495	K0+450	420.534	K0+800	417.973	K1+150	427.132
K0+150	421.948	K0+500	420.832	K0+850	417.782	K1+200	428.694
K0+200	421.360	K0+550	421.108	K0+900	419.322	K1+250	430.256
K0+250	420.767	K0+600	420.595	K0+950	420.884		
K0+300	420.174	K0+650	419.940	K1+000	422.446		

第3章 道路施工坐标放样的相关计算

3.1 道路中线组成及其要素计算

3.1.1 道路中线的组成

1. 道路中线的基本组成

道路的中线，包括立交匝道的中线，不论看上去多么复杂，都不外乎由直线、圆曲线和缓和曲线三个基本线形组成，如图3-1所示。

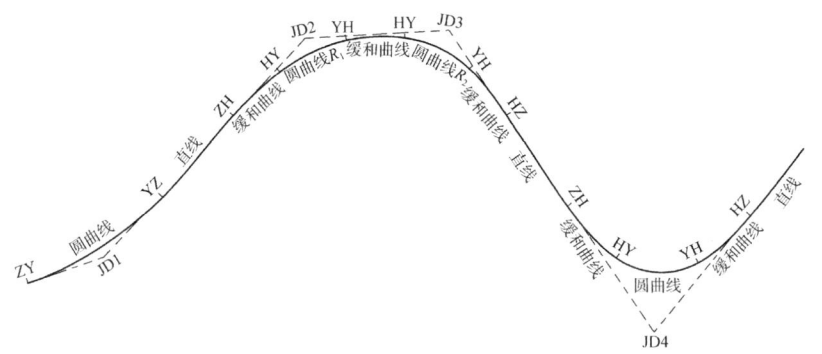

图3-1 道路中线的组成

直线适用于地形平坦、视线目标无障碍处。直线具有方向明确、路线短捷、测设简便等优点，但直线过长，线形单调，往往引起司机驾驶疲劳，且容易超速。

圆曲线具有固定的曲率半径，它在路线受地形、地物等障碍的影响而需要改变方向时设置。圆曲线具有柔和的几何线形，长而缓平的曲线线形非常优美，灵活机动，自由度大，能较好地适应地形，但曲线会增长距离，且车辆在曲线上行驶的受力较复杂。

缓和曲线是直线与圆曲线，或者半径不同的圆曲线相互连接时，为适应行驶轨迹曲率变化而插入的一种半径逐渐变化的过渡曲线。例如：在直线与圆曲线（半径为R）之间插入缓和曲线，其半径由无穷大（连接直线端）逐渐变化到R（连接圆曲线端）；在半径不同的圆曲线（半径分别为R_1，R_2）之间插入缓和曲线，其半径由R_1逐渐变化到R_2。

缓和曲线的作用为：①曲率的逐渐变化，便于驾驶与路线顺畅，构成美观及视觉协调的最佳线形；②离心加速度的逐渐变化，使汽车不致产生侧向滑移；③作为行车道横坡变化的过渡段，以减少行车震荡。缓和曲线是协调平面线形变化的主要线形。

根据交通部《公路工程技术标准》规定，当圆曲线半径大于不设超高的最小半径时，可不设缓和曲线而直接与直线相连。

我国公路与铁路均采用螺旋线（或称回旋线）作为缓和曲线。

2. 道路中线常用的曲线组合类型

在道路及立交匝道设计中，实际采用的线形往往是由直线、圆曲线、缓和曲线中的一种或几种组合而成。主要有以下几种（如图3-2所示）：

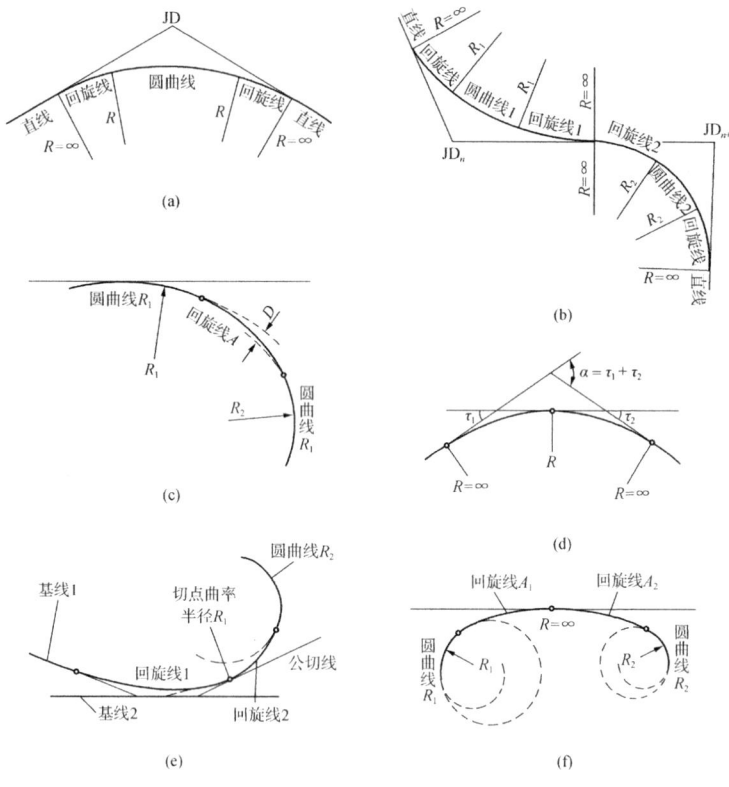

图3-2 道路中线常用的曲线组合类型

（1）基本型曲线。是按"直线—回旋曲线—圆曲线—回旋曲线—直线"的顺序组合起来的线型，如图3-2a所示。基本型曲线中，又可以根据其中两个回旋曲线参数相等与否而分为对称式和不对称式两种。

（2）S形曲线。如图3-2b所示，是把两个反向圆曲线用回旋曲线连接起来的线型。两个反向回旋曲线的参数可以相等，也可以不相等。

（3）卵形曲线。用一个回旋曲线连接两个同向圆曲线的线型，如图3-2c所示。为了只用一个回旋曲线连成卵形,就要求圆曲线延长后,大的圆曲线能完全包含小的圆曲线,并且圆曲线不同圆心,而回旋曲线的曲率半径是从 R_1 到 R_2 。

(4) 凸形曲线。在两个同向回旋曲线间不插入圆曲线而径相衔接而成的线形,如图 3-2d 所示。凸形曲线分对称型和非对称型两种。凸形曲线尽管在衔接处的曲率是连续的,但因中间圆曲线的长度为 0,对驾驶操纵亦造成一些不利因素,所以只有在路线严格受地形、地物限制方可采用。

(5) 复合型曲线。两个以上同向回旋曲线间在曲率相等处相互连接的形式,如图 3-2e 所示。复合型回旋曲线除了受地形和其他特殊限制的地方外,一般很少使用,多出现在互通式立体交叉的匝道线形设计中。

(6) C 形曲线。同向曲线的两回旋曲线在曲率为 0 处径相衔接的形式,如图 3-2f 所示。C 形曲线连接处的曲率为 0,即 $R = \infty$,相当于两同向曲线中间直线长度为 0,对行车和线形都有一定影响,所以 C 形曲线只有在特殊地形条件下方可使用。

3.1.2 回旋曲线特性及相关计算

在道路中线各组成要素中,直线和圆曲线的特性及计算比较简单,而回旋曲线的特性及计算则相对复杂。

回旋曲线根据其完整性,一般分为完整回旋曲线和部分回旋曲线。完整回旋曲线是指曲率半径由 ∞ 变化到 R 的回旋曲线,或者由 R 变化到 ∞,其中曲率半径为 ∞ 的那一点称为回旋曲线原点。部分回旋曲线是指曲率半径由 R_1 变化到同方向 R_2 的回旋曲线,顾名思义,部分回旋曲线其实质是完整回旋曲线的一部分。

(1) 回旋曲线的特性。如图 3-3 所示,对于完整回旋曲线,其半径 r 随曲线长度 l 的增大而成反比地均匀减小,即在回旋曲线上任一点的半径 r 为:

$$r = \frac{c}{l} \text{ 或 } c = r \cdot l \quad (3-1)$$

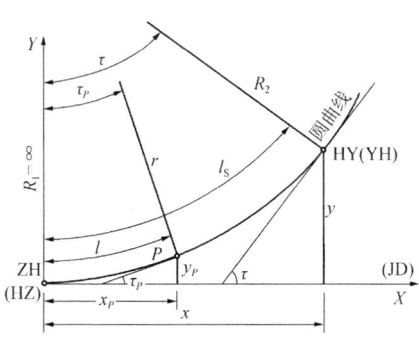

图 3-3 回旋曲线

在回旋曲线的终点处,$r = R_2$,则:

$$c = R_2 \cdot l_S \quad (3-2)$$

式中,c 为常数,表示回旋曲线半径 r 的变化率。设 $c = A^2$,则 $A = \sqrt{R_2 \cdot l_S}$,即为回旋曲线参数(或称缓和曲线参数)。

回旋曲线参数 A 的单位是长度单位,一般为"米"。回旋曲线参数是道路平曲线设计中重要的参数。A 越大,回旋曲线的弯曲度越缓。这种性质和圆曲线半径 R 类同,圆曲线半径 R 越大,圆弧弯曲度越平缓。

过回旋曲线上任一点 P 的切线与回旋曲线原点切线(即 X 轴)的夹角,称为该段回旋曲线的回旋角,以 τ_P 表示。

任一点 P 处的回旋角 τ_P 与该点至回旋曲线原点的曲线长所对的中心角相等,其计算公式为:

$$\tau_P = \frac{l^2}{2c} = \frac{l}{2r} = \frac{l^2}{2R_2 \cdot l_S} \quad (\text{rad}) \qquad (3-3)$$

当 $l = l_S$ 时,回旋曲线全长 l_S 所对应回旋角 τ 为:

$$\tau = \frac{l_S}{2R_2} = \frac{A^2}{2R_2^2} \quad (\text{rad}) \qquad (3-4)$$

(2)回旋曲线的参数方程。如图 3-3 所示,建立完整回旋曲线的坐标系,设回旋曲线原点(ZH 点或 HZ 点)为坐标系原点,过原点的回旋曲线切线为 X 轴,半径方向为 Y 轴,回旋曲线上任一点 P 的坐标为 x_P、y_P,则回旋曲线的参数方程为(这里令 $R = R_2$):

$$\left.\begin{array}{l} x_P = l - \dfrac{l^5}{40R^2 \cdot l_S^2} + \dfrac{l^9}{3456R^4 \cdot l_S^4} \\[2mm] y_P = \dfrac{l^3}{6R \cdot l_S} - \dfrac{l^7}{336R^3 \cdot l_S^3} + \dfrac{l^{11}}{42240R^5 \cdot l_S^5} \end{array}\right\} \qquad (3-5)$$

当 $l = l_S$,则回旋曲线终点的坐标为:

$$\left.\begin{array}{l} x = l_S - \dfrac{l_S^3}{40R^2} + \dfrac{l_S^5}{3456R^4} \\[2mm] y = \dfrac{l_S^2}{6R} - \dfrac{l_S^4}{336R^3} + \dfrac{l_S^6}{42240R^5} \end{array}\right\} \qquad (3-6)$$

或

$$\left.\begin{array}{l} x = l_S - \dfrac{l_S^5}{40A^4} + \dfrac{l_S^9}{3456A^8} \\[2mm] y = \dfrac{l_S^3}{6A^2} - \dfrac{l_S^7}{336A^6} + \dfrac{l_S^{11}}{42240A^{10}} \end{array}\right\} \qquad (3-7)$$

式(3-6)、式(3-7)是后面将要学习的道路中桩坐标计算的非常重要的基本公式。

需要说明的是,式(3-5)~式(3-7)其实是无穷多项式,这里仅取多项式的前三项,用于电算编程,可满足绝大多数情况下 1mm 以内的计算精度,而在某些早期文献或教材中,出于精度要求不高(1cm 以内)和手工计算便捷的考虑,一般只取公式前 1~2 项。

(3)部分回旋曲线的计算。在高等级公路及互通式立交的平面线形中还存在大量的部分回旋曲线(不完整回旋曲线),如图 3-4 所示,曲线 $\overset{\frown}{BE}$ 是一条部分回旋曲线,长度

为 L,是完整回旋曲线 $\overset{\frown}{OBE}$ 的一部分,回旋曲线参数为 A。部分回旋曲线的起点是 B 点,对应半径为 R_B,回旋角为 τ_B,终点是 E 点,对应半径为 R_E,回旋角为 τ_E。

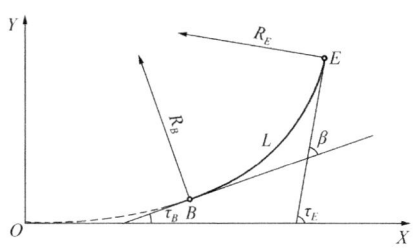

图 3-4 部分回旋曲线示意图

为便于理解和计算部分回旋曲线的几何特性,图 3-4 所示的部分回旋曲线亦可建立如下坐标系,如图 3-5 所示,横坐标为回旋曲线长度 L_S,纵坐标为曲率 ρ,曲率 ρ 是半径 R 的倒数,即 $\rho = 1/R$。由于回旋曲线长度与曲率成线性关系,因此在 L_S-ρ 坐标系中,回旋曲线的图形是一条通过原点的直线,其中局部回旋曲线 BE 是完整回旋曲线的一部分。

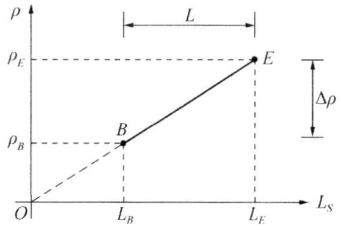

图 3-5 部分回旋曲线几何示意图

设部分回旋曲线起终点 B、E 点距回旋曲线原点的完整回旋曲线长分别为 L_B、L_E,则有 $L = L_E - L_B$。根据部分回旋曲线几何示意图(图 3-5),可推导出如下计算公式。

根据回旋曲线参数的定义,有:

$$\begin{cases} L_B = A^2/R_B = A^2\rho_B \\ L_E = A^2/R_E = A^2\rho_E \end{cases} \quad (3-8)$$

结合部分回旋曲线几何示意图,由式(3-8)亦可将 A^2 理解为直线 OBE 的斜率,即 $A^2 = \dfrac{L}{\Delta\rho} = \dfrac{L_E}{\rho_E} = \dfrac{L_B}{\rho_B}$。根据这一特性可以计算出回旋曲线上任意一点的曲率或半径,或者根据任一点的曲率或半径计算出对应的回旋曲线长度。

同样,根据 $A^2 = \dfrac{L}{\Delta\rho}$,部分回旋曲线参数 A 的计算式为:

$$A = \sqrt{\dfrac{L}{\Delta\rho}} = \sqrt{\dfrac{L \cdot R_B \cdot R_E}{\Delta R}} \quad (3-9)$$

式中 L——部分回旋曲线长度;

$\Delta\rho$——部分回旋曲线起终点的曲率差;

ΔR——部分回旋曲线起终点的半径差。

部分回旋曲线回转角 β 的计算式为:

$$\beta = \tau_E - \tau_B = \frac{A^2}{2R_E^2} - \frac{A^2}{2R_B^2} = \frac{L_E}{2R_E} - \frac{L_B}{2R_B} \quad (3-10)$$

完整回旋曲线可看成是部分回旋曲线的一个特例,以上公式中,当 $R_B = \infty$ 或 $\rho_B = 0$ 时, $L = l_s$,它们即是完整回旋曲线的计算公式。

【例 3 – 1】 图 3 – 6 是某立交匝道的局部线形示意图,其中 MR 为高速主线,B 是立交的其中一条匝道。根据图上所标数据,试计算 B 匝道起点 BK0 + 000 处的曲率半径。

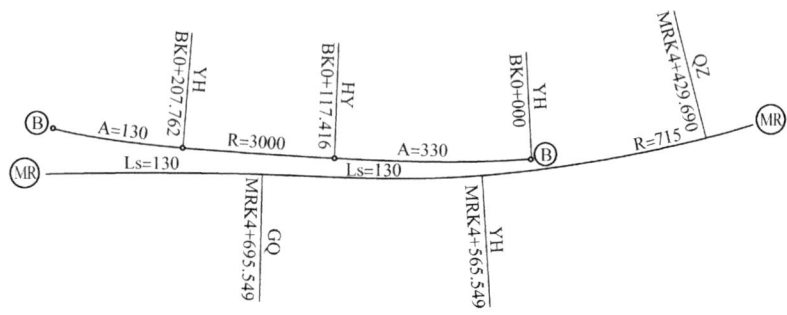

图 3 – 6 某立交匝道局部线形示意图

解:从图纸初步可以看出,BK0 + 000 ~ BK0 + 117.416 是 B 匝道的第一段缓和曲线,并且是一段不完整缓和曲线,两端的曲率均不等于 0,且起点 BK0 + 000 处的曲率大于 BK0 + 117.416 处的曲率,即缓和曲线原点在 BK0 + 117.416 一侧。

设 BK0 + 000 相关参数的下标为 A,BK0 + 117.416 相关参数的下标为 B。

(1) 先推算 BK0 + 117.416 处对应的完整缓和曲线长度。

假定 BK0 + 117.416 处的半径等于与它相连的圆弧的半径,即 $R_B = 3000$ m,又根据图纸标记容易得出:缓和曲线参数 $A = 330$m,不完整缓和曲线长度 $L = 117.416$ m,则:

BK0 + 117.416 对应的完整缓和曲线长度:

$$L_B = \frac{A^2}{R_B} = \frac{330^2}{3000} = 36.3 \text{ (m)}$$

(2) BK0 + 000 处对应的完整缓和曲线长度。

$L_A = L_B + L = 36.3 + 117.416 = 153.716$ (m)

(3) BK0 + 000 处的曲率半径。

$$R_A = \frac{A^2}{L_A} = \frac{330^2}{153.716} = 708.449 \text{ (m)}$$

验算: $A = \sqrt{\dfrac{L \cdot R_A \cdot R_B}{\Delta R}} = \sqrt{\dfrac{117.416 \times 708.449 \times 3000}{3000 - 708.449}} = 330$ (m),计算无误。

分析:本例计算结果是建立在一个假定基础上的,即假定 BK0 + 117.416 处的半径等于与它相连的圆弧的半径,$R_B = 3000$ m。在绝大多数情况下,缓和曲线端点的半径是等于与之相连的圆弧的半径,但也有例外的情况。本例是否是例外,还需进一步采用坐标推算的方法来检验和确定。

3.1.3 路线基本型曲线要素计算

平曲线要素计算是指根据平面设计资料如转角、半径、回旋曲线长度等,完成平曲线要素和平面曲线主点桩号的计算。平曲线要素计算的实质是建立转角、半径、回旋曲线长度(参数)、切线长之间的数学关系,而主点桩计算则是为了建立分段曲线里程桩号之间函数关系,便于逐桩坐标计算。

通常情况下,可以抽象出一个基本单元作为公路平面线形设计的一般模式。这个形式就是"直线—回旋曲线 l_{S1}—圆曲线 L_y—回旋曲线 l_{S2}—直线"几个平曲线要素的有序组合,一般将其称为基本型曲线(图3-7),当 $l_{S1} = l_{S2} = l_S$ 时,又称为对称基本型曲线。

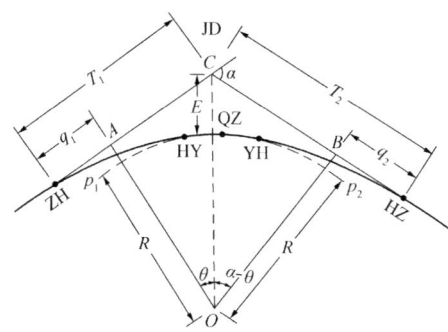

图3-7 非对称基本型曲线计算图式

这里以非对称基本型曲线的计算为例。设交点桩号为 K_{JD},转角为 α,半径为 R,前后回旋曲线长分别为 l_{S1} 和 l_{S2}(或者给出回旋曲线参数 A_1、A_2,两者可互换),图中所示线形要素 p_1、p_2 分别为第一回旋曲线和第二回旋曲线的内移值;q_1、q_2 分别为第一回旋曲线和第二回旋线的切线增长值;T_1、T_2 分别为第一切线长与第二切线长。

由于圆曲线两端的回旋线长度不等,因此线形要素 p_1、p_2、q_1、q_2 及 T_1、T_2 都不相等。由回旋线基本公式可求得 p_1、p_2、q_1、q_2:

$$\left.\begin{array}{l} p_1 = \dfrac{l_{S1}^2}{24R} - \dfrac{l_{S1}^4}{2688R^3} + \dfrac{l_{S1}^6}{506880R^5} \\ p_2 = \dfrac{l_{S2}^2}{24R} - \dfrac{l_{S2}^4}{2688R^3} + \dfrac{l_{S2}^6}{506880R^5} \end{array}\right\} \quad (3-11)$$

$$\left.\begin{array}{l} q_1 = \dfrac{l_{S1}}{2} - \dfrac{l_{S1}^3}{240R^2} + \dfrac{l_{S1}^5}{34560R^4} \\ q_2 = \dfrac{l_{S2}}{2} - \dfrac{l_{S2}^3}{240R^2} + \dfrac{l_{S2}^5}{34560R^4} \end{array}\right\} \quad (3-12)$$

式(3-11)、式(3-12)同样本是无限多项式,这里仅取三项即可满足道路与铁道路线计算1mm以内的精度,可用于电算编程计算中。而在某些早期文献或教材中,出于精度要求不高(1cm以内)和手工计算便捷的考虑,一般只取公式前1~2项。

切线长:
$$\left. \begin{array}{l} T_1 = q_1 + \dfrac{R + p_2 - (R + p_1)\cos\alpha}{\sin\alpha} \\ T_2 = q_2 + \dfrac{R + p_1 - (R + p_2)\cos\alpha}{\sin\alpha} \end{array} \right\} \quad (3-13)$$

圆曲线长:
$$L_y = R \cdot \alpha - \dfrac{l_{S1}}{2} - \dfrac{l_{S2}}{2} \quad (3-14)$$

平曲线长:
$$L = L_y + l_{S1} + l_{S2} \quad (3-15)$$

外距:
$$E = \left(R + \dfrac{p_1 + p_2}{2}\right) \cdot \sec\dfrac{\alpha}{2} - R \quad (3-16)$$

从而可得曲线主点里程桩号:
$$\left. \begin{array}{l} K_{ZH} = K_{JD} - T_1 \\ K_{HY} = K_{ZH} + l_{S1} \\ K_{QZ} = K_{HY} + \dfrac{L_y}{2} \\ K_{YH} = K_{HY} + L_y \\ K_{HZ} = K_{YH} + l_{S2} \end{array} \right\} \quad (3-17)$$

需要说明的是,不对称基本型曲线的曲中桩号的定义目前没有一个明确的定义,式(3-17)中的曲中桩号定义为圆曲线的中心点,也有文献或设计将其定义为整个平曲线中点的,即 $K_{QZ} = K_{ZH} + \dfrac{L}{2} = K_{ZH} + \dfrac{L_y + l_{S1} + l_{S2}}{2}$,甚至有设计文件的"直线曲线一览表"中干脆就没有曲中桩号,请读者注意甄别。

道路的平面曲线要素及主点桩计算完成后,即可计算道路中线的中桩逐桩坐标和路线前进方向的切线方位角,以便确定道路中线的平面具体位置,并且也为道路路线的中、边桩放样和构造物放样提供了基础数据。

【例3-2】 某三级公路,已知交点 JD22 的里程是 K6+872.905,转角 α_Z = 18°00′11″,圆曲线半径 R = 300m,缓和曲线长采用 l_{S1} = 40m,l_{S2} = 60m,试计算该交点平曲线的要素及主点桩号。

解:(1) 曲线要素计算:

$$p_1 = \dfrac{l_{S1}^2}{24R} = \dfrac{40^2}{24 \times 300} = 0.222(\text{m})$$

$$p_2 = \dfrac{l_{S2}^2}{24R} = \dfrac{60^2}{24 \times 300} = 0.5(\text{m})$$

$$q_1 = \dfrac{l_{S1}}{2} - \dfrac{l_{S1}^3}{240R^2} = \dfrac{40}{2} - \dfrac{40^3}{240 \times 300^2} = 19.997(\text{m})$$

$$q_2 = \dfrac{l_{S2}}{2} - \dfrac{l_{S2}^3}{240R^2} = \dfrac{60}{2} - \dfrac{60^3}{240 \times 300^2} = 29.99(\text{m})$$

$$T_1 = q_1 + \frac{R + p_2 - (R + p_1)\cos\alpha}{\sin\alpha} = 19.997 + \frac{300 + 0.5 - (300 + 0.222)\cos18°00'11''}{\sin18°00'11''}$$
$$= 68.455(\text{m})$$

$$T_2 = q_2 + \frac{R + p_1 - (R + p_2)\cos\alpha}{\sin\alpha} = 29.99 + \frac{300 + 0.222 - (300 + 0.5)\cos18°00'11''}{\sin18°00'11''}$$
$$= 76.693(\text{m})$$

$$L_y = R \cdot \alpha - \frac{l_{S1}}{2} - \frac{l_{S2}}{2} = 300 \times \frac{18°00'11''}{180} \times \pi - \frac{40 + 60}{2} = 44.264(\text{m})$$

$$L = L_y + l_{S1} + l_{S2} = 44.264 + 40 + 60 = 144.264(\text{m})$$

$$E = \left(R + \frac{p_1 + p_2}{2}\right) \cdot \sec\frac{\alpha}{2} - R = \left(300 + \frac{0.222 + 0.5}{2}\right) \cdot \sec\frac{18°00'11''}{2} - 300$$
$$= 4.106(\text{m})$$

(2) 主点桩计算：

$$K_{ZH} = K_{JD} - T_1 = (K6 + 872.905) - 68.455 = K6 + 804.450$$
$$K_{HY} = K_{ZH} + l_{S1} = (K6 + 804.450) + 40 = K6 + 844.450$$
$$K_{QZ} = K_{HY} + \frac{L_y}{2} = (K6 + 844.450) + \frac{44.264}{2} = K6 + 866.582$$
$$K_{YH} = K_{HY} + L_y = (K6 + 844.450) + 44.264 = K6 + 888.714$$
$$K_{HZ} = K_{YH} + l_{S2} = (K6 + 888.714) + 60 = K6 + 948.714$$

若曲中点定义为平曲线中点，则：

$$K_{QZ} = K_{ZH} + \frac{L}{2} = (K6 + 804.450) + \frac{144.264}{2} = K6 + 876.582$$

3.2 道路基本型曲线的中线坐标计算

  道路基本型曲线是道路主线设计中使用最多的形式，它是按"直线—缓和曲线—圆曲线—缓和曲线—直线"的顺序组合起来的，其中缓和曲线均为完整缓和曲线。道路基本型曲线的中桩坐标计算一般先对各个线形元素建立相对坐标系，求出中桩点在该相对坐标系（或称局部坐标系）之下的坐标，然后归化到统一的全局坐标系中（如大地坐标系或某一统一的独立坐标系，或称整体坐标系）。

  将局部坐标系的坐标转换到整体坐标系的基本原理在第2.3.4节实例二中已有描述，此处不再赘述。

  在计算道路中桩坐标时，一般把一个平曲线与前后两条直线段作为一个计算单元，或称该交点平曲线的坐标计算范围，即从上一个交点的 HZ 点到下一个交点的 ZH 点（图3-8）。在一个计算单元中，不同的线形元素（段落），所选用的相对坐标系以及计算中桩坐标的数学模型也不相同。图3-8所示为最常见的含基本型曲线的一个计算单元的段落划分和局部坐标系的选择情况。

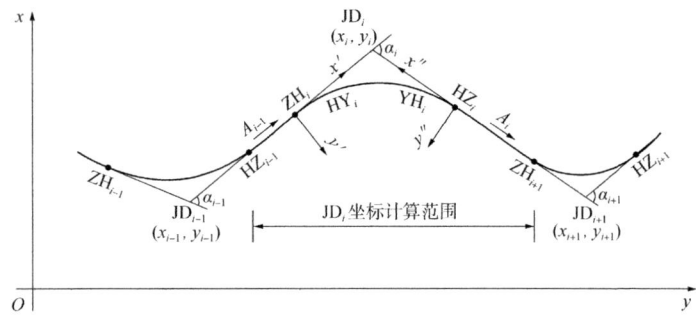

图3-8 道路中线坐标计算图式

以图3-8所示含基本型曲线JD_i的计算单元为例,在这个计算单元中,通常包括后直线段、第一回旋曲线段、圆曲线段、第二回旋曲线段和前直线段五个段落。

设图中所有平面交点坐标已知,JD_i坐标为(x_i, y_i),则路线JD_i坐标计算范围内的中桩坐标及其切线方位角的计算过程如下。

1. 直线段中桩坐标及切线方位角的计算

如图3-9所示,当给定的P点里程K_P满足$K_P \leqslant K_{ZH}$时,P点位于平曲线的后直线段,由下式计算P点坐标和该点处的切线方位角:

$$\left. \begin{array}{l} x_P = x_i - (T_1 + l)\cos A_{i-1} \\ y_P = y_i - (T_1 + l)\sin A_{i-1} \\ \beta_P = A_{i-1} \end{array} \right\} \quad (3-18)$$

式中,$l = K_{ZH} - K_P$,β_P为P点处切线方位角。

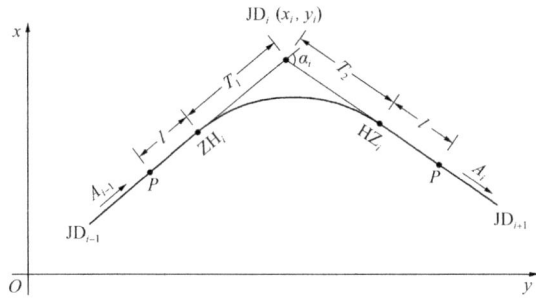

图3-9 直线段中桩坐标计算图式

当给定的P点里程K_P满足$K_P \geqslant K_{HZ}$时,P点位于平曲线的前直线段,则P点坐标和该点处的切线方位角为:

$$\left.\begin{array}{l} x_P = x_i + (T_2 + l)\cos A_i \\ y_P = y_i + (T_2 + l)\sin A_i \\ \beta_P = A_i \end{array}\right\} \qquad (3-19)$$

式中,$l = K_P - K_{HZ}$,β_P 为 P 点处切线方位角。

2. 第一回旋曲线及圆曲线段内中桩坐标及切线方位角的计算

如图 3 – 10、图 3 – 11 所示,在局部坐标系 $x' - ZH - y'$ 中,以 ZH 为局部坐标系原点,以过原点的切线为局部坐标系的 x' 轴,以过原点切线的垂线(指向曲线内侧)为局部坐标系的 y' 轴。

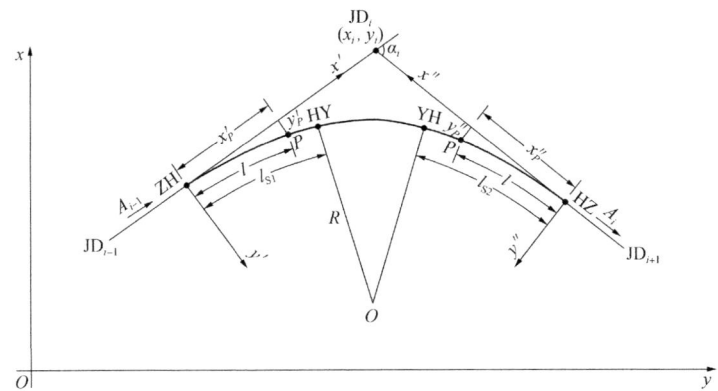

图 3 – 10 回旋曲线段上中桩坐标计算图式

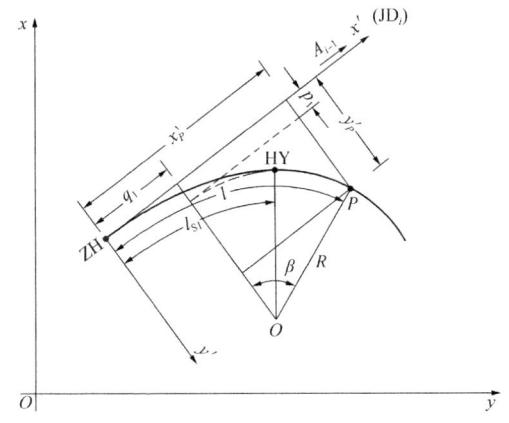

图 3 – 11 圆曲线段上中桩坐标计算图式

$x' - ZH - y'$ 局部坐标系原点在整体坐标系 $x - O - y$ 中的坐标,即 ZH 点的坐标为:

$$\left.\begin{array}{l}x_{ZH} = x_i - T_1\cos A_{i-1}\\ y_{ZH} = y_i - T_1\sin A_{i-1}\end{array}\right\} \qquad (3-20)$$

当给定的 P 点里程 K_P 满足 $K_{ZH} \leq K_P \leq K_{HY}$ 时,则 P 点落在第一回旋曲线段内,在 $x' - ZH - y'$ 局部坐标系中,P 点的局部坐标为:

$$\left.\begin{array}{l}x'_P = l - \dfrac{l^5}{40R^2 \cdot l_{S1}^2} + \dfrac{l^9}{3456R^4 \cdot l_{S1}^4}\\ y'_P = \dfrac{l^3}{6R \cdot l_{S1}} - \dfrac{l^7}{336R^3 \cdot l_{S1}^3} + \dfrac{l^{11}}{42240R^5 \cdot l_{S1}^5}\end{array}\right\} \qquad (3-21)$$

式中,$l = K_P - K_{ZH}$。

如图 3-11 所示,当给定的 P 点里程 K_P 满足 $K_{HY} \leq K_P \leq K_{YH}$ 时,则 P 点落在圆曲线段内,则 P 点的局部坐标为:

$$\left.\begin{array}{l}x'_P = R\sin\beta + q_1\\ y'_P = R(1-\cos\beta) + p_1\end{array}\right\} \qquad (3-22)$$

式中,$\beta = \dfrac{2l - l_{S1}}{2R}$,$l = K_P - K_{ZH}$,$p_1$、$q_1$ 计算见式 (3-11)、式 (3-12)。

则在 $x - O - y$ 整体坐标系中,P 点坐标为:

$$\begin{bmatrix}x_P\\ y_P\end{bmatrix} = \begin{bmatrix}x_{ZH}\\ y_{ZH}\end{bmatrix} + \begin{bmatrix}\cos A_{i-1} & -\sin A_{i-1}\\ \sin A_{i-1} & \cos A_{i-1}\end{bmatrix}\begin{bmatrix}x'_P\\ I \cdot y'_P\end{bmatrix} \qquad (3-23)$$

或

$$\left.\begin{array}{l}x_P = x_{ZH} + x'_P \cdot \cos A_{i-1} - I \cdot y'_P \cdot \sin A_{i-1}\\ y_P = y_{ZH} + x'_P \cdot \sin A_{i-1} + I \cdot y'_P \cdot \cos A_{i-1}\end{array}\right\} \qquad (3-24)$$

式中,I 为符号函数,当路线左转时,$I = -1$;路线右转时,$I = +1$,下同。

P 点在第一回旋曲线段内时切线方位角为:

$$\beta_P = A_{i-1} + I \cdot \dfrac{l^2}{2l_{S1}R} \qquad (3-25)$$

P 点在圆曲线段内时切线方位角为:

$$\beta_P = A_{i-1} + I \cdot \beta \qquad (3-26)$$

3. 第二回旋曲线段内中桩坐标及切线方位角的计算

如图 3-10 所示,在局部坐标系 $x'' - HZ - y''$ 中,以 HZ 为局部坐标系原点,以过原点的切线为局部坐标系的 x'' 轴,以过原点切线的垂线(指向曲线内侧)为局部坐标系的 y'' 轴。

$x'' - HZ - y''$ 局部坐标系原点在整体坐标系 $x - O - y$ 中的坐标,即 HZ 点的坐标为:

$$\left.\begin{array}{l}x_{HZ} = x_i + T_2\cos A_i\\ y_{HZ} = y_i + T_2\sin A_i\end{array}\right\} \qquad (3-27)$$

当给定的 P 点里程 K_P 满足 $K_{YH} \leq K_P \leq K_{HZ}$ 时,则 P 点落在第二回旋曲线段内,在 $x'' - HZ - y''$ 局部坐标系中,P 点的局部坐标为:

$$\left.\begin{array}{l} x''_P = l - \dfrac{l^5}{40R^2 \cdot l_{S2}^2} + \dfrac{l^9}{3456R^4 \cdot l_{S2}^4} \\[2mm] y''_P = \dfrac{l^3}{6R \cdot l_{S2}} - \dfrac{l^7}{336R^3 \cdot l_{S2}^3} + \dfrac{l^{11}}{42240R^5 \cdot l_{S2}^5} \end{array}\right\} \quad (3-28)$$

式中,$l = K_{HZ} - K_P$。

则在 $x - O - y$ 坐标系中 P 点坐标和切线方位角为:

$$\begin{bmatrix} x_P \\ y_P \end{bmatrix} = \begin{bmatrix} x_{HZ} \\ y_{HZ} \end{bmatrix} + \begin{bmatrix} \cos A_i & -\sin A_i \\ \sin A_i & \cos A_i \end{bmatrix} \begin{bmatrix} -x''_P \\ l \cdot y''_P \end{bmatrix} \quad (3-29)$$

或

$$\left.\begin{array}{l} x_P = x_{HZ} - x''_P \cdot \cos A_i - l \cdot y''_P \cdot \sin A_i \\ y_P = y_{HZ} - x''_P \cdot \sin A_i + l \cdot y''_P \cdot \cos A_i \\ \beta_P = A_i - l \cdot \dfrac{l^2}{2l_{S2}R} \end{array}\right\} \quad (3-30)$$

基本型曲线要素及中桩坐标计算公式的适用情况见表 3-1。

表 3-1 基本型曲线要素及中桩坐标计算公式的适用情况

类型	几何示意图	曲线名称	曲线特点	适用情况
单曲线	$\rho = 0 \, (R = \infty)$ ... $\rho = 1/R$ ... l_S ... l_S	对称基本型曲线	$l_{S1} \neq 0$, $l_{S2} \neq 0$ $l_{S1} = l_{S2} = l_S$	适用
	$\rho = 0 \, (R = \infty)$ ... $\rho = 1/R$ ... l_{S1} ... l_{S2}	不对称基本型曲线	$l_{S1} \neq 0$, $l_{S2} \neq 0$ $l_{S1} \neq l_{S2}$	适用
	$\rho = 0 \, (R = \infty)$ ... $\rho = 1/R$ ... l_S	一侧带缓曲的不对称曲线	$l_{S1} \neq 0$, $l_{S2} = 0$ 或反之	适用
	$\rho = 0 \, (R = \infty)$ ... $\rho = 1/R$ ... l_S ... l_S	对称型凸形曲线	$L_y = 0$ $l_{S1} = l_{S2} = l_S$	适用
	$\rho = 0 \, (R = \infty)$ ... $\rho = 1/R$ ... l_{S1} ... l_{S2}	不对称型凸形曲线	$L_y = 0$ $l_{S1} \neq l_{S2}$	适用
	$\rho = 0 \, (R = \infty)$ ... $\rho = 1/R$	不带缓曲的单圆曲线	$l_{S1} = l_{S2} = 0$	适用

续表 3-1

类型	几何示意图	曲线名称	曲线特点	适用情况
组合曲线		S 形曲线	可分解为两个基本型曲线	适用
		C 形曲线	可分解为两个基本型曲线	适用
		卵形曲线	两同向圆曲线之间夹一段不完整和缓曲线 l_F	不适用

【例 3-3】 在例 3-2 的基础上，又已知 JD22 的坐标为 $x_1 = 37386.996$ m，$y_1 = 61235.994$ m，交点 JD22 的后直线段方位角为 $A_0 = 352°11'19''$，试分别计算以下中桩的坐标及其切线方位角：

（1）后直线段上中桩：K6+800；
（2）第一回旋曲线段上中桩：K6+820；
（3）主点桩 YH：K6+888.714；
（4）前直线段上中桩：K6+960。

解：（1）根据例 3-2 的计算结果，有：

$T_1 = 68.455$m，$T_2 = 76.693$m，$L_y = 44.264$m，$L = 144.264$m，$E = 4.106$m

$p_1 = 0.222$m，$q_1 = 19.997$m，$K_{ZH} = $ K6+804.450，$K_{HY} = $ K6+844.450

$K_{QZ} = $ K6+866.582，$K_{YH} = $ K6+888.714，$K_{HZ} = $ K6+948.714

（2）交点 JD22 前直线段方位角计算：

$A_1 = A_0 + \alpha = 352°11'19'' + (-18°00'11'') = 334°11'08''$

（3）后直线段上中桩 K6+800 坐标及切线方位角计算：

$l = K_{ZH} - K_P = 6804.450 - 6800 = 4.450$ (m)

$x_P = x_1 - (T_1 + l)\cos A_0 = 37386.996 - (68.455 + 4.450) \times \cos 352°11'19''$
$= 37314.768$ (m)

$y_P = y_1 - (T_1 + l)\sin A_0 = 61235.994 - (68.455 + 4.450) \times \sin 352°11'19''$
$= 61245.903$ (m)

$\beta_P = A_0 = 352°11'19''$

（4）第一回旋曲线段上中桩 K6+820 坐标及切线方位角计算：

$x_{ZH} = x_1 - T_1 \cos A_0 = 37386.996 - 68.455 \times \cos 352°11'19''$
$= 37319.176$ (m)

$y_{ZH} = y_1 - T_1 \sin A_0 = 61235.994 - 68.455 \times \sin 352°11'19''$
$= 61245.298$ (m)

$l = K_P - K_{ZH} = 6820 - 6804.450 = 15.55$ (m)

$x'_P = l - \dfrac{l^5}{40R^2 \cdot l_{S1}^2} = 15.55 - \dfrac{15.55^5}{40 \times 300^2 \times 40^2} = 15.550$ (m)

$$y'_P = \frac{l^3}{6R \cdot l_{S1}} - \frac{l^7}{336R^3 \cdot l_{S1}^3} = \frac{15.55^3}{6 \times 300 \times 40} - \frac{15.55^7}{336 \times 300^3 \times 40^3} = 0.052(\text{m})$$

$$\begin{aligned}
x_P &= x_{ZH} + x'_P \cdot \cos A_0 - I \cdot y'_P \cdot \sin A_0 \\
&= 37319.176 + 15.550 \times \cos352°11'19'' + 0.052 \times \sin352°11'19'' \\
&= 37334.575(\text{m})
\end{aligned}$$

$$\begin{aligned}
y_P &= y_{ZH} + x'_P \cdot \sin A_0 + I \cdot y'_P \cdot \cos A_0 \\
&= 61245.298 + 15.550 \times \sin352°11'19'' - 0.052 \times \cos352°11'19'' \\
&= 61243.133(\text{m})
\end{aligned}$$

$$\beta_P = A_0 + I \cdot \frac{l^2}{2l_{S1}R} = 352°11'19'' - \frac{15.550^2}{2 \times 40 \times 300} \cdot \frac{180}{\pi} = 351°36'41''$$

（5）主点桩 YH 点 K6+888.714 坐标及切线方位角计算：

YH 点既是圆曲线段上的点，也是第二回旋曲线上的点。

按圆曲线段上中桩坐标计算如下：

$$l = K_P - K_{ZH} = 6888.714 - 6804.450 = 84.264(\text{m})$$

$$\beta = \frac{2l - l_{S1}}{2R} = \frac{2 \times 84.264 - 40}{2 \times 300} = 0.21421333\text{rad} = 12°16'25''$$

$$x'_P = R\sin\beta + q_1 = 300 \times \sin12°16'25'' + 19.997 = 83.771(\text{m})$$

$$y'_P = R(1 - \cos\beta) + p_1 = 300 \times (1 - \cos12°16'25'') + 0.222 = 7.079(\text{m})$$

$$\begin{aligned}
x_P &= x_{ZH} + x'_P \cdot \cos A_0 - I \cdot y'_P \cdot \sin A_0 \\
&= 37319.176 + 83.771 \times \cos352°11'19'' + 7.079 \times \sin352°11'19'' \\
&= 37401.208(\text{m})
\end{aligned}$$

$$\begin{aligned}
y_P &= y_{ZH} + x'_P \cdot \sin A_0 + I \cdot y'_P \cdot \cos A_0 \\
&= 61245.298 + 83.771 \times \sin352°11'19'' - 7.079 \times \cos352°11'19'' \\
&= 61226.899(\text{m})
\end{aligned}$$

$$\beta_P = A_{i-1} + I \cdot \beta = 352°11'19'' - 12°16'25'' = 339°54'54''$$

按第二回旋曲线段上中桩坐标计算如下：

$$x_{HZ} = x_1 + T_2\cos A_1 = 37386.996 + 76.693 \times \cos334°11'08'' = 37456.036(\text{m})$$

$$y_{HZ} = y_1 + T_2\sin A_1 = 61235.994 + 76.693 \times \sin334°11'08'' = 61202.597(\text{m})$$

$$l = K_{HZ} - K_P = l_{S2} = 60(\text{m})$$

$$x''_P = l - \frac{l^5}{40R^2 \cdot l_{S2}} = l_{S2} - \frac{l_{S2}^3}{40R^2} = 60 - \frac{60^3}{40 \times 300^2} = 59.940(\text{m})$$

$$\begin{aligned}
y''_P &= \frac{l^3}{6R \cdot l_{S2}} - \frac{l^7}{336R^3 \cdot l_{S2}^3} = \frac{l_{S2}^2}{6R} - \frac{l_{S2}^4}{336R^3} = \frac{60^2}{6 \times 300} - \frac{60^4}{336 \times 300^3} \\
&= 1.999(\text{m})
\end{aligned}$$

$$\begin{aligned}
x_P &= x_{HZ} - x''_P \cdot \cos A_1 - I \cdot y''_P \cdot \sin A_1 \\
&= 37456.036 - 59.940 \times \cos334°11'08'' + 1.999 \times \sin334°11'08'' = 37401.207(\text{m})
\end{aligned}$$

$$y_P = y_{HZ} - x_P'' \cdot \sin A_1 + l \cdot y_P'' \cdot \cos A_1$$
$$= 61202.597 - 59.940 \times \sin 334°11'08'' - 1.999 \times \cos 334°11'08''$$
$$= 61226.899(m)$$
$$\beta_P = A_1 - I \cdot \frac{l^2}{2l_{S2}R} = A_1 - I \cdot \frac{l_{S2}}{2R} = 334°11'08'' + \frac{60}{2 \times 300} \cdot \frac{180}{\pi}$$
$$= 339°54'54''$$

经比较，两种公式计算结果是一致的。

（6）前直线段上中桩 K6+960 坐标及切线方位角计算：
$$l = K_P - K_{HZ} = 6960 - 6948.714 = 11.286(m)$$
$$x_P = x_1 + (T_2 + l)\cos A_1 = 37386.996 + (76.693 + 11.286) \times \cos 334°11'08''$$
$$= 37466.195(m)$$
$$y_P = y_1 + (T_2 + l)\sin A_1 = 61235.994 + (76.693 + 11.286) \times \sin 334°11'08''$$
$$= 61197.683(m)$$
$$\beta_P = A_1 = 334°11'08''$$

3.3 立交匝道的中线坐标计算

3.3.1 立交匝道的线形特点

互通式立体交叉是高速公路和城市快速道路必不可少的组成部分，其主要作用是实现道路之间空间交叉和行车方向的转换。汽车在立交匝道上行驶的过程是一个方向和车速不断变化过程，匝道的平面线形必然要适应这种过程。除此之外，还要适应地形、地物的变化，因此，匝道的平面线形比道路主线要复杂（图3-12）。

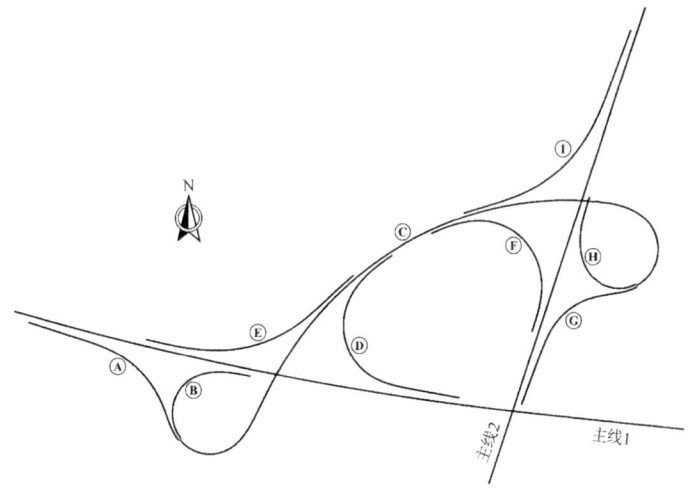

图3-12 典型的互通式立交匝道线形图

第 3 章 道路施工坐标放样的相关计算

匝道的平面线形要素仍然是直线、圆曲线和缓和曲线，但因匝道通常较短，难以争取到较长的直线段，故多以曲线为主，且曲线线形（圆曲线和缓和曲线）布置相当灵活，经常使用卵形曲线、多心复曲线、S 形曲线和复合型曲线，这些线形的设计与计算也相当复杂。传统的以直线为主的"导线法"很难构造互通式立交匝道所需求的变化多端的曲线组合线形，而采用以曲线为主的设计方法。

立交匝道的设计和计算一般都采用"积木法"进行，该方法把每条匝道都看成由一个个线形单元（以后简称"线元"）依次拼接而成的，线形单元包括直线单元、圆曲线单元和缓和曲线单元。只要已知匝道的起点信息或匝道的终点信息（如曲率半径、坐标值及切线方位角等），对于任一线形单元，只要给定必要的线形参数，从匝道的起点开始，利用上述三种曲线单元之一逐段向前拼接，像搭积木一样构造出理想的匝道平面线形，如图 3-13 所示。一般将每个曲线单元（圆曲线单元、缓和曲线单元）起终点切线的交点标记为 "PI"。

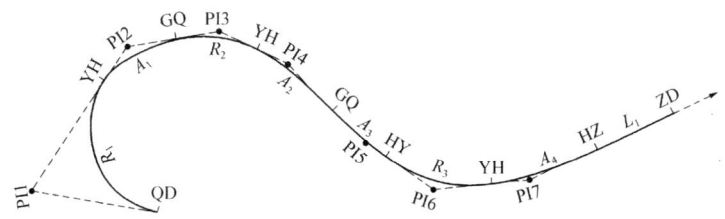

图 3-13　用积木法生成的立交匝道平面线形

立交匝道将每个线元作为单独的对象计算其要素和坐标，因此与道路主线的"交点法"相对应，称之为"线元法"。按照每个线元计算公式的一致性与否，又分为两种类型，一种是根据不同的线元采用不同的计算公式，另一种是不论何种线元，均采用统一的计算公式。

3.3.2　不同线单元要素与坐标的计算

1. 直线单元的计算

如图 3-14 所示，已知直线单元的起点坐标 $O(x_0, y_0)$、起点切线方位角 α_0、直线单元长度 L。

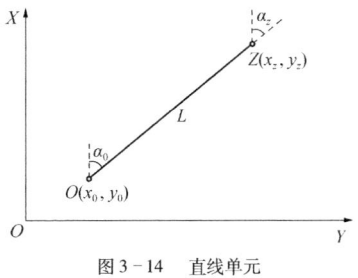

图 3-14　直线单元

直线单元的终点坐标 $Z(x_z, y_z)$、终点切线方位角 α_z 计算如下:

$$\alpha_z = \alpha_0 \qquad (3-31)$$

$$\left. \begin{array}{l} x_z = x_0 + L \cdot \cos\alpha_0 \\ y_z = y_0 + L \cdot \sin\alpha_0 \end{array} \right\} \qquad (3-32)$$

2. 圆曲线单元的计算

如图 3-15 所示,已知圆曲线单元的起点坐标 $O(x_0, y_0)$、起点切线方位角 α_0、圆曲线半径 R、圆曲线单元长度 L 及偏转方向参数 I(曲线左偏,$I=-1$;曲线右偏,$I=1$)。

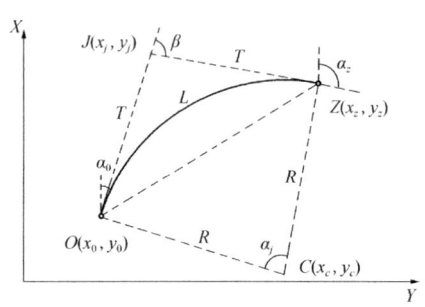

图 3-15 圆曲线单元

圆曲线单元的终点坐标 $Z(x_z, y_z)$、终点切线方位角 α_z 及其他要素计算如下:
(1) 圆弧角(回转角)$\alpha_j(\beta)$:

$$\alpha_j = \beta = \frac{L}{R} \qquad (3-33)$$

(2) 圆心坐标 $C(x_c, y_c)$:

$$\left. \begin{array}{l} x_c = x_0 + R \cdot \cos\left(\alpha_0 + I \cdot \dfrac{\pi}{2}\right) \\ y_c = y_0 + R \cdot \sin\left(\alpha_0 + I \cdot \dfrac{\pi}{2}\right) \end{array} \right\} \qquad (3-34)$$

(3) 切线长 T:

$$T = R \cdot \tan\left(\frac{\alpha_j}{2}\right) \qquad (3-35)$$

(4) 切线交点坐标 $J(x_j, y_j)$:

$$\left. \begin{array}{l} x_j = x_0 + T \cdot \cos\alpha_0 \\ y_j = y_0 + T \cdot \sin\alpha_0 \end{array} \right\} \qquad (3-36)$$

(5) 终点坐标 $Z(x_z, y_z)$:

$$\left. \begin{array}{l} x_z = x_c + R \cdot \cos\left[\alpha_0 - I \cdot \left(\dfrac{\pi}{2} - \alpha_j\right)\right] \\ y_z = y_c + R \cdot \sin\left[\alpha_0 - I \cdot \left(\dfrac{\pi}{2} - \alpha_j\right)\right] \end{array} \right\} \qquad (3-37)$$

或

$$x_z = x_j + T \cdot \cos(\alpha_0 + I \cdot \beta) \\ y_z = y_j + T \cdot \sin(\alpha_0 + I \cdot \beta) \Big\} \quad (3-38)$$

(6) 终点切线方位角 α_z：

$$\alpha_z = \alpha_0 + I \cdot \beta \quad (3-39)$$

3. 回旋曲线单元的计算

如图 3-16 所示，已知回旋曲线单元的起点坐标 $O(x_0,y_0)$、起点切线方位角 α_0、回旋曲线起点半径 R_0、回旋曲线单元长度 L、回旋曲线参数 A 及偏转方向参数 I（曲线左偏，$I=-1$；曲线右偏，$I=1$）。

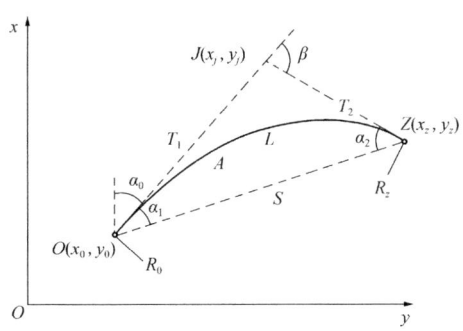

图 3-16 回旋曲线单元

为了能处理回旋曲线的所有情况，采用部分回旋曲线坐标计算公式进行计算。
回旋曲线单元的终点坐标 $Z(x_z,y_z)$、终点切线方位角 α_z 及其他要素计算如下：

(1) 回旋曲线终点半径 R_z。回旋曲线起终点半径 R_0、R_z、回旋曲线单元长度 L、回旋曲线参数 A 等四个参数之间的关系是：

$$A = \sqrt{\frac{L \cdot R_0 \cdot R_z}{\Delta R}} \quad (3-40)$$

在其中任何一个参数未知的情况下，都可用式（3-40）推算出来。而在所有四个参数都已知的情况下，式（3-40）则可用于检查与验证设计参数。
由此，当 $R_z > R_0$ 时：

$$R_z = \frac{R_0 \cdot A^2}{A^2 - R_0 \cdot L} \quad (3-41)$$

而当 $R_z < R_0$ 时：

$$R_z = \frac{R_0 \cdot A^2}{A^2 + R_0 \cdot L} \quad (3-42)$$

(2) 回转角 β。回旋曲线起终点距回旋曲线原点之间的曲线长度 L_0、L_z 以及它们的回旋角 τ_0、τ_z 分别为：

$$L_0 = \frac{A^2}{R_0},\ L_z = \frac{A^2}{R_Z} = L_0 + L \quad (3-43)$$

$$\tau_0 = \frac{A^2}{2 \cdot R_0^2}, \tau_z = \frac{A^2}{2 \cdot R_z^2} \qquad (3-44)$$

则回旋曲线的回转角为：

$$\beta = |\tau_z - \tau_0| = \left| \frac{A^2}{2 \cdot R_z^2} - \frac{A^2}{2 \cdot R_0^2} \right| \qquad (3-45)$$

(3) 切线长 T_1、T_2。根据 A 和 L_0，利用回旋曲线参数方程式（3-6）或式（3-7）可求得回旋曲线单元起点的局部坐标（x'_0, y'_0）：

$$\left. \begin{array}{l} x'_0 = L_0 - \dfrac{L_0^5}{40A^4} + \dfrac{L_0^9}{3456A^8} \\ y'_0 = \dfrac{L_0^3}{6A^2} - \dfrac{L_0^7}{336A^6} + \dfrac{L_0^{11}}{42240A^{10}} \end{array} \right\} \qquad (3-46)$$

同理，根据 A 和 L_z 可求得回旋曲线单元终点的局部坐标（x'_z, y'_z）。则：

$$S = \sqrt{(x'_z - x'_0)^2 + (y'_z - y'_0)^2} \qquad (3-47)$$

$$\alpha_1 = \left| \arctan \frac{y'_z - y'_0}{x'_z - x'_0} - \tau_0 \right| \qquad (3-48)$$

$$\alpha_2 = \beta - \alpha_1 \qquad (3-49)$$

利用正弦定理可求出切线长 T_1、T_2 为：

$$T_1 = S \cdot \frac{\sin\alpha_2}{\sin\beta}, \ T_2 = S \cdot \frac{\sin\alpha_1}{\sin\beta} \qquad (3-50)$$

(4) 切线交点坐标 $J(x_j, y_j)$：

$$\left. \begin{array}{l} x_j = x_0 + T_1 \cdot \cos\alpha_0 \\ y_j = y_0 + T_1 \cdot \sin\alpha_0 \end{array} \right\} \qquad (3-51)$$

(5) 终点坐标 $Z(x_z, y_z)$：

$$\left. \begin{array}{l} x_z = x_j + T_2 \cdot \cos(\alpha_0 + I \cdot \beta) \\ y_z = y_j + T_2 \cdot \sin(\alpha_0 + I \cdot \beta) \end{array} \right\} \qquad (3-52)$$

(6) 终点切线方位角 α_z：

$$\alpha_z = \alpha_0 + I \cdot \beta \qquad (3-53)$$

以上公式是不完整回旋曲线的坐标计算公式，在实际应用中，可将完整回旋曲线当成不完整回旋曲线的特殊情况处理，即当 $R_0 = \infty$ 或 $R_z = \infty$ 的情形。

3.3.3 线元要素与坐标的统一计算公式

1. 曲线上任意点的切线方位角计算

如图 3-17 所示，设回旋曲线起点 A 的曲率为 ρ_A，其里程为 K_A；回旋曲线终点 B 的曲率为 ρ_B，其里程为 K_B。$x'-A-y'$ 表示以 A 为坐标原点，以 A 点切线为 x' 轴的局部坐标系；$x-O-y$ 为路线整体坐标系。

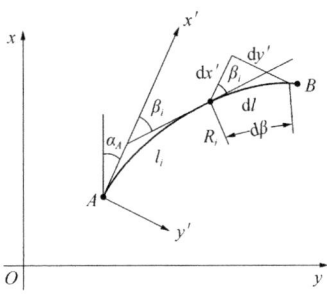

图 3-17 曲线元上任意点坐标计算图式

由于回旋曲线上各点曲率半径 R_i 和该点离曲线起点的距离 l_i 成反比,故该回旋曲线上任意点的曲率为:

$$\rho_i = \frac{1}{R_i} = \frac{L_i}{c} \quad (c\text{ 为常数}) \quad (3-54)$$

由式(3-54)可知,回旋曲线上任意点的曲率按线性变化,由此回旋曲线上里程为 K_i 点的曲率为:

$$\rho_i = \rho_A + \frac{\rho_B - \rho_A}{L} \cdot l_i \quad (3-55)$$

式中,$L = K_B - K_A$,为回旋曲线长度;$l_i = K_i - K_A$,为任意点距回旋曲线起点的长度。
当曲线右偏时,ρ_A、ρ_B 取正;当曲线左偏时,ρ_A、ρ_B 取负。
在图 3-17 中有:

$$\left. \begin{array}{l} \mathrm{d}\beta = \dfrac{1}{R_i}\mathrm{d}l = \rho_i \mathrm{d}l \\ \beta_i = \int_0^{l_i} \rho_i \mathrm{d}l \end{array} \right\} \quad (3-56)$$

将式(3-55)代入式(3-56)得:

$$\begin{aligned} \beta_i &= \int_0^{l_i} \rho_i \mathrm{d}l = \int_0^{l_i}\left(\rho_A + \frac{\rho_B - \rho_A}{L} \cdot l\right)\mathrm{d}l \\ &= \rho_A \cdot l_i + (\rho_B - \rho_A) \cdot \frac{l_i^2}{2L} \\ &= \frac{\rho_A + \rho_i}{2} \cdot l_i \end{aligned} \quad (3-57)$$

对于式(3-57),当回旋曲线起点连接直线($\rho_A = 0$)且 $l_i = l_s$,即任意点为完整回旋曲线终点时:

$$\beta = \frac{l_s}{2R} \quad (3-58)$$

式(3-58)即为缓和曲线角的计算公式。
若已知回旋曲线起点 A 在线路坐标系下切线坐标方位角 α_A,则里程为 K_i 点切线坐标方位角为:

107

$$\alpha_i = \alpha_A + \beta_i \tag{3-59}$$

将式（3-57）代入式（3-59）得：

$$\alpha_i = \alpha_A + \rho_A \cdot l_i + (\rho_B - \rho_A) \cdot \frac{l_i^2}{2L} = \alpha_A + \frac{\rho_i + \rho_A}{2} \cdot l_i \tag{3-60}$$

对于式（3-60）：

（1）当 $\rho_A = 0$，$\rho_B = 0$ 时，$\rho_i = 0$，则 $\alpha_i = \alpha_A$，式（3-60）变成计算直线段上任意点切线坐标方位角计算公式。

（2）当 $\rho_A = 1/R$，$\rho_B = 1/R$ 时，$\rho_i = 1/R$，则 $\alpha_i = \alpha_A + \dfrac{l_i}{R}$，式（3-60）代表圆曲线上任意点切线坐标方位角计算公式。

式（3-60）抓住了各种曲线元的共性，因此从式（3-60）出发推导的各种公式具有通用性。若已知曲线段起点和终点的曲率及起点的切线坐标方位角，式（3-60）便能计算任意线元点位的切线坐标方位角。

2. 曲线上任意点的坐标计算

由图 3-17 可得回旋曲线上点位在 $x'-A-y'$ 局部坐标系下的坐标计算公式：

$$\left.\begin{array}{l}dx' = dl\cos\beta_i \\ dy' = dl\sin\beta_i\end{array}\right\} \Rightarrow \left.\begin{array}{l}x'_i = \int_0^{l_i}\cos\beta_i dl \\ y'_i = \int_0^{l_i}\sin\beta_i dl\end{array}\right\} \tag{3-61}$$

设回旋曲线起点 A 在路线整体坐标系 $x-O-y$ 下的坐标为 (x_A, y_A)，则回旋曲线上任意点在路线整体坐标系 $x-O-y$ 下的坐标为：

$$\left.\begin{array}{l}x_i = x_A + \int_0^{l_i}\cos\alpha_i dl \\ y_i = y_A + \int_0^{l_i}\sin\alpha_i dl\end{array}\right\} \tag{3-62}$$

虽然式（3-62）是由回旋曲线导出的，但通过前面所述设置相应的 ρ_A、ρ_B 值，也同样适用于直线段和圆曲线段的计算。

卡西欧 fx-4500P/4800P/4850P/5800P 型可编程函数计算器均具有定积分函数的计算功能，因此使用以上计算器来计算匝道中线的坐标非常方便。结合式（3-60）和式（3-62），积分函数可表达为：

$$\left.\begin{array}{l}x_i = x_A + \int_0^{l_i}\cos\left[\alpha_A + \rho_A \cdot l + (\rho_B - \rho_A) \cdot \dfrac{l^2}{2L}\right]dl \\ y_i = y_A + \int_0^{l_i}\sin\left[\alpha_A + \rho_A \cdot l + (\rho_B - \rho_A) \cdot \dfrac{l^2}{2L}\right]dl\end{array}\right\} \tag{3-63}$$

以上公式计算过程简洁，适用于复杂线形组合的道路中线及立交匝道的中桩坐标计算，但缺点是存在比较复杂的积分运算。

【例 3-4】 根据例 3-1 的立交匝道局部线形示意图（图 3-6），从设计图表上可查得 B 匝道起点 BK0+000（YH 点）坐标为 $X = 2807694.836$，$Y = 475864.056$，切线方位角为 $266°51'11.4''$，BK0+117.416（HY 点）坐标为 $X = 2807695.640$，$Y = 475746.696$，切线方位角为 $272°43'20.7''$。试使用卡西欧 fx-5800P 计算器的积分功能，计算或验证：

第3章 道路施工坐标放样的相关计算

（1） BK0 + 117.416 的坐标及切线方位角；
（2） BK0 + 100 的坐标及切线方位角。
解：（1）验证 BK0 + 117.416 的坐标及切线方位角。
设 BK0 + 000 相关参数的下标为 A，BK0 + 117.416 相关参数的下标为 B，可得：
$\alpha_A = 266°51'11.4'' = 266.8531667° = 4.6574664$ rad
$L = 117.416 - 0 = 117.416$ (m)，$l_B = L = 117.416$ (m)
计算 BK0 + 117.416 的切线方位角：

$$\alpha_B = \alpha_A + \rho_A \cdot l_B + (\rho_B - \rho_A) \cdot \frac{l_B^2}{2L}$$

$$= 4.6574664 + \frac{1}{708.449} \times 117.416 + \left(\frac{1}{3000} - \frac{1}{708.449}\right) \times \frac{117.416^2}{2 \times 117.416}$$

$$= 4.759904 \text{rad} = 272°43'20.68''$$

计算 BK0 + 117.416 的坐标：

$$x_B = x_A + \int_0^{l_B} \cos\left[\alpha_A + \rho_A \cdot l + (\rho_B - \rho_A) \cdot \frac{l^2}{2L}\right] dl$$

$$= 2807694.836 + \int_0^{117.416} \cos\left[4.6574664 + \frac{l}{708.449} + \left(\frac{1}{3000} - \frac{1}{708.449}\right) \times \frac{l^2}{2 \times 117.416}\right] dl$$

$$= 2807694.836 + \int_0^{117.416} \cos(4.6574664 + 0.001411534l - 0.00000459l^2) dl$$

$$= 2807695.640 \text{ (m)}$$

$$y_B = y_A + \int_0^{l_B} \sin\left[\alpha_A + \rho_A \cdot l + (\rho_B - \rho_A) \cdot \frac{l^2}{2L}\right] dl$$

$$= 475864.056 + \int_0^{117.416} \sin(4.6574664 + 0.001411534l - 0.00000459l^2) dl$$

$$= 475746.695 \text{ (m)}$$

以上积分可使用 fx-5800P 计算器的积分函数功能进行计算。以计算 x_1 坐标为例，使用 fx-5800P 计算器的积分函数功能进行计算的按键操作流程是：

第一步：设定当前角度缺省单位为弧度（rad），按键：[SHIFT][MODE][4]，此时屏幕状态栏显示 R。

第二步：输入积分表达式，按键（线性格式）：2807694.836 [+] [FUNCTION] [1] [1] [cos] 4.6574664 [+] 0.001411534 [ALPHA] [X] [−] 0.00000459 [ALPHA] [X] [x^2] [)] [,] 0 [,] 117.416 [)]，屏幕显示为：
2807694.836 + ∫(cos(4.6574664 + 0.001411534X − 0.00000459X²),0,117.416)

第三步：按 [EXE] 键执行表达式计算，等待 1～2s 后，屏幕上显示计算结果：2807695.64。

以上的计算结果与设计文件中 BK0 + 117.416 的相关参数一致，验证无误，从而可以确定例 3 − 1 中 $R_1 = 708.449$ m，$R_2 = 3000$ m 的结果无误。

（2） 求 BK0 + 100 处的坐标及切线方位角。
设 BK0 + 100 相关参数的下标为 C，则：
$l_C = 100 - 0 = 100$ (m)
求切线方位角：

$$\alpha_C = \alpha_A + \rho_A \cdot l_C + (\rho_B - \rho_A) \cdot \frac{l_C^2}{2L}$$

$$= 4.6574664 + \frac{1}{708.449} \times 100 + \left(\frac{1}{3000} - \frac{1}{708.449}\right) \times \frac{100^2}{2 \times 117.416}$$

$$= 4.7527061(\text{rad}) = 272°18'36''$$

求坐标：

$$x_C = x_A + \int_0^{l_C} \cos\left[\alpha_A + \rho_A \cdot l + (\rho_B - \rho_A) \cdot \frac{l^2}{2L}\right] dl$$

$$= 2807694.836 + \int_0^{100} \cos\left[4.6574664 + \frac{l}{708.449} + \left(\frac{1}{3000} - \frac{1}{708.449}\right) \times \frac{l^2}{2 \times 117.416}\right] dl$$

$$= 2807694.836 + \int_0^{100} \cos(4.6574664 + 0.001411534l - 0.00000459l^2) dl$$

$$= 2807694.872 \text{ (m)}$$

$$y_C = y_A + \int_0^{l_C} \sin\left[\alpha_A + \rho_A \cdot l + (\rho_B - \rho_A) \cdot \frac{l^2}{2L}\right] dl$$

$$= 475864.056 + \int_0^{100} \sin(4.6574664 + 0.001411534l - 0.00000459l^2) dl$$

$$= 475764.094 \text{ (m)}$$

3.3.4 路线坐标积分计算的数值算法

线元要素与坐标的统一计算公式涉及积分的计算，这在使用计算机编程计算时是一个难点，因为计算机程序不像 fx-5800P 计算器那样有内置的积分函数，而是需要通过一定的数值计算方法编程实现。

下面介绍两种比较常见的路线坐标求积分的数值计算方法。

1. 复化 Simpson 公式

根据复化 Simpson 法的基本原理，积分式（3-62）的复化 Simpson 公式可表述如下：

将积分区间 $[0, l_i]$ 划分为 $n = 2m$ 等分，步长为 $h = l_i / n$，则：

$$l_k = k \cdot h, \quad k = 0, 1, 2, \cdots, n \tag{3-64}$$

设：$\alpha_k = \alpha_A + \rho_A \cdot l_k + (\rho_B - \rho_A) \cdot \frac{l_k^2}{2L}$

则式（3-62）的复化 Simpson 公式为：

$$\left.\begin{array}{l} x_i \approx x_A + \dfrac{h}{3} \cdot \left[\cos\alpha_A + \cos\alpha_i + 4 \sum\limits_{j=1}^{m} \cos\alpha_{2j-1} + 2 \sum\limits_{j=1}^{m-1} \cos\alpha_{2j}\right] \\ y_i \approx y_A + \dfrac{h}{3} \cdot \left[\sin\alpha_A + \sin\alpha_i + 4 \sum\limits_{j=1}^{m} \sin\alpha_{2j-1} + 2 \sum\limits_{j=1}^{m-1} \sin\alpha_{2j}\right] \end{array}\right\} \tag{3-65}$$

分段数 n 为偶数，它的取值需要满足坐标计算精度的要求，道路工程中坐标计算精度一般要达到 1mm。按照这一原则，一般道路主线可取 $n = 4$，而对于道路互通立交匝道的某些特殊线形，应取 $n = 6$ 甚至更高。在编程计算时，对 m 的取值可从 1 开始，逐步加 1，直到前后两次的计算值小于某个限定值（如 0.0001）为止，因此其计算结果的精度可由程序自动控制。

【例 3-5】 根据例 3-1、例 3-4 的立交匝道相关图表和数据，要求用五点复化 Simpson 公式来计算 BK0 + 100 的坐标。

解：五点复化 Simpson 公式中 $m = 2$，$n = 2m = 4$，$h = \dfrac{l_C}{2m} = \dfrac{100}{2 \times 2} = 25$（m），求积结点：

$$l_k = kh, k = 0, 1, 2, 3, 4$$

由 $\alpha_k = \alpha_A + \rho_A \cdot l_k + (\rho_B - \rho_A) \cdot \dfrac{l_k^2}{2L}$ 得：

$\alpha_0 = \alpha_A = 4.6574664$（rad）

$\alpha_1 = \alpha_A + \rho_A \cdot l_1 + (\rho_B - \rho_A) \cdot \dfrac{l_1^2}{2L}$

$= 4.6574664 + \dfrac{1}{708.449} \times 25 + \left(\dfrac{1}{3000} - \dfrac{1}{708.449}\right) \times \dfrac{25^2}{2 \times 117.416}$

$= 4.689885$（rad）

$\alpha_2 = \alpha_A + \rho_A \cdot l_2 + (\rho_B - \rho_A) \cdot \dfrac{l_2^2}{2L}$

$= 4.6574664 + \dfrac{1}{708.449} \times 50 + \left(\dfrac{1}{3000} - \dfrac{1}{708.449}\right) \times \dfrac{50^2}{2 \times 117.416}$

$= 4.7165647$（rad）

同理，可求得：$\alpha_3 = 4.737505$（rad），$\alpha_4 = \alpha_C = 4.7527061$（rad）

则：

$x_C = x_A + \dfrac{h}{3} \cdot \left[\cos\alpha_A + \cos\alpha_C + 4 \cdot \sum_{j=1}^{2} \cos\alpha_{2j-1} + 2 \cdot \sum_{j=1}^{1} \cos\alpha_{2j}\right]$

$= x_A + \dfrac{h}{3} \cdot \left[\cos\alpha_A + \cos\alpha_C + 4 \cdot (\cos\alpha_1 + \cos\alpha_3) + 2 \cdot \cos\alpha_2\right]$

$= 2807694.836 + \dfrac{25}{3} \times [\cos 4.6574664 + \cos 4.7527061 + 4 \times$

$(\cos 4.689885 + \cos 4.737505) + 2 \times \cos 4.7165647]$

$= 2807694.871$（m）

$y_C = y_A + \dfrac{h}{3} \cdot \left[\sin\alpha_A + \sin\alpha_C + 4 \cdot \sum_{j=1}^{2} \sin\alpha_{2j-1} + 2 \cdot \sum_{j=1}^{1} \sin\alpha_{2j}\right]$

$= y_A + \dfrac{h}{3} \cdot \left[\sin\alpha_A + \sin\alpha_C + 4 \cdot (\sin\alpha_1 + \sin\alpha_3) + 2 \cdot \sin\alpha_2\right]$

$= 475864.056 + \dfrac{25}{3} \times [\sin 4.6574664 + \sin 4.7527061 + 4 \times$

$(\sin 4.689885 + \sin 4.737505) + 2 \times \sin 4.7165647]$

$= 475764.094$（m）

计算结果与例 3-4 计算结果一致。

2. Gauss-Legendre 公式

Gauss-Legendre 公式的积分区间要求是 [-1, 1]，但对于积分式（3-63），由于积分区间不是 [-1, 1]，因此需进行变量置换：

$$l = \frac{l_i}{2} + \frac{l_i}{2} \cdot z = l_i \cdot \frac{z+1}{2} \tag{3-66}$$

则积分式（3-63）可变换为：

$$\left.\begin{array}{l} x_i = x_A + \dfrac{l_i}{2} \cdot \int_{-1}^{1} \cos\left[\alpha_A + \rho_A \cdot l_i \cdot \dfrac{z+1}{2} + (\rho_B - \rho_A) \cdot \dfrac{l_i^2}{2L} \cdot \left(\dfrac{z+1}{2}\right)^2\right] \mathrm{d}z \\ y_i = y_A + \dfrac{l_i}{2} \cdot \int_{-1}^{1} \sin\left[\alpha_A + \rho_A \cdot l_i \cdot \dfrac{z+1}{2} + (\rho_B - \rho_A) \cdot \dfrac{l_i^2}{2L} \cdot \left(\dfrac{z+1}{2}\right)^2\right] \mathrm{d}z \end{array}\right\} \tag{3-67}$$

容易得出，积分式（3-63）的 Gauss – Legendre 公式为：

$$\left.\begin{array}{l} x_i \approx x_A + \dfrac{l_i}{2} \cdot \sum_{k=1}^{n} A_k \cdot \cos\left[\alpha_A + \rho_A \cdot l_i \cdot \dfrac{z_k+1}{2} + (\rho_B - \rho_A) \cdot \dfrac{l_i^2}{2L} \cdot \left(\dfrac{z_k+1}{2}\right)^2\right] \\ y_i \approx y_A + \dfrac{l_i}{2} \cdot \sum_{k=1}^{n} A_k \cdot \sin\left[\alpha_A + \rho_A \cdot l_i \cdot \dfrac{z_k+1}{2} + (\rho_B - \rho_A) \cdot \dfrac{l_i^2}{2L} \cdot \left(\dfrac{z_k+1}{2}\right)^2\right] \end{array}\right\} \tag{3-68}$$

式中，求积结点 z_k 和求积系数 A_k 两个参数需要根据求积结点数 n 通过查表得到（见参考文献［18］）：

表 3 – 2　Gauss-Legendre 求积公式计算参数 1

n	z_k	A_k	n	z_k	A_k
1	0	2	7	±0. 949 107 912 3	0. 129 484 966 2
2	±0. 577 350 269 2	1		±0. 741 531 185 6	0. 279 705 391 5
3	±0. 774 596 669 20	0. 555 555 555 6 0. 888 888 888 9		±0. 405 845 151 4 0	0. 381 830 050 5 0. 417 959 183 7
4	±0. 861 136 311 6 ±0. 339 981 043 6	0. 347 854 845 1 0. 652 145 154 9	8	±0. 960 289 856 5 ±0. 796 666 477 4	0. 101 228 536 3 0. 222 381 034 5
5	±0. 906 179 845 9 ±0. 538 469 310 1 0	0. 236 926 885 1 0. 478 628 670 5 0. 568 888 888 9		±0. 525 532 409 9 ±0. 183 434 642 5	0. 313 706 645 9 0. 362 683 783 4
6	±0. 932 469 514 2 ±0. 661 209 386 5 ±0. 238 619 186 1	0. 171 324 492 4 0. 360 761 573 0 0. 467 913 934 6	9	±0. 968 160 239 5 ±0. 836 031 107 3 ±0. 613 371 432 7 ±0. 324 253 423 4 0	0. 081 274 388 4 0. 180 648 160 7 0. 260 610 696 4 0. 312 347 077 0 0. 330 239 355 0

为简化公式，设 $t_k = \dfrac{z_k + 1}{2}$，$R_k = \dfrac{A_k}{2}$，则式（3-68）变为：

$$\left.\begin{array}{l} x_i \approx x_A + l_i \cdot \sum_{k=1}^{n} R_k \cdot \cos\left[\alpha_A + \rho_A \cdot l_i \cdot t_k + \dfrac{\rho_B - \rho_A}{2L} \cdot l_i^2 \cdot t_k^2\right] \\ y_i \approx y_A + l_i \cdot \sum_{k=1}^{n} R_k \cdot \sin\left[\alpha_A + \rho_A \cdot l_i \cdot t_k + \dfrac{\rho_B - \rho_A}{2L} \cdot l_i^2 \cdot t_k^2\right] \end{array}\right\} \tag{3-69}$$

相应地，t_k 和 R_k 两个参数则变换为（见表 3-3）：

第3章 道路施工坐标放样的相关计算

表3-3 Gauss-Legendre 求积公式计算参数2

n	t_k	R_k	n	t_k	R_k
1	0.5	1	7	0.974 553 956 2	0.064 742 483 1
2	0.211 324 865 4	0.5		0.025 446 043 9	0.064 742 483 1
	0.788 675 134 6	0.5		0.870 765 592 8	0.139 852 695 8
3	0.112 701 665 4	0.277 777 777 8		0.129 234 407 2	0.139 852 695 8
	0.5	0.444 444 444 4		0.702 922 575 7	0.190 915 025 3
	0.887 298 334 6	0.277 777 777 8		0.297 077 424 3	0.190 915 025 3
				0.5	0.208 979 591 9
4	0.069 431 844 2	0.173 927 422 6	8	0.980 144 928 3	0.050 614 268 2
	0.330 009 478 2	0.326 072 577 4		0.019 855 071 8	0.050 614 268 2
	0.669 990 521 8	0.326 072 577 4		0.898 333 238 7	0.111 190 517 3
	0.930 568 155 8	0.173 927 422 6		0.101 666 761 3	0.111 190 517 3
5	0.953 089 923 0	0.118 463 442 6		0.762 766 205 0	0.156 853 323 0
	0.046 910 077 1	0.118 463 442 6		0.237 233 795 1	0.156 853 323 0
	0.769 234 655 1	0.239 314 335 3		0.591 717 321 3	0.181 341 891 7
	0.230 765 345 0	0.239 314 335 3		0.408 282 678 8	0.181 341 891 7
	0.5	0.284 444 444 5			
6	0.966 234 757 1	0.085 662 246 2	9	0.984 080 119 8	0.040 637 194 2
	0.033 765 242 9	0.085 662 246 2		0.015 919 880 3	0.040 637 194 2
	0.830 604 693 3	0.180 380 786 5		0.918 015 553 7	0.090 324 080 4
	0.169 395 306 8	0.180 380 786 5		0.081 984 446 4	0.090 324 080 4
	0.619 309 593 1	0.233 956 967 3		0.806 685 716 4	0.130 305 348 2
	0.380 690 407 0	0.233 956 967 3		0.193 314 283 7	0.130 305 348 2
				0.662 126 711 7	0.156 173 538 5
				0.337 873 288 3	0.156 173 538 5
				0.5	0.165 119 677 5

关于 Gauss-Legendre 公式结点数 n 的取值，同样应满足计算精度的要求，一般道路主线和立交匝道的计算取 $n = 2$，可满足 1mm 的计算精度。但对于道路互通立交匝道中的某些特殊线形（缓和曲线较长，半径相对较小），则计算误差会较大，这种情况可取 $n = 3$ 或 $n = 4$。当取 $n = 4$ 时，基本可满足各种线形的计算精度要求。

相比于复化 Simpson 求积公式，使用 Gauss-Legendre 求积公式的明显优点在于能使用较少的结点获得高精度的计算结果，因而可减少计算量，提高计算速度。这个公式的缺点在于需要查表确定有关计算参数。

【例3-6】 根据例3-1、例3-4的立交匝道相关图表和数据，要求用两点 Gauss-Legendre 公式来计算 BK0+100 的坐标。

解：

$$x_C = x_A + l_C \cdot \sum_{k=1}^{2} R_k \cos\left[\alpha_A + \rho_A \cdot l_C \cdot t_k + \frac{\rho_B - \rho_A}{2L} \cdot l_C^2 \cdot t_k^2\right]$$

$= 2807694.836 + 100 \times 0.5 \times$

$\cos\left[4.6574664 + \dfrac{100 \times 0.2113248654}{708.449} + \left(\dfrac{1}{3000} - \dfrac{1}{708.449}\right) \times \dfrac{(100 \times 0.2113248654)^2}{2 \times 117.416}\right]$

$+ 100 \times 0.5 \times$

$\cos\left[4.6574664 + \dfrac{100 \times 0.7886751346}{708.449} + \left(\dfrac{1}{3000} - \dfrac{1}{708.449}\right) \times \dfrac{(100 \times 0.7886751346)^2}{2 \times 117.416}\right]$

$= 2807694.836 - 1.357 + 1.392$

$= 2807694.871(\text{m})$

$$y_C = y_A + l_C \cdot \sum_{k=1}^{2} R_k \sin\left[\alpha_A + \rho_A \cdot l_C \cdot t_k + \frac{\rho_B - \rho_A}{2L} \cdot l_C^2 \cdot t_k^2\right]$$

$= 475864.056 + 100 \times 0.5 \times$

$\sin\left[4.6574664 + \dfrac{100 \times 0.2113248654}{708.449} + \left(\dfrac{1}{3000} - \dfrac{1}{708.449}\right) \times \dfrac{(100 \times 0.2113248654)^2}{2 \times 117.416}\right]$

$+ 100 \times 0.5 \times$

$\sin\left[4.6574664 + \dfrac{100 \times 0.7886751346}{708.449} + \left(\dfrac{1}{3000} - \dfrac{1}{708.449}\right) \times \dfrac{(100 \times 0.7886751346)^2}{2 \times 117.416}\right]$

$= 475864.056 - 49.982 - 49.981$

$= 475764.093(\text{m})$

计算结果与例3-4、例3-5的计算结果一致。

3.4 道路中线外点的定位计算

道路施工放样，除了要计算道路中线坐标以外，还通常要处理道路中线以外的点的定位问题，如道路边桩放样、路基坡口坡脚的确定、涵洞洞口放样、桥墩放样、路线外重要构造物寻求对应道路中线桩号与距离。以上各种实际应用，都可归结为道路中线外一点的定位计算问题，它包括两个问题：

（1）已知路线外某点对应的桩号、距离、转角（通常与路线正交），计算该点的坐标。上述道路边桩放样、路基坡口坡脚的确定、涵洞洞口放样、桥墩放样等都属于这个问题。

（2）已知路线外某定点的坐标，反求该点对应的道路中桩桩号以及相对位置信息（在路线的哪一侧、距道路中线的距离等）。上述的路线外重要构造物寻求对应道路中线桩号与距离就属于这个问题，有时确定路基坡口坡脚位置时也包含这个问题。

3.4.1 道路中线外一点的坐标计算

通常，道路边桩放样、桥涵等结构物放样等工作中，都要进行道路中线某一特定桩号外一点的坐标计算。

这个问题的计算比较简单，如图3-18所示，道路中线上某一桩号 A 的坐标为 (x_A, y_A)，其切线方位角为 α，对应于桩号 A 外分别有一点 B（路线右侧）和 C（路线左侧），

已知 B 点和 C 点距中桩点 A 的距离分别为 d_1,d_2,右转角为 β,需要求 B、C 点的坐标(x_B, y_B) 和 (x_C, y_C)。

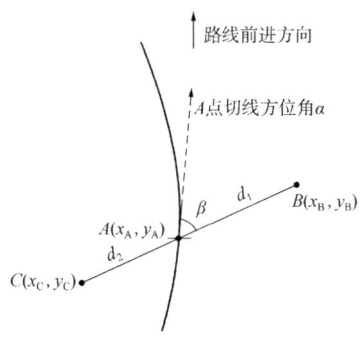

图 3 – 18　道路中线外一点坐标计算示意图

计算公式为:
路线右侧外一点坐标:

$$\left.\begin{array}{l} x_B = x_A + d_1 \cdot \cos(\alpha + \beta) \\ y_B = y_A + d_1 \cdot \sin(\alpha + \beta) \end{array}\right\} \quad (3-70)$$

路线左侧外一点坐标:

$$\left.\begin{array}{l} x_C = x_A + d_2 \cdot \cos[\alpha - (180° - \beta)] \\ y_C = y_A + d_2 \cdot \sin[\alpha - (180° - \beta)] \end{array}\right\} \quad (3-71)$$

或

$$\left.\begin{array}{l} x_C = x_A - d_2 \cdot \cos(\alpha + \beta) \\ y_C = y_A - d_2 \cdot \sin(\alpha + \beta) \end{array}\right\} \quad (3-72)$$

【例 3 – 7】　对于例 3 – 2、例 3 – 3 的公路,已知公路路面宽度 $B = 7.5\mathrm{m}$,试求中桩 K6 + 960 对应的路面边桩坐标。

解:(1) 先计算中桩 K6 + 960 的中桩坐标和切线方位角。

由例 3 – 3 计算结果,中桩 K6 + 960 处于直线段上(无加宽),坐标 $x = 37466.195\ \mathrm{m}$, $y = 61197.683\ \mathrm{m}$,切线方位角 $\alpha = 334°11'08''$。

(2) 计算路面左右边桩坐标。

路面边桩均指对应中桩正交(90 度)位置上的点,因此,
路面左边桩坐标:

$x_Z = x - (B/2) \cdot \cos(\alpha + 90)$
$\quad = 37466.195 - (7.5/2) \cdot \cos(334°11'08'' + 90)$
$\quad = 37464.562\ (\mathrm{m})$

$y_Z = y - (B/2) \cdot \sin(\alpha + 90)$
$\quad = 61197.683 - (7.5/2) \cdot \sin(334°11'08'' + 90)$
$\quad = 61194.307\ (\mathrm{m})$

路面右边桩坐标：
$$x_Y = x + (B/2) \cdot \cos(\alpha + 90)$$
$$= 37466.195 + (7.5/2) \cdot \cos(334°11'08'' + 90)$$
$$= 37467.828 \text{ (m)}$$
$$y_Y = y + (B/2) \cdot \sin(\alpha + 90)$$
$$= 61197.683 + (7.5/2) \cdot \sin(334°11'08'' + 90)$$
$$= 61201.059 \text{ (m)}$$

【例 3-8】 对于例 3-2、例 3-3 的公路，中桩 K6+820 处有一斜交涵洞，斜交角是 80 度，涵洞左洞口沿轴线距中桩 9.35m，右洞口距中桩 10.38m，求涵洞左、右洞口的放样坐标。

解：(1) 先计算中桩 K6+820 的中桩坐标和切线方位角。

由例 3-2 计算结果，中桩 K6+820 的坐标 $x = 37334.575$ m，$y = 61243.133$ m，切线方位角 $\alpha = 351°36'41''$。

(2) 计算涵洞左右洞口的坐标。

涵洞左洞口坐标：
$$x_Z = x - B_Z \cdot \cos(\alpha + \beta)$$
$$= 37334.575 - 9.35 \cdot \cos(351°36'41'' + 80)$$
$$= 37331.625 \text{ (m)}$$
$$y_Z = y - B_Z \cdot \sin(\alpha + \beta)$$
$$= 61243.133 - 9.35 \cdot \sin(351°36'41'' + 80)$$
$$= 61234.260 \text{ (m)}$$

涵洞右洞口坐标：
$$x_Y = x + B_Y \cdot \cos(\alpha + \beta)$$
$$= 37334.575 + 10.38 \cdot \cos(351°36'41'' + 80)$$
$$= 37337.849 \text{ (m)}$$
$$y_Y = y + B_Y \cdot \sin(\alpha + \beta)$$
$$= 61243.133 + 10.38 \cdot \sin(351°36'41'' + 80)$$
$$= 61252.983 \text{ (m)}$$

3.4.2 由路线外一点反求桩号的计算

这个问题在有些文献中又称定点求桩、坐标反算、投影归算等，目的是确定路线外一点与道路中线之间的相对关系，是在道路全线内求解路线外的一个定点至道路中线之间距离最近点的桩号、距中线距离（含左右位置）。

路线定点求桩计算在工程实际中经常用到：

（1）在道路设计阶段，常需测定某些重要地物点与初步设计线路之间的相对关系，以便为线路最终设计提供准确的数值依据。

（2）道路施工前期，由于占地范围难以在拆迁前于实地标出，而需要在拆迁过程中快速确定地面点与线路的位置关系，以实时确定拆迁是否到位。

（3）道路施工阶段，放样边坡桩是施工测量一项工作量很大且直接影响工程进度的重要工作。随着全站仪的广泛应用,传统的边坡桩放样方法已逐渐被直接测设方法所代替,其实质就是通过测定边坡上的三维坐标,实时确定该点到线路中线的距离,通过与设计距离比较,将所放边桩调整到满足设计距离之处。可见,放样工作的核心即是路线定点求桩。

(4) 道路竣工阶段,通过测定边线或中线上的点,可以确定建成线路与设计线路的偏差,从而最终提供准确的验收数据。

由此可见,路线定点求桩这一基本内容贯穿于道路建设的全过程。

如图 3-19 所示,AB 为一已知曲线元,其起点为 A,终点为 B,P' 为路线外一已知点,P 点为 P' 对应在中线上的中桩点。定点求桩也就是根据 P' 点的坐标计算对应的中桩 P 的桩号 K_P 以及距中桩的距离 D_P,并判别 P' 点在路线的左侧还是右侧。

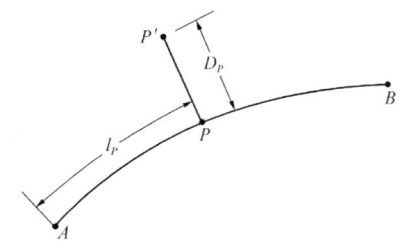

图 3-19 路线外一点与曲线元的相对关系

定点求桩归根结底可视同为求 l_P 和 D_P 两个参数。若 l_P 求得,根据线元起点 A 的桩号 K_A 可容易求得 P 点的桩号 K_P,而 D_P 作为 P' 点距曲线元的垂距,通过规定其数值的正负性来说明 P' 点在路线的左侧还是右侧,一般规定 D_P 为负值时,P' 点位于路线左侧,P' 为正值时位于路线右侧。

若线元是直线或者圆曲线,l_P 和 D_P 这两个参数可使用数学公式直接求得,而线元若是缓和曲线的话,便无法直接求得了,而需利用计算机的高速计算特性,采用逐步趋近的算法求得。为便于统一计算,这里不管何种线元,均采用逐步趋近的算法,它适用于三种线元的定点求桩计算。

如图 3-20 所示,已知曲线元起点 A 的坐标 (x_A,y_A),切线方位角 α_A,起点和终点的曲率 ρ_A、ρ_B,曲线元长度即 A 至 B 的弧长 L,路线外一点 P' 的坐标为 $(x_{P'}, y_{P'})$,现求 l_P 和 D_P 这两个参数。

在 l_P 和 D_P 两个参数中,如果已知 l_P,则可求得 P 点桩号并求得 P 点坐标 (x_P, y_P),从而 P 与 P' 间的距离 D_P 可方便求得,故问题的关键在于如何求解 l_P。

由图 3-20 可知,曲线元上的点有无穷多个,相应的垂线(即法线)也有无

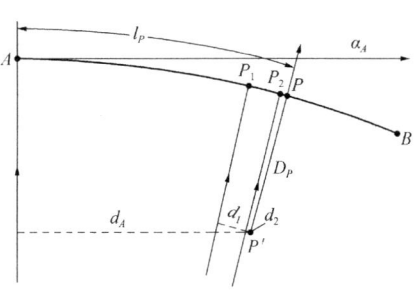

图 3-20 l_P 和 D_P 的计算原理

穷多个，但通过 P' 点的法线却是唯一的，因此只要 P' 点到曲线元上任一点的法线的垂距为 0，则问题即可求解。

这里规定通过曲线元上点的法线方位一律指向路线左边桩方向，即 $\alpha_{法} = \alpha_{切} - 90$。则 P' 点至曲线元上任一点法线的垂距 d 为：

$$d = (y_{P'} - y_i) \cdot \cos(\alpha_i - 90) - (x_{P'} - x_i) \cdot \sin(\alpha_i - 90) \quad (3-73)$$

下面介绍逐步趋近计算的步骤：

(1) 以曲线元起点 A 作为起算点，计算 x_A、y_A、α_A，并代替式（3-73）中的 x_i、y_i、α_i，可得 P' 点至 A 点法线的垂距 d_A。

(2) 以 d_A 作为 l_P 的近似值，可得曲线上一点 P_1，计算 x_{P1}、y_{P1}、α_{P1}，并代替式（3-73）中的 x_i、y_i、α_i，可得 P' 点至 P_1 点法线的垂距 d_1。

(3) 若 d_1 小于限差（一般取 0.001m），则以 $d_A + d_1$ 为所求 P' 点至 A 的弧长 l_P；如果 d_1 不满足限差要求，则以 $d_A + d_1$ 作为 l_P 新的近似值，得曲线上另一点 P_2，按前述方法计算 P' 点至 P_2 点法线的垂距 d_2。

(4) 若 d_2 小于限差，则以 $d_A + d_1 + d_2$ 为所求 P' 点至 A 的弧长 l_P，否则，重复以上步骤，直到 d_i 小于限差为止。

按以上计算步骤最终有：

$$l_P = d_A + \sum d_i \quad (3-74)$$

则对应的 P 点的桩号：

$$K_P = K_A + l_P \quad (3-75)$$

并可求得 P 点坐标 (x_P, y_P) 及切线方位角 α_P，则 P' 点距中桩距离为：

$$D_P = \frac{y_P - y_{P'}}{\sin(\alpha_P - 90)} \quad (3-76)$$

式（3-76）中，若计算结果为负值，表示 P' 点在路线左侧，若为正值，则表示 P' 点在路线右侧。

至此，问题得解。在卡西欧编程计算的具体应用中，为了简化程序并提高计算效率，一般需要用户估算并输入一个桩号作为起算点。

【例 3-9】 对于例 3-2、例 3-3 的公路，在路线外有一点 P'，坐标为 $x_{P'} = 37338.143$ m，$y_{P'} = 61230.961$ m，估计对应的中桩桩号是 K6+820，试根据 P' 点坐标反求对应的桩号及距中桩的位置（垂距限差取 0.005m）。

解：(1) 以估计的桩号 K6+820 为起算桩号，计算其坐标及切线方位角为（计算过程略）：

$x_1 = 37334.575$ m，$y_1 = 61243.133$ m，$\alpha_1 = 351°36'41''$

则 P' 点距 K6+820 法线的垂距：

$d_1 = (y_{P'} - y_1) \cdot \cos(\alpha_1 - 90) - (x_{P'} - x_1) \cdot \sin(\alpha_1 - 90)$
$= (61230.961 - 61243.133) \cdot \cos(351°36'41'' - 90°) -$
$(37338.143 - 37334.575) \cdot \sin(351°36'41'' - 90°)$
$= 5.306 \text{ (m)}$

(2) 根据第一步计算的垂距 d_1，以 K6+825.306 为新的近似桩号，计算其坐标及切线方位角为：

$x_2 = 37339.821 \text{ m}, y_2 = 61242.339 \text{ m}, \alpha_2 = 351°09'01''$

则 P' 点距 K6+825.306 法线的垂距：

$$\begin{aligned}
d_2 &= (y_{P'} - y_2) \cdot \cos(\alpha_2 - 90) - (x_{P'} - x_2) \cdot \sin(\alpha_2 - 90) \\
&= (61230.961 - 61242.339) \cdot \cos(351°09'01'' - 90°) - \\
&\quad (37338.143 - 37339.821) \cdot \sin(351°09'01'' - 90°) \\
&= 0.092 \text{ (m)}
\end{aligned}$$

（3）根据第二步计算的垂距 d_2，以 K6+825.398 为新的近似桩号，计算其坐标及切线方位角为：

$x_3 = 37339.912 \text{ m}, y_3 = 61242.324 \text{ m}, \alpha_3 = 351°08'28''$

则 P' 点距 K6+825.398 法线的垂距：

$$\begin{aligned}
d_3 &= (y_{P'} - y_3) \cdot \cos(\alpha_3 - 90) - (x_{P'} - x_3) \cdot \sin(\alpha_3 - 90) \\
&= (61230.961 - 61242.324) \cdot \cos(351°08'28'' - 90°) - \\
&\quad (37338.143 - 37339.912) \cdot \sin(351°08'28'' - 90°) \\
&= 0.002 \text{ (m)}
\end{aligned}$$

d_3 小于垂距限差 0.005m，则 K6+825.4 为 P' 点对应的中桩桩号，其坐标和切线方位角为：

$x_P = 37339.914 \text{ m}, y_P = 61242.324 \text{ m}, \alpha_P = 351°08'27''$

则：

$$\begin{aligned}
D_P &= \frac{y_P - y_{P'}}{\sin(\alpha_P - 90)} = \frac{61242.324 - 61230.961}{\sin(351°08'27'' - 90°)} \\
&= -11.5 \text{ (m)}
\end{aligned}$$

因此，P' 点位置在桩号 K6+825.4 左侧 11.5m 处。

第4章 道路坐标放样正反算程序 ROAD 及其应用

4.1 道路坐标放样正反算程序 ROAD

4.1.1 程序清单

道路坐标放样正反算程序包括一个主程序和四个子程序（不包括交点数据库子程序）。

1. 主程序清单：ROAD（见表4-1）

表4-1 道路坐标放样正反算程序（主程序，程序名：ROAD）

行号	程序	说明
1	Deg: Fix 3: 20→DimZ ↵	基本设置与定义额外变量
2	"K0"? P: If P≥0: Then ↵	输入典型中桩用于交点定位，若 K0<0，则手工输入交点数据
3	Prog "ROAD-DATA1" ↵	调用交点数据子程序，此处子程序名为"ROAD-DATA1"，若要调用另一条公路的交点数据子程序，则改写引号中的子程序名
4	Mat A [1,1]→K: Mat A [1,2]→X: Mat A [1,3]→Y: Mat A [1,4]→M: Mat A [1,5]→A: Mat A [1,6]→R: Mat A [1,7]→B: Mat A [1,8]→C: Mat A [1,9]→Q: Mat A [1,10]→E ↵	将交点数据赋值给相关变量（参见变量清单表）
5	Else "K (JD)"? K: "X (JD)"? X: "Y (JD)"? Y: "FWJ"? M: WA→A: "PJ"? A: ? R: "LS1"? B: "LS2"? C: 0→Q: 1000000→E: IfEnd ↵	输入交点数据
6	1→W: A<0⇒-1→W: M+A→N: WA→A ↵	判别路线转向，计算交点之后直线段方位角
7	Prog "ROAD-QXYS" ↵	调用子程序计算曲线要素及主点桩号
8	1→O: Prog "ROAD-XS" ↵	调用曲线要素计算结果显示子程序
9	"ZS[1], FS[2]"?→Z[3]: Z[3]=2⇒Goto 3 ↵	坐标正反算代码输入，输入1表示正算，输入2表示反算
10	"XS"? U: "YS"? V ↵	输入测站点坐标

第4章 道路坐标放样正反算程序ROAD及其应用

续表4-1

行号	程序	说明
11	Lbl 1: "KP"? P◢	输入待计算中桩
12	If P>E Or P<Q: Then Cls: Locate 6, 2, "KP OUT"◢	若桩号在允许范围外，则显示警示
13	IfEnd: Prog "ROAD-LXZB"◢	调用子程序计算道路中线坐标
14	Lbl 2: 90→H: "YJ"? H: H=0⇒Goto 1: ? D◢	输入右角及距离，若右角为0，则返回桩号输入
15	F+Dcos (Z+H)→Z [11]: G+Dsin (Z+H)→Z [12]◢	坐标计算
16	Pol(Z [11] -U, Z[12]-V): J<0⇒J+360→J◢	
17	2→O: Prog "ROAD-XS": Goto 2◢	调用坐标计算结果显示子程序
18	Lbl 3: "XB"? U: "YB"? V: "KP"? P◢	坐标反算，输入路线外一点的坐标
19	Lbl 4: If P>E Or P<Q: Then Cls: Locate 6, 2, "KP OUT"◢	若桩号在允许范围外，则警示
20	IfEnd: Prog "ROAD-LXZB"◢	调用子程序计算道路中线坐标
21	Z-90→Z [13]: (U-G) cos (Z [13]) - (U-F) sin (Z [13])→H◢	
22	If Abs (H) > 0.001: Then P+H→P: Goto 4: IfEnd◢	
23	Pol (U-G, U-F): (G-V) sin (Z [13]) <0⇒-I→I: I→D◢	
24	3→O: Prog "ROAD-XS": Goto 3◢	调用坐标反算结果显示子程序

2. 子程序1清单：ROAD-QXYS（见表4-2）

功能：计算基本型道路平曲线要素及主点桩号。

表4-2 道路坐标放样正反算程序（子程序1，程序名：ROAD-QXYS）

行号	程序	说明
1	$B^2 \div 24 \div R - B\wedge (4) \div 2688 \div R\wedge (3) + B\wedge (6) \div 506880 \div R\wedge (5) \to Z [6]$◢	计算 p_1
2	$C^2 \div 24 \div R - C\wedge (4) \div 2688 \div R\wedge (3) + C\wedge (6) \div 506880 \div R\wedge (5) \to Z [7]$◢	计算 p_2
3	$B \div 2 - B\wedge (3) \div 240 \div R^2 + B\wedge (5) \div 34560 \div R\wedge (4) \to Z [8]$◢	计算 q_1
4	$C \div 2 - C\wedge (3) \div 240 \div R^2 + C\wedge (5) \div 34560 \div R\wedge (4) \to Z [9]$◢	计算 q_2
5	$Z [8] + (R+Z[7] - (R+Z[6]) \cos (A)) \div \sin (A) \to S$◢	计算 T_1
6	$Z [9] + (R+Z[6] - (R+Z[7]) \cos (A)) \div \sin (A) \to T$◢	计算 T_2

续表 4-2

行号	程序	说明
7	RA$\pi \div 180 +$ (B+C) $\div 2 \to$L↵	计算 L
8	K-S→Z[1]↵	计算 ZH 点桩号
9	Z[1]+B→Z[2]↵	计算 HY 点桩号
10	Z[1]+L-C→Z[4]↵	计算 YH 点桩号
11	Z[4]+C→Z[5]↵	计算 HZ 点桩号

3. 子程序 2 清单：ROAD‐LXZB（见表 4-3）

功能：计算道路中线坐标。

表 4-3 道路坐标放样正反算程序（子程序 2，程序名：ROAD‐LXZB）

行号	程序	说明
1	If P$\leq$Z[1]：Then↵	ZH 点之前的直线段坐标计算
2	X→F：Y→G：P-K→Z[16]：0→Z[17]：M→Z[13]：M→Z：Goto 2：IfEnd↵	
3	P$\rangle$Z[4]→Goto 1↵	
4	X-Scos(M)→F：Y-Ssin(M)→G↵	ZH 点坐标
5	If P$\leq$Z[2]：Then↵	第一缓和段内坐标计算
6	P-Z[1]→L：L→Z[14]：B→Z[15]：Pros "ROAD-XY"：WZ[17]→Z[17]：M→Z[13]：M+90WL$^2 \div$(BRπ)→Z：Goto 2：IfEnd↵	
7	P-Z[1]→L：90(2L-B)$\div$R$\div\pi$→Z[13]↵	圆曲线段内坐标计算
8	Rsin(Z[13])+Z[8]→Z[16]：W(R(1-cos(Z[13]))+Z[6])→Z[17]：M+WZ[13]→Z：M→Z[13]：Goto 2↵	
9	Lbl 1：X+Tcos(N)→F：Y+Tsin(N)→G↵	HZ 点坐标
10	If P$\langle$Z[5]：Then↵	第二缓和段内坐标计算
11	Z[5]-P→L：L→Z[14]：C→Z[15]：Pros "ROAD-XY"：-Z[16]→Z[16]：WZ[17]→Z[17]：N→Z[13]：N-90WL$^2 \div$(CRπ)→Z：Goto 2：IfEnd↵	
12	P-Z[5]→Z[16]：0→Z[17]：N→Z[13]：N→Z↵	HZ 点之后的直线段坐标计算
13	Lbl 2↵	
14	F+Z[16]cos(Z[13])-Z[17]sin(Z[13])→F↵	坐标转换
15	G+Z[16]sin(Z[13])+Z[17]cos(Z[13])→G↵	
16	Z$\langle$0→Z+360→Z：Z$\rangle$360→Z-360→Z↵	

第4章 道路坐标放样正反算程序 ROAD 及其应用

4. 子程序3清单：ROAD - XY（见表4-4）

功能：计算缓和曲线上一点的局部坐标。

表4-4 道路坐标放样正反算程序（子程序3，程序名：ROAD - XY）

行号	程 序	说 明
1	If Z [14] =0: Then 0→Z [16]: 0→Z [17]: Else ↲	
2	Z [14] -Z [14] ^ (5) ÷40÷ (RZ [15]) ^ (2) + Z [14] ^ (9) ÷3456÷ (RZ [15]) ^ (4)→Z [16]	X坐标
3	Z [14] ^ (3) ÷6÷ (RZ [15]) -Z [14] ^ (7) ÷336÷ (RZ [15]) ^ (3) +Z [14] ^ (11) ÷42240÷ (RZ [15]) ^ (5)→Z [17] ↲	Y坐标
4	IfEnd ↲	

5. 子程序4清单：ROAD - XS（见表4-5）

功能：显示计算结果。

表4-5 道路坐标放样正反算程序（子程序4，程序名：ROAD - XS）

行号	程 序	说 明
1	Cls: If O=1: Then ↲	
2	"PQX RESULTS:": "PJ=": Locate 5, 2, WA: "R=": Locate 5, 3, R: "JD=": Locate 5, 4, K ◢	显示主要原始数据
3	Cls: "T1=": Locate 5, 1, S: "T2=": Locate 5, 2, T: "LY=": Locate 5, 3, L-B-C: "L=": Locate 5, 4, L ◢	显示曲线要素计算结果
4	Cls: "ZH=": Locate 5, 1, Z [1]: "HY=": Locate 5, 2, Z [2]: "YH=": Locate 5, 3, Z [4]: "HZ=": Locate 5, 4, Z [5] ◢	显示主点桩号计算结果
5	IfEnd: If O=2: Then ↲	
6	"X=": Locate 4, 1, Z [11]: "Y=": Locate 4, 2, Z [12]: If U=0: Then "B=": Locate 4, 3, Z°	显示坐标计算结果
7	Else "A=": Locate 4, 3, J°: "D=": Locate 4, 4, I ◢	若测站坐标不为0，则显示极坐标放样计算结果
8	IfEnd: IfEnd: If O=3: Then ↲	
9	"XB=": Locate 4, 1, U: "YB=": Locate 4, 2, V: "K=": Locate 4, 3, P: "D=": Locate 4, 4, D ◢	显示坐标反算结果
10	IfEnd: Cls ↲	

4.1.2 变量清单

道路坐标放样正反算程序主要变量清单见表 4-6。

表 4-6 道路坐标放样正反算程序主要变量清单

序号	数学模型变量	fx-5800P 计算器变量	输入/输出提示符	单位	说明
1		Mat A			交点数据存储矩阵变量，10 个因子
2	K_{JD}	K Mat A [1, 1]	K (JD)	m	交点桩号
3	x_i, y_i	X, Y Mat A [1, 2], Mat A [1, 3]	X (JD), Y (JD)	m	交点的坐标 (x, y)
4	A_{i-1}	M Mat A [1, 4]	FWJ	°′″	HZ 点切线方位角，交点之前的直线段方位角
5	α	A Mat A [1, 5]	PJ	°′″	路线偏角，左偏为负值
6	R	R Mat A [1, 6]	R	m	曲线半径
7	L_{S1}, L_{S2}	B, C Mat A [1, 7], Mat A [1, 8]	LS1, LS2	m	第一、第二缓和曲线长度
8		Q, E Mat A [1, 9], Mat A [1, 10]	KS, KE	m	本交点计算起、终点桩号
9		W			路线转向符号，左偏 $W = -1$，右偏 $W = 1$
10	A_i	N		°′″	ZH 点切点方位角，交点之后的直线段方位角
11	T_1, T_2	S, T	T1, T2	m	第一、第二切线长度
12	L	L	L	m	平曲线长度

续表 4-6

序号	数学模型变量	fx-5800P计算器变量	输入/输出提示符	单位	说明
13	K_{ZH}, K_{HY} K_{YH}, K_{HZ}	$Z[1], Z[2]$ $Z[4], Z[5]$	K(ZH), K(HY) K(YH), K(HZ)	m	平曲线的四个主点桩号,以数字表示
14		$Z[3]$			坐标正反算计算代码,$Z[3]=1$时进行坐标正算,$Z[3]=2$时进行坐标反算
15		$Z[6], Z[7]$		m	p_1, p_2 值
16		$Z[8], Z[9]$		m	q_1, q_2 值
17		U, V	XS, YS	m	测站点坐标(正算时)
18		U, V	XB, YB	m	路线外一点坐标(反算时)
19		O			计算结果显示类型符号,$O=1$时显示交点数据,$O=2$时显示坐标和极坐标计算结果,$O=3$时显示坐标反算计算结果
20	P 点桩号	P	KP	m	道路中线上任一点桩号
21		P	K0	m	程序开始时交点定位的桩号
22	x_P, y_P	F, G		m	路线中桩点 P 的坐标
23	β_P	Z		°′″	路线中桩点 P 的切线方位角
24	β	H	YJ	°′″	路线外一点的右转角
25	d	D	D	m	路线外一点距中线的距离
26	x_b, y_b	$Z[11], Z[12]$	X, Y	m	路线坐标计算结果
27		$Z[13] \sim Z[17]$			坐标计算临时中间变量

4.1.3 程序计算流程图

道路坐标放样正反算程序 ROAD 的计算流程图见图 4-1。

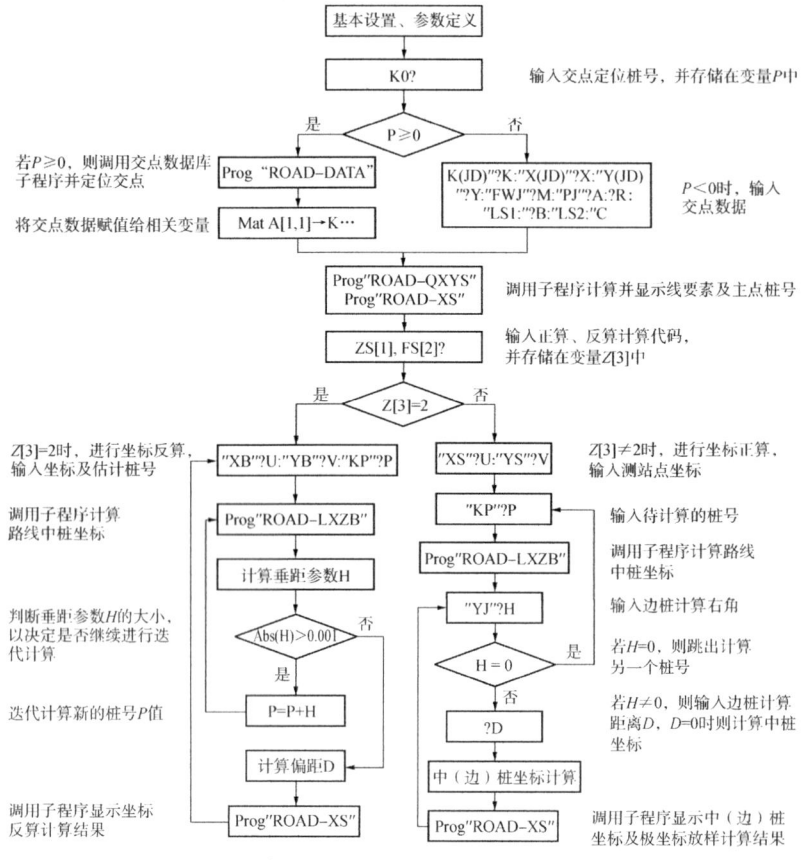

图 4-1 道路坐标放样正反算程序 ROAD 的计算流程图

4.2 路线单交点计算操作流程

【例 4-1】 根据例 3-2、例 3-3 的计算内容,使用道路坐标放样正反算程序 ROAD 计算 JD22 的曲线要素及相关中桩的坐标。

使用道路坐标放样正反算程序 ROAD 计算单交点曲线中桩坐标操作流程见表 4-7。

表4-7 使用 ROAD 程序计算单交点曲线中桩坐标操作流程

步骤	屏幕显示	屏幕说明	按键操作	操作说明
1	K0? 6900.000	等待输入交点定位桩号	-1 EXE	输入"-1"表示手工按键输入交点数据
2	6900.000 -1 K(JD)? 6680.341	等待输入交点桩号	6872.905 EXE	输入 JD22 的桩号 K6+872.905
3	6680.341 6872.905 X(JD)? 37337.876	等待输入交点 X 坐标	37386.996 EXE	输入交点 X 坐标 37386.996
4	37337.876 37386.996 Y(JD)? 61287.274	等待输入交点 Y 坐标	61235.994 EXE	输入交点 Y 坐标 61235.994
5	61287.274 61235.994 FWJ? 117°14′19.5″	等待输入交点之前直线段方位角	352 °′″ 11 °′″ 19 °′″ EXE	输入交点之前直线段方位角 352°11′19″
6	117°14′19.5″ 352°11°19° ZJ? 11°43′23.4″	等待输入交点转角	-18 °′″ 00 °′″ 11 °′″ EXE	输入交点转角,因为是左转,故输入负值:-18°00′11″
7	11°43′23.4″ -18°0°11° R? 450.000	等待输入曲线半径	300 EXE	输入曲线半径 300
8	450.000 300 LS1? 50.000	等待输入第一缓和曲线长度	40 EXE	输入第一缓和曲线长度 40
9	50.000 40 LS2? 50.000	等待输入第二缓和曲线长度	60 EXE	输入第二缓和曲线长度 60

续表 4-7

步骤	屏幕显示	屏幕说明	按键操作	操作说明
10	PQX RESULTS: PJ= -18°0'11" R = 300.000 JD= 6872.905	显示输入的交点主要参数	[EXE]	按[EXE]键继续
11	T1= 68.454 T2= 76.694 LY= 44.264 L = 144.264	显示曲线要素计算结果	[EXE]	按[EXE]键继续
12	ZH= 6804.451 HY= 6844.451 YH= 6888.715 HZ= 6948.715	显示主点桩号计算结果	[EXE]	按[EXE]键继续
13	ZS[1],FS[2]?	等待确认坐标正算还是坐标反算	1 [EXE]	输入1表示进行坐标正算
14	ZS[1],FS[2]? 1 XS? 　　　7665.952	等待输入测站点X坐标	0 [EXE]	这里不需要进行极坐标放样计算,故测站坐标输入0
15	7665.952 0 YS? 　　　5580.296	等待输入测站点Y坐标	0 [EXE]	测站坐标输入0
16	5580.296 0 KP? 　　　　-1.000	等待输入待计算的中桩桩号	6800 [EXE]	输入待算的桩号K6+800
17	-1.000 6800 YJ? 　　　　90.000	等待输入边桩右角	[EXE]	由于右角现值显示为90度,直接按[EXE]键表示不改变现值
18	YJ? 　　　　90.000 D? 　　　　12.000	等待输入边距	0 [EXE]	由于是计算中桩坐标,边距应为0

续表 4-7

步骤	屏幕显示	屏幕说明	按键操作	操作说明
19	X= 37314.767 Y= 61245.903 B= 352°11'18"	显示计算结果：中桩 X、Y 坐标，切线方位角（当测站坐标不为 0 时会显示极坐标放样数据）	[EXE]	按[EXE]键继续
20	YJ? 90.000	等待输入边桩右角	0 [EXE]	右角输入 0 值（实际右角不会为 0），表示跳出当前桩号的计算
21	90.000 0 KP? 6800.000	等待输入待计算的中桩桩号	6820 [EXE]	输入待算的桩号 K6+820
22	6800.000 6820 YJ? 90.000	等待输入边桩右角	[EXE]	由于右角现值显示为 90 度，直接按[EXE]键表示不改变现值
23	YJ? 90.000 D? 0.000	等待输入边距	0 [EXE]	边距现值为 0，直接按[EXE]键表示不改变现值
24	X= 37334.575 Y= 61243.133 B= 351°36'41.11"	显示计算结果：中桩 X、Y 坐标，切线方位角	[EXE]	按[EXE]键继续
25	……			按照以上操作程序可继续进行其他桩号的计算

【例 4-2】 根据例 3-7、例 3-8 的计算内容，使用道路坐标放样正反算程序 ROAD 计算 JD22 相关边桩的坐标。

使用道路坐标放样正反算程序 ROAD 计算单交点曲线边桩坐标操作流程见表 4-8。

表4-8 使用 ROAD 程序计算单交点曲线边桩坐标操作流程

步骤	屏幕显示	屏幕说明	按键操作	操作说明
1	由于同样是 JD22，之前有关交点数据输入的步骤与表 4-7 的第 1～15 步相同，在此不再重复			
2	YS? 0.000 KP? -1.000	等待输入待算边桩对应的中桩桩号	6960 [EXE]	由于需要计算 K6+960 的路面边桩，故输入桩号 K6+960
3	-1.000 6960 YJ? 90.000	等待输入边桩右角	[EXE]	由于右角现值显示为 90 度，直接按 [EXE] 键表示不改变现值
4	YJ? 90.000 D? 0.000	等待输入边距	-3.75 [EXE]	先计算左边 3.75m 的边桩，故输入负值，-3.75
5	X= 37464.563 Y= 61194.307 B= 334°11′8″	显示计算结果：边桩 X、Y 坐标，中桩切线方位角（当测站坐标不为 0 时，会显示极坐标放样数据）	[EXE]	按 [EXE] 键继续
6	YJ? 90.000	等待输入边桩右角	[EXE]	直接按 [EXE] 键表示不改变现值
7	YJ? 90.000 D? -3.750	等待输入边距	3.75 [EXE]	计算右边 3.75m 的边桩，故输入正值，3.75
8	X= 37467.829 Y= 61201.058 B= 334°11′8″	显示计算结果：边桩 X、Y 坐标，中桩切线方位角	[EXE]	按 [EXE] 键继续
9	YJ? 90.000	等待输入边桩右角	0 [EXE]	右角输入 0 值（实际右角不会为 0），表示跳出当前桩号的计算

第4章 道路坐标放样正反算程序 ROAD 及其应用

续表4-8

步骤	屏幕显示	屏幕说明	按键操作	操作说明
10	90.000 0 KP? 6960.000	等待输入待算边桩对应的中桩桩号	6820 [EXE]	需要计算 K6+820 涵洞斜交洞口的坐标,故输入桩号 K6+820
11	6960.000 6820 YJ? 90.000	等待输入边桩右角	80 [EXE]	涵洞右斜交角为 80 度,故输入 80
12	90.000 80 D? 3.750	等待输入边距	-9.35 [EXE]	涵洞左洞口距中桩 9.35m,故输入负值,-9.35
13	X= 37331.625 Y= 61234.260 B= 351°36'41.11"	显示计算结果: 边桩 X、Y 坐标,中桩切线方位角	[EXE]	按 [EXE] 键继续
14	YJ? 90.000	等待输入边桩右角	80 [EXE]	涵洞右斜交角为 80 度,故输入 80
15	90.000 80 D? -9.350	等待输入边距	10.38 [EXE]	涵洞右洞口距中桩 10.38m,故输入正值,10.38
16	X= 37337.849 Y= 61252.983 B= 351°36'41.11"	显示计算结果: 边桩 X、Y 坐标,中桩切线方位角	[EXE]	按 [EXE] 键继续

【例4-3】 根据例3-9 的计算内容,使用道路坐标放样正反算程序 ROAD 进行 JD22 相关坐标反算。

使用道路坐标放样正反算程序 ROAD 进行单交点曲线坐标反算,操作流程见表4-9。

表4-9 使用ROAD程序进行单交点曲线坐标反算操作流程

步骤	屏幕显示	屏幕说明	按键操作	操作说明
1	由于同样是JD22,之前有关交点数据输入的步骤与表4-7的第1~12步相同,在此不再重复			
2	ZS[1],FS[2]?	等待确认坐标正算还是坐标反算	2 [EXE]	输入2表示进行坐标反算
3	ZS[1],FS[2]? 2 XB?　　0.000	等待输入待反算的某点X坐标	37338.143 [EXE]	输入37338.143
4	0.000 37338.143 YB?　　0.000	等待输入待反算的某点Y坐标	61230.961 [EXE]	输入61230.961
5	0.000 61230.961 KP?　　-1.000	等待输入估算的中桩坐标	6820 [EXE]	估计对应中桩在K6+820附近,输入6820
6	XB=37338.143 YB=61230.961 K=6825.400 D=-11.500	显示计算结果: 某点X、Y坐标,对应中桩桩号,距中桩距离 (负值表示在路线左侧)	[EXE]	按[EXE]键继续

4.3 全线贯通的路线数据库子程序编写及应用

对于ROAD程序,若能将项目的路线平面参数写入一个子程序,供主程序调用并赋值给相关变量,这样就免除了现场确定和输入参数的麻烦,并消除了由于输入错误引起的错误结果的可能。这里就以一个公路工程项目为案例,说明全线贯通的路线数据库子程序的编写及程序应用。

4.3.1 路线数据库子程序的格式及编写示例

1. 公路工程案例(案例一)

以湖南省YZ~FTL高速公路某段(K4+800~K9+600)为例,该路段的"直线、曲线及转角表"见表4-10。

2. 数据库子程序格式

路线数据库子程序格式如图4-2所示。

第4章 道路坐标放样正反算程序 ROAD 及其应用

表4-10 (案例一) 湖南省YZ至FTL高速公路——直线、曲线及转角表

交点号	交点桩号及交点坐标	交点间距/m	计算方位角/(°'")	直线长/m	曲线间直线长	转角/(°'")	切线长度 T_H	半径 R_1/R_2/回旋参数 A_1/A_2	曲线总长 L_H	曲线长度 L_c/L_{s1}/L_{s2}	外距 E	第一缓和曲线起点	第一缓和曲线终点/圆曲线起点	圆曲线中点	第一缓和曲线终点/圆曲线终点	第二缓和曲线终点
JD5	K3+956.926 N 2807924.798 E 476394.418	486.054	239°27'13.8"				271.582			130		桩 N E	K4+435.412 2807677.77 475975.819	桩 N E	K4+293.831 2807815.796 476209.717	桩 N E	K4+429.690 2807707.011 475968.284	桩 N E	K4+565.549 2807685.773 475968.843	桩 N E	K4+695.549 2807685.567 475704.35
JD6		641.808	271°38'42.5"	814.471		32°11'28.7" (Y)	271.582	715	304.877	130	30.196	桩 N E	K5+065.776 2807696.195 475334.276	桩 N E	K4+695.549 2807685.567 475704.35	桩 N E	K5+050.290 2807564.367 475332.955	桩 N E	K5+275.031 2807484.516 475145.965	桩 N E	K5+425.031 2807484.516 475019.351
JD7		1445.05	236°05'33.8"			35°33'08.7" (Z)	370.226	950	351.426	130 449.481	48.538	桩 N E	K6+490.623 2806890.074 474134.969	桩 N E	K4+825.549 2807686.334 475574.379	桩 N E	K5+050.290 2807564.367 475332.955	桩 N E	K5+275.031 2807484.516 475145.965	桩 N E	K6+721.764 2806893.062 473892.389
JD8		474.505	270°42'21.1"			34°36'47.3" (Y)	251.123	550	296.648	160 182.262 277.489	27.874	桩 N E	K6+238.861 2806895.919 473663.501	桩 N E	K6+239.502 2807030.163 474343.187	桩 N E	K6+399.502 2806947.524 474206.556	桩 N E	K6+581.764 2806897.273 474121.477	桩 N E	K6+721.764 2806893.062 474032.225 473892.389
JD9		449.79	247°59'11.9"			22°43'09.3" (Z)	231.906	830	328.481	130	17.45	桩 N E	K7+398.765 2806727.328 473017.191	桩 N E	K6+721.764 2806893.062 473892.389	桩 N E	K6+851.764 2806878.771 473762.437	桩 N E	K6+951.322 2806891.271 473663.727	桩 N E	K7+050.880 2806808.996 473445.502
JD10		1232.955	263°34'10.6"	721.839		15°34'58.8" (Y)	217.884	1111.024	380.184	130 162.17 408.232	11.098	桩 N E	K7+473.051 2806701.978 473018.58	桩 N E	K7+180.880 2806808.996 473445.502	桩 N E	K7+310.880 2806762.635 473246.37	桩 N E	K7+391.965 2806739.515 473167.191	桩 N E	K7+473.051 2806701.978
JD11	K8+629.659 2806589.242	645.685	227°44'45.7"			3°49'24.9" (Z)	284.77 226.346	635	318.748 287.315	160 252.027 150	33.811	桩 N E	K8+756.917 2806496.575 471916.41	桩 N E	K8+344.890 2806621.135 472301.282	桩 N E	K8+630.903 2806554.924 472024.581	桩 N E	K8+756.917 2806496.575 471916.41	桩 N E	K8+886.917 2806406.644 471817.308
JD12	K9+261.048 2806155.072	1056.463	290°55'39.4"			63°10'53.7" (Y)	271.554 374.131	500	254.951 287.923	130 406.363 150	89.062	桩 N E	K9+423.280 2806293.633 471178.054	桩 N E	K8+886.917 2806406.644 471817.308	桩 N E	K9+016.917 2806323.542 471717.464	桩 N E	K9+220.099 2806244.166 471533.946	桩 N E	K9+423.280 2806293.633 471330.159
JD13	K9+903.597 470953.428	770.602	211°53'25.7"	235.992		79°02'13.8" (Z)	432.548 271.554	425	260.768 277.489	160 426.27 140	129.183	桩 N E	K10+405.542 2806532.428 470417.833	桩 N E	K9+819.272 2806377.927 470957.629	桩 N E	K9+979.272 2806425.521 470805.136	桩 N E	K10+192.407 2806409.986 470594.801	桩 N E	K10+405.542 2806565.169 470325.102
JD14	K10+251.820 2806155.072 2805878.141	347.1	51°45'15.1" (Y)				338.054	550	277.489 296.648	160 346.805	63.195	桩 N E	K11+212.347 2805839.719 469801.543	桩 N E	K10+565.542 2806165.169 470325.102	桩 N E	K10+705.542 2806049.627 470117.461	桩 N E	K10+878.945 2805934.56 470246.223	桩 N E	K11+052.347 2805865.091 469959.366

If P ≤ 本交点计算终点桩号: Then [[本交点桩号 , 交点X(N)坐标 , 交点Y(E)坐标 , 交点之前直线方位角 , 交点转角(左转为负) , 平曲线半径 , 第1缓和曲线长度 , 第2缓和曲线长度 , 本交点计算起点桩号 , 本交点计算终点桩号]] → Mat A: Goto 1: IfEnd ↵

图 4-2 路线数据库子程序格式示意图

每一条如图 4-2 所示的程序就是一个交点参数数据集。

数据库采用了向矩阵变量 Mat **A** 赋值的形式，与数据逐一赋值的常规方式相比，采用矩阵变量使数据组织更加简洁，输入更加方便。因为要经常根据不同的项目编写数据库子程序，这样也减少了数据库子程序的输入量。矩阵变量因子赋值给字母变量的程序代码写在 ROAD 程序第 4 行。fx-5800P 计算器内部有七个矩阵存储器（Mat **A** 是其中之一），每个矩阵的行列数最大是 10×10，有关矩阵的具体内容见本书第 1.6.3 节。

3. 数据库子程序的编写

由表 4-10 可得，K4+800 ~ K9+600 路段涉及的交点从 JD7 ~ JD12，因此编写该路段范围的数据库子程序如表 4-11 所示。

表 4-11 道路坐标放样正反算程序（案例一数据库子程序，程序名：ROAD – DATA1）

行号	程 序	说 明
1	If P〈4695.549 Or P〉9819.272: Then Cls: Locate 6,2, "KP OUT" ↵	若输入的桩号不在路线范围内，则停止计算
2	Stop: IfEnd ↵	
3	If P≤6239.502: Then [[5065.776,7696.195,5334.276, 271°38′42.5″, -35°33′8.7″, 950, 130, 150, 4695.549, 6239.502]] → Mat A: Goto 1: IfEnd ↵	JD7 数据
4	If P≤6721.764: Then [[6490.625,6890.074,4134.969, 236°05′33.8″, 34°36′47.3″, 550, 160, 140, 5425.031, 6721.764]] → Mat A: Goto 1: IfEnd ↵	JD8 数据
5	If P≤7180.88: Then [[6953.67,6895.919,3660.501, 270°42′21.1″, -22°43′9.3″, 830, 130, 130, 6721.764, 7180.88]] → Mat A: Goto 1: IfEnd ↵	JD9 数据
6	If P≤8344.89: Then [[7398.765,6727.328,3243.502, 247°59′11.9″, 15°34′58.8″, 1111.024, 130, 150, 7180.88, 8344.89]] → Mat A: Goto 1: IfEnd ↵	JD10 数据
7	If P≤8886.917: Then [[8629.659,6589.242,2018.304, 263°34′10.6″, -35°49′24.9″, 635, 160, 130, 7623.051, 8886.917]] → Mat A: Goto 1: IfEnd ↵	JD11 数据
8	If P≤9819.272: Then [[9261.048,6155.072,1540.386, 227°44′45.7″, 63°10′53.7″, 500, 130, 160, 8886.917, 9819.272]] → Mat A: Goto 1: IfEnd ↵	JD12 数据
9	Lbl 1 ↵	

对照案例一"直线、曲线及转角表"（表4-10）及相应的数据库子程序（表4-11），容易看出，数据库子程序中的相关参数，除了"本交点计算起、终点桩号"外，其他参数均能够很容易从路线项目的"直线、曲线及转角表"中获得。另外，对于坐标数据，为简约起见，可采用简化坐标，如本项目坐标均只取到千分位。

关于"本交点计算起、终点桩号"，从道路基本型曲线的中线坐标计算公式（见第3.2节）我们可以得知，一个交点的坐标计算范围包括了本交点曲线及前、后两条直线段，因此"本交点的计算起点桩号"即为上一交点的 HZ 点，而"本交点的计算终点桩号"即为下一交点的 ZH 点，"本交点计算起、终点桩号"之间的范围即为"本交点的计算范围"，如图4-3所示。可见，相邻两交点之间的直线段是两交点共同的"计算范围"，这一直线段用前、后两交点的参数均可计算出准确结果。

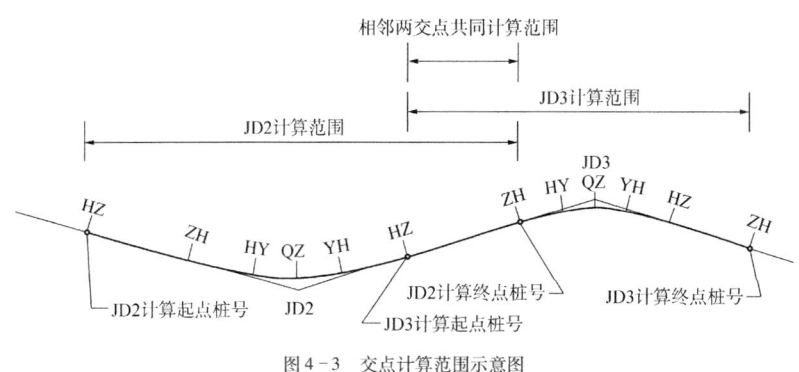

图4-3　交点计算范围示意图

4.3.2　全线贯通的 ROAD 程序计算操作流程

根据道路坐标放样正反算程序 ROAD 的计算流程（图4-1），若要调用路线数据库子程序，第一步就需要输入"交点定位桩号"。

所谓"交点定位桩号"，就是用来在数据库子程序众多交点数据集中确定所需的某一交点数据集的桩号。从程序的使用者角度来理解，就是当需要计算某些路线坐标时，知道这些桩号在某个交点（比如JD2）的计算范围内，现在就需要输入一个"交点定位桩号"，使程序在调用数据库子程序时，就将 JD2 的数据赋值给相关交点参数变量。

从表4-11数据库子程序的程序逻辑流程看，某一交点的"交点定位桩号范围"与该交点的"交点计算范围"并不一定是一致的，如图4-4所示，JD2 的"交点定位桩号范围"是从 JD1 的计算终点开始，到 JD2 的计算终点结束。在实际应用时，可选取待定位交点曲线上的一个桩号。

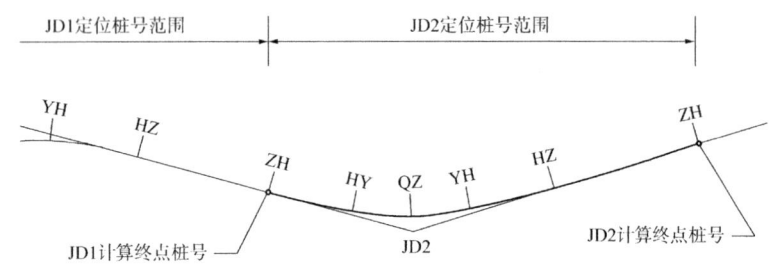

图 4-4 交点定位桩号范围示意图

ROAD 程序运行一次只定位一个交点,当计算的桩号超过这个交点的计算范围时,程序会显示"KP OUT"信息,表示超出了当前交点的有效计算范围,此时需要退出程序,重新运行程序并定位新的交点。

1. 路线中桩坐标计算操作流程

【例 4-4】 计算湖南省 YZ~FTL 高速公路 K6+100~K6+700 段的中桩坐标(桩距 20m),并在导线点(2807118.026,474113.687)上架设全站仪,计算各中桩的极坐标放样数据。

在计算之前,先要看一下计算路段的桩号是位于哪个(或哪几个)交点的计算范围内,由直曲表容易得知 JD8 的计算范围内(K5+425.031~K6+721.764),因此可选择 JD8 曲线上一点桩号 K6+400 作为交点定位桩号来定位 JD8。

使用道路坐标放样正反算程序 ROAD 计算路线(全线贯通)中桩坐标的操作流程见表 4-12。

表 4-12 使用 ROAD 程序计算路线(全线贯通)中桩坐标的操作流程

步骤	屏幕显示	屏幕说明	按键操作	操作说明
1	K0? 6825.400	等待输入交点定位桩号	6400 [EXE]	输入桩号"6400"以定位 JD8
2	PQX RESULTS: PJ= 34°36'47.3" R = 550.000 JD= 6490.625	显示定位的 JD8 的主要参数	[EXE]	按[EXE]键继续
3	T1= 251.123 T2= 242.599 LY= 182.262 L = 482.262	显示定位的 JD8 的曲线要素计算结果	[EXE]	按[EXE]键继续

续表 4-12

步骤	屏幕显示	屏幕说明	按键操作	操作说明
4	ZH= 6239.502 HY= 6399.502 YH= 6581.764 HZ= 6721.764	显示定位的 JD8 的主点桩号计算结果	[EXE]	按[EXE]键继续
5	ZS[1],FS[2]?	等待确认坐标正算还是坐标反算	1 [EXE]	输入1表示进行坐标正算
6	ZS[1],FS[2]? 1 XS?　　37338.143	等待输入测站点 X 坐标	7118.026 [EXE]	输入测站 X 坐标（简化坐标）
7	37338.143 7118.026 YS?　　61230.961	等待输入测站点 Y 坐标	4113.687 [EXE]	输入测站 Y 坐标（简化坐标）
8	61230.961 4113.687 KP?　　6400.000	等待输入待计算的中桩桩号	6100 [EXE]	输入待算的桩号 K6+100
9	6400.000 6100 YJ?　　90.000	等待输入边桩右角	[EXE]	由于右角现值显示为90度，直接按[EXE]键表示不改变现值
10	YJ? 　　90.000 D?　　-11.500	等待输入边距	0 [EXE]	由于是计算中桩坐标，边距应为0
11	X= 7107.984 Y= 4459.165 A= 91°39′53.59″ D= 345.624	显示计算结果：中桩 X、Y 坐标，极坐标放样数据	[EXE]	按[EXE]键继续
12	YJ? 　　90.000	等待输入边桩右角	0 [EXE]	右角输入 0 值（实际右角不会为0），表示跳出当前桩号的计算

续表 4-12

步骤	屏幕显示	屏幕说明	按键操作	操作说明
13	0 90.000 KP? 6100.000	等待输入下一个待计算的中桩桩号	6120 [EXE]	输入待算的桩号 K6+120
14	6120 6100.000 YJ? 90.000	等待输入边桩右角	[EXE]	由于右角现值显示为90度，直接按[EXE]键表示不改变现值
15	YJ? 90.000 D? 0.000	等待输入边距	0 [EXE]	边距现值为0，直接按[EXE]键表示不改变现值
16	X= 7096.827 Y= 4442.566 A= 93°41′16.9″ D= 329.562	显示计算结果：中桩 X、Y 坐标，极坐标放样数据	[EXE]	按[EXE]键继续
17	……			按照以上操作程序可继续进行其他桩号的计算

表 4-13 给出了由道路路线 CAD 软件计算的 K6+100 ～ K6+700 段中桩坐标及放样数据计算结果，供读者进行计算验证。

表 4-13 （案例一）K6+100 ～ K6+700 段中桩坐标及放样数据计算结果

桩号	中桩坐标/m		极坐标放样数据	
	$N(X)$	$E(Y)$	α_1	D_1/m
K6+100	2807107.985	474459.166	91°39′53″	345.625
K6+120	2807096.828	474442.567	93°41′17″	329.563
K6+140	2807085.671	474425.968	95°54′55″	313.953
K6+160	2807074.514	474409.369	98°22′18″	298.867
K6+180	2807063.356	474392.771	101°04′60″	284.388
K6+200	2807052.199	474376.172	104°04′42″	270.613
K6+220	2807041.042	474359.573	107°23′5″	257.655
K6+239.502	2807030.163	474343.387	110°55′56″	245.931
K6+260	2807018.742	474326.366	115°01′28″	234.712

续表4-13

桩号	中桩坐标/m		极坐标放样数据	
	$N(X)$	$E(Y)$	α_1	D_1/m
K6+280	2807007.676	474309.707	119°22′39″	224.946
K6+300	2806996.764	474292.946	124°04′37″	216.421
K6+320	2806986.083	474276.037	129°06′4″	209.204
K6+340	2806975.714	474258.935	134°24′54″	203.346
K6+360	2806965.738	474241.602	139°58′17″	198.881
K6+380	2806956.240	474224.001	145°42′42″	195.816
K6+399.502	2806947.524	474206.556	151°25′25″	194.153
K6+400	2806947.310	474206.107	151°34′13″	194.128
K6+420	2806939.023	474187.906	157°28′48″	193.780
K6+440	2806931.403	474169.416	163°22′25″	194.766
K6+460	2806924.460	474150.660	169°11′10″	197.065
K6+480	2806918.204	474131.665	174°51′32″	200.629
K6+485.633	2806916.567	474126.275	176°25′28″	201.852
K6+500	2806912.643	474112.455	180°20′37″	205.387
K6+520	2806907.784	474093.055	185°36′17″	211.252
K6+540	2806903.633	474073.492	190°37′07″	218.128
K6+560	2806900.196	474053.791	195°22′28″	225.915
K6+581.765	2806897.273	474032.224	200°15′18″	235.305
K6+600	2806895.469	474014.080	204°06′41″	243.831
K6+620	2806894.090	473994.128	208°05′52″	253.854
K6+640	2806893.238	473974.146	211°49′50″	264.577
K6+660	2806892.812	473954.151	215°18′46″	275.995
K6+680	2806892.706	473934.152	218°32′52″	288.101
K6+700	2806892.817	473914.152	221°32′27″	300.888

2. 路线边桩坐标计算操作流程

【例4-5】 计算湖南省YZ～FTL高速公路K6+100～K6+700段的路面边桩（左右各12.25m）坐标（桩距20m），并在导线点（2807118.026，474113.687）上架设全站仪，计算各边桩的极坐标放样数据。

使用道路坐标放样正反算程序ROAD计算路线（全线贯通）边桩坐标的操作流程见表4-14。

表4-14 使用 ROAD 程序计算路线（全线贯通）边桩坐标的操作流程

步骤	屏幕显示	屏幕说明	按键操作	操作说明
1	由于同样在 JD8 的计算范围之内，之前相关步骤与表4-12第1～5步相同，在此不再重复			
2	ZS[1];FS[2]? 1 XS?　　7118.026	等待输入测站点 X 坐标	[EXE]	直接按[EXE]键表示不改变现值
3	XS?　　7118.026 YS?　　4113.687	等待输入测站点 Y 坐标	[EXE]	直接按[EXE]键表示不改变现值
4	YS?　　4113.687 KP?　　6400.000	等待输入待算边桩对应的中桩桩号	6100 [EXE]	先计算 K6+100 的路面边桩
5	6400.000 6100 YJ?　　　90.000	等待输入边桩右角	[EXE]	直接按[EXE]键表示不改变现值
6	YJ?　　　90.000 D?　　　　0.000	等待输入边距	-12.25 [EXE]	输入距中桩的距离，负值表示左侧边桩
7	X= 7097.818 Y= 4465.999 A= 93°16'58.3" D= 352.891	显示计算结果： K6+100 左边桩 X、Y 坐标，极坐标放样数据	[EXE]	按[EXE]键继续
8	YJ?　　　90.000	等待输入边桩右角	[EXE]	直接按[EXE]键表示不改变现值
9	YJ?　　　90.000 D?　　　-12.250	等待输入边距	12.25 [EXE]	输入距中桩的距离，正值表示右侧边桩
10	X= 7118.151 Y= 4452.331 A= 89°58'43.11" D= 338.644	显示计算结果： K6+100 右边桩 X、Y 坐标，极坐标放样数据	[EXE]	按[EXE]键继续

第4章 道路坐标放样正反算程序 ROAD 及其应用

续表 4-14

步骤	屏幕显示	屏幕说明	按键操作	操作说明
11	YJ? 90.000	等待输入边桩右角	0 [EXE]	右角输入 0 值（实际右角不会为 0），表示跳出当前桩号的计算
12	90.000 0 KP? 6100.000	等待输入待算边桩对应的中桩桩号	参照前述步骤继续进行计算……	

表 4-15 给出了由道路路线 CAD 软件计算的 K6 + 100 ~ K6 + 700 段边桩坐标及放样数据计算结果，供读者进行计算验证。

表 4-15 （案例一）K6 + 100 ~ K6 + 700 段边桩坐标及放样数据计算结果

桩 号	左边桩				右边桩			
	坐标/m		极坐标放样数据		坐标/m		极坐标放样数据	
	$N(X)$	$E(Y)$	α_1	D_1/m	$N(X)$	$E(Y)$	α_1	D_1/m
K6 + 100	2807097.817	474465.998	93°16′59″	352.891	2807118.151	474452.331	89°58′44″	338.644
K6 + 120	2807086.660	474449.400	95°20′16″	337.175	2807106.994	474435.732	91°57′43″	322.234
K6 + 140	2807075.503	474432.801	97°35′25″	321.934	2807095.837	474419.133	94°09′18″	306.251
K6 + 160	2807064.346	474416.202	100°03′44″	307.241	2807084.680	474402.535	96°35′08″	290.766
K6 + 180	2807053.189	474399.603	102°46′37″	293.176	2807073.523	474385.936	99°17′02″	275.862
K6 + 200	2807042.032	474383.004	105°45′27″	279.834	2807062.366	474369.337	102°16′58″	261.639
K6 + 220	2807030.875	474366.405	109°01′37″	267.324	2807051.209	474352.738	105°36′59″	248.214
K6 + 239.502	2807019.996	474350.220	112°30′41″	256.043	2807040.329	474336.553	109°13′12″	236.021
K6 + 260	2807008.558	474333.174	116°30′27″	245.271	2807028.924	474319.556	113°24′12″	224.323
K6 + 280	2806997.445	474316.444	120°44′25″	235.903	2807017.905	474302.967	117°52′37″	214.128
K6 + 300	2806986.457	474299.565	125°17′31″	227.731	2807007.070	474286.324	122°43′46″	205.219
K6 + 320	2806975.671	474282.490	130°08′29″	220.816	2806996.494	474269.581	127°56′22″	197.669
K6 + 340	2806965.171	474265.173	135°15′27″	215.204	2806986.255	474252.695	133°28′08″	191.538
K6 + 360	2806955.042	474247.573	140°35′53″	210.925	2806976.433	474235.628	139°15′53″	186.864
K6 + 380	2806945.372	474229.653	146°06′43″	207.984	2806967.108	474218.347	145°15′33″	183.658
K6 + 399.502	2806936.474	474211.843	151°36′08″	206.387	2806958.574	474201.267	151°13′19″	181.921
K6 + 400	2806936.254	474211.384	151°44′36″	206.363	2806958.364	474200.828	151°22′30″	181.894

续表 4 – 15

桩 号	左边桩				右边桩			
	坐标/m		极坐标放样数据		坐标/m		极坐标放样数据	
	$N(X)$	$E(Y)$	α_1	D_1/m	$N(X)$	$E(Y)$	α_1	D_1/m
K6+420	2806927.783	474192.777	157°25′33″	206.028	2806950.261	474183.032	157°32′32″	181.532
K6+440	2806919.993	474173.875	163°05′40″	206.977	2806942.811	474164.954	163°41′27″	182.561
K6+460	2806912.896	474154.702	168°41′35″	209.190	2806936.024	474146.616	169°44′40″	184.957
K6+480	2806906.501	474135.284	174°10′13″	212.625	2806929.907	474128.044	175°38′09″	188.666
K6+485.633	2806904.828	474129.774	175°41′06″	213.805	2806928.306	474122.774	177°15′28″	189.937
K6+500	2806900.816	474115.646	179°28′60″	217.219	2806924.469	474109.262	181°18′35″	193.607
K6+520	2806895.848	474095.814	184°35′57″	222.895	2806919.718	474090.294	186°43′39″	199.683
K6+540	2806891.605	474075.815	189°29′44″	229.566	2806915.660	474071.167	191°51′58″	206.785
K6+560	2806888.092	474055.675	194°09′37″	237.139	2806912.300	474051.904	196°42′57″	214.803
K6+581.765	2806885.103	474033.628	198°58′07″	246.298	2806909.442	474030.818	201°40′03″	224.443
K6+600	2806883.262	474015.105	202°46′42″	254.623	2806907.675	474013.051	205°34′03″	233.185
K6+620	2806881.858	473994.799	206°43′15″	264.405	2806906.321	473993.454	209°35′36″	243.465
K6+640	2806880.994	473974.526	210°25′02″	274.864	2806905.482	473973.764	213°21′29″	254.467
K6+660	2806880.562	473954.302	213°52′10″	285.994	2806905.061	473953.997	216°51′50″	266.186
K6+680	2806880.456	473934.138	217°04′51″	297.788	2806904.956	473934.162	220°06′58″	278.618
K6+700	2806880.567	473914.037	220°03′23″	310.237	2806905.066	473914.264	223°07′12″	291.756

3. 路线坐标反算操作流程

【例 4 – 6】 计算任务：根据例 4 – 5 计算的湖南省 YZ ～ FTL 高速公路 K6 + 100 的中桩、左右边桩的坐标，反算对应桩号及偏距，并进行验证。

使用道路坐标放样正反算程序 ROAD 进行路线（全线贯通）坐标反算的操作流程见表 4 – 16。

表 4 – 16 使用 ROAD 程序进行路线（全线贯通）坐标反算的操作流程

步骤	屏幕显示	屏幕说明	按键操作	操作说明
1	由于同样在 JD8 的计算范围之内，之前相关步骤与表 4 – 12 第 1～4 步相同，在此不再重复			
2	ZS[1];FS[2]?	等待确认坐标正算还是坐标反算	2 EXE	输入 2 表示进行坐标反算

第 4 章 道路坐标放样正反算程序 ROAD 及其应用

续表 4-16

步骤	屏幕显示	屏幕说明	按键操作	操作说明
3	ZS[1],FS[2]? 2 XB? 7118.026	等待输入待反算的某点 X 坐标	7107.984 EXE	输入 K6+100 的中桩 X 坐标
4	7118.026 7107.984 YB? 4113.687	等待输入待反算的某点 Y 坐标	4459.165 EXE	输入 K6+100 的中桩 Y 坐标
5	4113.687 4459.165 KP? 6400.000	等待输入估算的中桩坐标	6000 EXE	输入估计的中桩坐标 K6+000
6	XB=7107.984 YB=4459.165 K =6100.000 D =0.000	显示计算结果: 某点 X、Y 坐标, 对应中桩桩号, 距中桩距离, 计算无误	EXE	按 EXE 键继续
7	XB? 7107.984	等待输入待反算的某点 X 坐标	7097.818 EXE	输入 K6+100 的左边桩 X 坐标
8	7107.984 7097.818 YB? 4459.165	等待输入待反算的某点 Y 坐标	4465.999 EXE	输入 K6+100 的左边桩 Y 坐标
9	4459.165 4465.999 KP? 6100.000	等待输入估算的中桩坐标	6000 EXE	输入估计的中桩坐标 K6+000

143

续表4-16

步骤	屏幕显示	屏幕说明	按键操作	操作说明
10	XB=7097.818 YB=4465.999 K =6099.999 D =-12.250	显示计算结果：某点 X、Y 坐标，对应中桩桩号，距中桩距离（负值表示在路线左侧），计算无误	EXE	按 EXE 键继续
11	XB? 　　　7097.818	等待输入待反算的某点 X 坐标	7118.151 EXE	输入 K6+100 的右边桩 X 坐标
12	7097.818 7118.151 YB? 　　　4465.999	等待输入待反算的某点 Y 坐标	4452.331 EXE	输入 K6+100 的右边桩 Y 坐标
13	4465.999 4452.331 KP? 　　　6099.999	等待输入估算的中桩坐标	6000 EXE	输入估计的中桩坐标 K6+000
14	XB=7118.151 YB=4452.331 K =6100.000 D =12.250	显示计算结果：某点 X、Y 坐标，对应中桩桩号，距中桩距离，计算无误	EXE	按 EXE 键继续

4.4 道路坐标放样正反算程序的评析

1. ROAD 程序的改进之处

道路坐标放样正反算程序 ROAD 的改进之处有以下几点：

（1）根据不同的项目编写数据库子程序，这项工作必须由程序使用者来完成，因此如何使用户程序更加简洁、方便显得非常重要。ROAD 程序的数据库子程序改变了以往逐一向变量赋值的形式，而采用向矩阵变量 Mat A 赋值的形式，使数据组织更加简洁，输入更加方便，减少了用户程序输入量。

（2）而对于计算结果的显示输出，ROAD 程序改变以往计算结果逐一按 EXE 键显示输出的方法，而是利用了屏幕定位命令 Locate 改进了结果显示输出的效果，使得一个屏幕最多能同时显示四个计算结果或参数，简化了按键操作，满足了现场放样工作同时对多个参数的要求。

（3）对于绝大部分全线贯通的坐标计算程序，用户每输入一个桩号后，在坐标计算之前都要进行交点搜索、交点变量赋值、曲线要素计算等一系列流程，程序的运行效率和速度并不高，ROAD 程序采用了"交点定位"方法，虽然在操作上多了一个步骤，可能会繁琐一些，但这种方法带来的优点也是突出的，在程序运行交点定位的同时，就完成了计算曲线要素等计算，以后在该交点计算范围内的每一个桩号就不再需要搜索交点、计算曲线要素等，因而提高了计算效率，程序运行更快速。高等级公路一个交点的计算范围并不短，因此使用"交点定位"在实际使用中影响并不大。此外，"交点定位"与"交点计算范围"相结合，可有效解决卵形曲线、断链等公路路线计算中常见问题，限于篇幅，这里就不再赘述。在作者的 QQ 空间中都有详细的原理解释和操作描述，有兴趣的读者可按以下网址访问：

①ROAD 程序特殊应用 1——断链的处理：http://user.qzone.qq.com/595077/blog/1251731511

②ROAD 程序特殊应用 2——回头曲线的处理：http://user.qzone.qq.com/595077/blog/1254147698

③ROAD 程序特殊应用 3——单一直线段的处理：http://user.qzone.qq.com/595077/blog/1254410294

④ROAD 程序特殊应用 4——卵形曲线的处理：http://user.qzone.qq.com/595077/blog/1257256530

2. ROAD 程序的使用注意事项

对于路线平面计算，一般认为三种数据为直接参数：交点坐标、半径、缓和曲线长，其他均为间接参数，它们可由直接参数计算而得。在 ROAD 程序中，数据库子程序中有一种间接参数值得注意，这种参数是角度，包括方位角和转角两个参数。由于切线上的坐标都是以交点为起点、方位角为方向用极坐标方法计算而得的，因此对于长直线而言，角度的精度必须要高，否则会出现坐标计算结果误差较大的后果，可以很容易地验证，对于一条长 15km 的直线，起点角度偏差 1″，终点就要偏差 73mm，而起点角度偏差 0.01″时，终点则只偏差 0.7mm。

这一点，对于高速铁路要特别注意。高铁"曲线表"（类似高速公路的"直线曲线转角表"）中的偏角，这个角度参数取值精度有时只保留到 1″，这对于高速铁路动辄几公里甚至十几公里的长直线而言，这个精度显然是不够的，高铁相关角度参数（包括偏角和方位角）必须精确到 0.01″，这需要使用相关的路线计算软件，根据所给的交点坐标重新计算相关角度。

表 4-17（案例二）是某新建铁路 WH～HS 城际铁路的曲线表，供读者参考验证。

表4-17 （案例二）某新建铁路WH~HS城际铁路的曲线表

交点号 JD	交点经纬距 N	交点经纬距 E	曲线 ZH或ZY	里程 HZ或YZ	偏角 α_z	角 α_y	曲线半径 R m	缓和曲线长度 l m	切线长度 T m	曲线长度 L m	夹直线长度 m
QD	3376710.444	484666.014	K18+000.00	K18+000.00							2019.106
JD5	3374771.057	488013.416	K20+019.11	K23+637.39	30°49'40"		6000	390	1849.527	3618.282	2851.400
JD6	3374837.889	493180.259	K26+488.79	K27+421.31		3°08'18"	11000	330	466.348	932.525	1370.760
JD7	3374572.346	499523.042	K28+792.07	K36+990.63	64°18'33"	61°37'19"	7000	670	4511.231	8198.554	7804.017
JD8	3360450.261	506404.936	K44+794.64	K50+906.67			5000	500	3394.422	6112.030	2709.054
JD9	3360483.594	512996.046	K53+615.73	K54+590.97		3°21'11"	10000	390	487.719	975.238	784.934
JD10	3360382.398	514886.938	K55+375.90	K56+617.19	5°07'54"		8500	480	620.946	1241.293	3263.957
JD11	3360732.988	524595.070	K59+881.15	K69+299.15		86°59'33"	5900	460	5829.558	9417.997	3717.344
ZD	3351223.523	525439.715	K73+016.49	K73+016.49							

第5章 立交匝道坐标放样正反算程序 RAMP 及其应用

5.1 立交匝道坐标放样正反算程序 RAMP

5.1.1 程序清单

立交匝道坐标放样正反算程序包括一个主程序和三个子程序（不包括数据库子程序）。

1. 主程序清单：RAMP（见表5-1）

表5-1 立交匝道坐标放样正反算程序（主程序，程序名：RAMP）

行号	程　序	说　明
1	Deg: Fix 3: 10→DimZ ↵	基本设置
2	0.1739274226→Z[1]: 0.0694318442→Z[2] ↵	定义 Gauss-Legendre 积分公式的参数（四结点）
3	0.3260725774→Z[3]: 0.3300094782→Z[4] ↵	
4	Z[3]→Z[5]: 1-Z[4]→Z[6]: Z[1]→Z[7]: 1-Z[2]→Z[8] ↵	
5	"RAMP?[1-N]"?→Z[9] ↵	输入匝道代码，比如数字 1、2、3、4 分别表示 a、b、c、d 匝道，并存储在变量 $Z[9]$ 中。对于具体的匝道项目，用户可参照自行决定对应关系
6	If Z[9]=0: Then ↵	若 $Z[9]$ 为0值，则手工输入原始数据：线元起点坐标、方位角，线元起、终点曲率，线元起、终点桩号
7	"XA"? W: "YA"? Y: "FWJ"? Q: "RS"? A: "RE"? B: "KS"? S: "KE"? E ↵	注： ①曲率是半径 R 的倒数，可用 $1 \div R$ 这样的表达式输入； ②直线曲率为0； ③线元左转时，曲线输入负值
8	IfEnd ↵	
9	Cls: "ZS[1], FS[2]"?→Z[10]: Z[10]=2→Goto 2 ↵	坐标正反算代码输入，输入1表示正算，输入2表示反算
10	"XS"? U: "YS"? V ↵	输入测站点坐标
11	Lbl 0: "KP"? P ↵	输入待计算的中桩桩号
12	Z[9]>0→Prog "RAMP-DATA" ↵	调用匝道数据库子程序

续表 5-1

行号	程序	说明
13	Prog "RAMP-ZBJS" ↵	调用子程序计算中桩坐标
14	Lbl 1: 90→H: "YJ"? H: H=0⇒Goto 0: ? D↵	输入右角及距离, 若右角为 0 则返回桩号输入
15	F+Dcos (Z+H)→R: G+Dsin (Z+H)→T↵	坐标计算
16	Pol (R-U, T-V): J⟨0⇒J+360→J↵	
17	1→O: Prog "RAMP-XS": Goto 1 ↵	调用计算结果显示子程序
18	Lbl 2: "XB"? U: "YB"? V: "KP"? P↵	坐标反算, 输入路线外一点的坐标和估测的桩号
19	Lbl 3: Z [9] >0⇒Prog "RAMP-DATA" ↵	调用匝道数据库子程序
20	Prog "RAMP-ZBJS" ↵	调用子程序计算中桩坐标
21	(V-G) cos (Z-90) - (U-F) sin (Z-90)→H↵	
22	If Abs (H) >0.001: Then P+H→P: Goto 3: IfEnd↵	
23	Pol (V-G, U-F): (G-V) sin (Z-90)⟨0⇒-I→I: I→D↵	
24	2→O: Prog "RAMP-XS": Goto 2 ↵	调用计算结果显示子程序

2. 子程序 1 清单: RAMP-ZBJS (见表 5-2)

功能: 使用 Gauss-Legendre 积分公式 (四结点) 计算匝道坐标。

表 5-2 立交匝道坐标放样正反算程序 (子程序 1, 程序名: RAMP-ZBJS)

行号	程序	说明
1	E-S→C: P-S→L: 180÷π→M: (B-A) ÷2÷C→N↵	计算中间参数
2	0→F: 0→G: 0→Z↵	
3	For 0→K To 3 ↵	
4	F+LZ [2K+1] cos (Q+MALZ [2K+2] +MN (LZ [2K+2])²)→F↵	计算 X、Y 坐标值
5	G+LZ [2K+1] sin (Q+MALZ [2K+2] +MN (LZ [2K+2])²)→G↵	
6	Next ↵	
7	W+F→F: Y+G→G↵	
8	Q+MAL+MNL²→Z↵	计算切线方位角
9	Z⟨0⇒Z+360→Z: Z⟩360⇒Z-360→Z↵	

3. 子程序2清单：RAMP-XS（见表5-3）

功能：显示计算结果。

表5-3　立交匝道坐标放样正反算程序（子程序2，程序名：RAMP-XS）

行号	程　　序	说　　明
1	Cls: If O=1: Then ↵	
2	"X=": Locate 4, 1, R: "Y=": Locate 4, 2, T: If U=0: Then "B=": Locate 4, 3, Z° ▲	显示坐标计算结果
3	Else "A=": Locate 4, 3, J°: "D =": Locate 4, 4, I ▲	若测站坐标不为0，则显示极坐标放样计算结果
4	IfEnd: IfEnd: If O=2: Then ↵	
5	"XB=": Locate 4, 1, U: "YB=": Locate 4, 2, V: "K=": Locate 4, 3, P: "D =": Locate 4, 4, D ▲	显示坐标反算结果
6	IfEnd: Cls ↵	

4. 子程序3清单：RAMP-DATA（见表5-4）

功能：调用相关匝道的数据库子程序。

表5-4　立交匝道坐标放样正反算程序（子程序3，程序名：RAMP-DATA）

行号	程　　序	说　　明
1	If Z [9] =1: Then Prog "RAMP-DAT1-1": Goto 1: IfEnd ↵	根据匝道代码（存储于变量Z[9]中），比如数字1、2、3、4分别调用a、b、c、d匝道数据库子程序
2	If Z [9] =2: Then Prog "RAMP-DAT1-2": Goto 1: IfEnd ↵	
3	If Z [9] =3: Then Prog "RAMP-DAT1-3": Goto 1: IfEnd ↵	
4	If Z [9] =4: Then Prog "RAMP-DAT1-4": Goto 1: IfEnd ↵	
5	……	
6	Cls: Locate 4, 2, "RAMP ERROR" ▲	若匝道不存在，则警告后终止运行程序
7	Stop ↵	
8	Lbl 1: Mat B [1, 1] → W: Mat B [1, 2] → Y: Mat B [1, 3] → Q: Mat B [1, 4] → A: Mat B [1, 5] → B: Mat B [1, 6] → S: Mat B [1, 7] → E ↵	将线元数据赋值给相关变量（参见变量清单表）

5.1.2　变量清单

道路坐标放样正反算程序主要变量清单见表5-5。

表 5-5 立交匝道坐标放样正反算程序主要变量清单

序号	数学模型变量	fx-5800P 计算器变量	输入（输出）提示符	单位	说明
1	t_k, R_k	$Z[1] \sim Z[8]$			Gauss-Legendre 积分法四节点参数
2		Mat B			线元数据存储矩阵变量，7个因子
3	x_A, y_A	W, Y Mat $B[1,1]$ Mat $B[1,2]$	XA, YA	m	线元起点 A 的 x, y 坐标
4	α_A	Q Mat $B[1,3]$	FWJ	°′″	线元起点 A 的切线方位角
5	ρ_A, ρ_B	A, B Mat $B[1,4]$ Mat $B[1,5]$	RS, RE	m	线元起、终点的曲率
6	K_A, K_B	S, E Mat $B[1,6]$ Mat $B[1,7]$	KS, KE	m	线元起、终点的桩号
7		U, V	XS, YS	m	测站点坐标（正算时）
8		U, V	XB, YB	m	路线外一点坐标（反算时）
9	L	C		m	线元长度
10	l_i	L		m	待求点距线元起点长度
11		M, N			线元坐标计算的中间变量
12	K_i	P	KP	m	路线上任一点的桩号
13		O			计算结果显示类型符号，$O=1$ 时显示坐标和极坐标计算结果；$O=2$ 时显示坐标反算计算结果
14	x_i, y_i	F, G		m	路线中桩点 P 的坐标
15	β_P	Z		°′″	路线中桩点 P 的切线方位角
16	α_1	J	A	°′″	极坐标法放样参数：方位角
17	D_1	I	D	m	极坐标法放样参数：平距
18	β	H	YJ	°′″	路线外一点的右转角
19	d	D	D	m	路线外一点距中线的距离
20	x_b, y_b	R, T	X, Y	m	路线坐标计算结果

5.1.3 程序计算流程图

立交匝道坐标放样正反算程序 RAMP 的计算流程图见图 5-1。

第5章 立交匝道坐标放样正反算程序 RAMP 及其应用

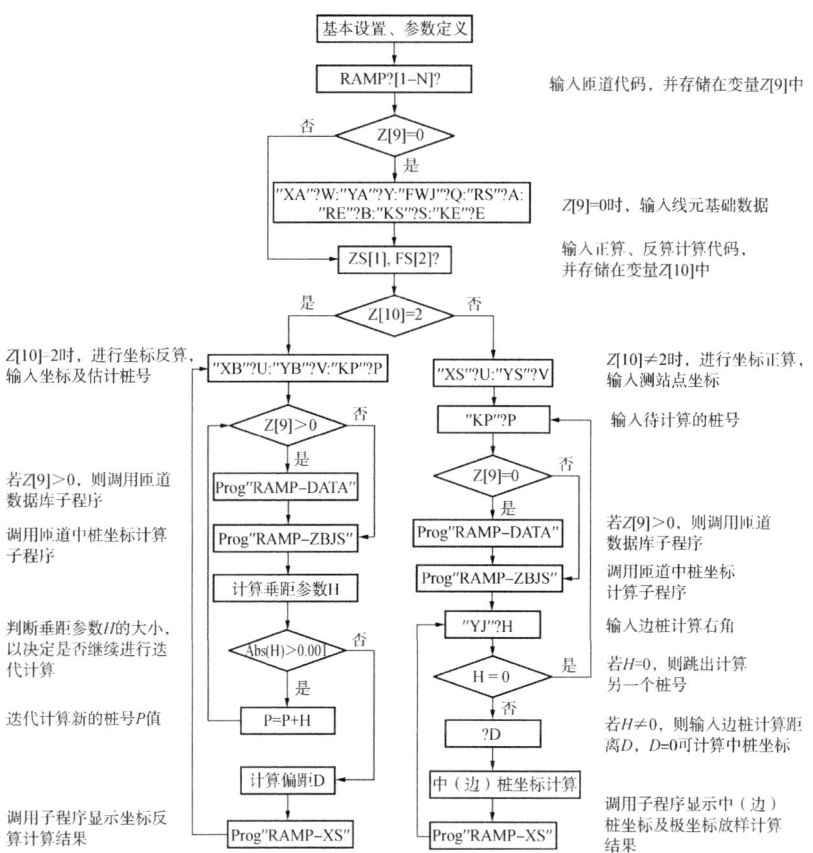

图 5-1 立交匝道坐标放样正反算程序 RAMP 的计算流程图

5.1.4 程序基本操作流程

【例 5-1】 根据例 3-1、例 3-4 的计算内容,使用立交匝道坐标放样正反算程序 RAMP 计算 B 匝道第一段线元 BK0+100 及 BK0+117.416 的中桩坐标。

使用立交匝道坐标放样正反算程序 RAMP 计算中桩坐标,操作流程见表 5-6。

表 5-6 使用 RAMP 程序计算匝道中桩坐标操作流程

步骤	屏幕显示	屏幕说明	按键操作	操作说明
1	RAMP?[1-N]?	等待输入匝道代码	0 EXE	输入"0"表示手工按键输入线元参数

续表 5-6

步骤	屏幕显示	屏幕说明	按键操作	操作说明
2	RAMP?[1-N]? 0 XA? 7666.919	等待输入线元起点 X 坐标	2807694.836 EXE	输入 B 匝道第一线元起点 X 坐标 2807694.836
3	7666.919 2807694.836 YA? 5555.662	等待输入线元起点 Y 坐标	475864.056 EXE	输入 B 匝道第一线元起点 Y 坐标 475864.056
4	5555.662 475864.056 FWJ? 79°9′33.4″	等待输入线元起点切线方位角	266 °′″ 51 °′″ 11.4 °′″ EXE	输入 B 匝道第一线元起点切线方位角 266°51′11.4″
5	79°9′33.4″ 266°51′11.4° RS? 0.002	等待输入线元起点曲率	1 ÷ 708.449 EXE	B 匝道第一线元起点半径是 708.449m，右转，故曲率输入 1÷708.449（若左转需输入负值）
6	0.002 1÷708.449 RE? 0.002	等待输入线元终点曲率	1 ÷ 3000 EXE	B 匝道第一线元终点半径是 3000m，右转，故曲率输入 1÷3000
7	0.002 1÷3000 KS? 291.035	等待输入线元起点桩号	0 EXE	输入 B 匝道第一线元起点桩号 K0+000
8	291.035 0 KE? 359.994	等待输入线元终点桩号	117.416 EXE	输入 B 匝道第一线元终点桩号 K0+117.416
9	ZS[1],FS[2]?	等待确认坐标正算还是坐标反算	1 EXE	输入 1 表示进行坐标正算
10	ZS[1],FS[2]? 1 XS? 7544.340	等待输入测站点 X 坐标	0 EXE	这里不需要进行极坐标放样计算，故测站坐标输入 0
11	7544.340 0 YS? 5613.014	等待输入测站点 Y 坐标	0 EXE	测站坐标输入 0
12	5613.014 0 KP? 315.3	等待输入待计算的中桩桩号	100 EXE	输入待算的桩号 K0+100

第5章 立交匝道坐标放样正反算程序 RAMP 及其应用

续表5-6

步骤	屏幕显示	屏幕说明	按键操作	操作说明
13	315.3 100 YJ? 90.000	等待输入边桩右角	EXE	由于右角现值显示为90度，直接按EXE键表示不改变现值
14	YJ? 90.000 D? 0.000	等待输入边距	0 EXE	由于是计算中桩坐标，边距应为0
15	X= 2807694.871 Y= 475764.094 B= 272°18′36″	显示计算结果：中桩 X、Y 坐标，切线方位角（当测站坐标不为0时会显示极坐标放样数据）	EXE	按EXE键继续
16	YJ? 90.000	等待输入边桩右角	0 EXE	右角输入0值（实际右角不会为0），表示跳出当前桩号的计算
17	90.000 0 KP? 100.000	等待输入待计算的中桩桩号	117.416 EXE	输入待算的桩号 K0+117.416
18	100.000 117.416 YJ? 90.000	等待输入边桩右角	EXE	由于右角现值显示为90度，直接按EXE键表示不改变现值
19	YJ? 90.000 D? 0.000	等待输入边距	0 EXE	由于是计算中桩坐标，边距应为0
20	X= 2807695.640 Y= 475746.695 B= 272°43′20.69″	显示计算结果：中桩 X、Y 坐标，切线方位角（当测站坐标不为0时会显示极坐标放样数据）	EXE	按EXE键继续
21	……			按照以上操作程序可继续进行其他桩号的计算

5.2 立交匝道数据库子程序编写及应用

5.2.1 立交匝道数据库子程序格式及编写示例

1. 立交匝道工程案例（案例三）

湖南省 YZ～FTL 高速公路某路段（K4+800～K9+600）内（案例一）有一处立

153

交——YZX 互通式立交，是一座匝道下穿主线的 A 型单喇叭，立交的中心桩号为 MRK5＋067.062（主线）。该互通式立交线位数据见图 5－2、图 5－3。

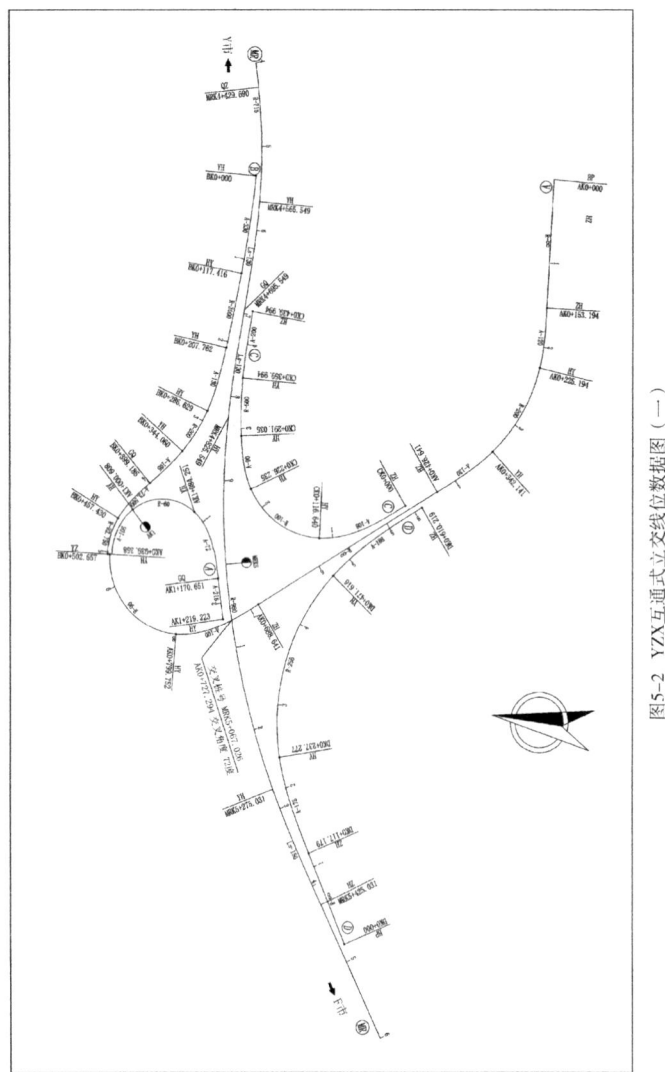

图5-2 YZX互通式立交线位数据图（一）

第 5 章　立交匝道坐标放样正反算程序 RAMP 及其应用

图 5-3　YZX 互通式立交线位数据图（二）

2. 立交匝道数据库子程序的格式

每条匝道建立一个数据库子程序，子程序名称格式建议为：RAMP－DAT1－1，RAMP－DAT1－2，RAMP－DAT1－3，…

每条匝道由若干线元组成，因此立交匝道数据库子程序由若干条线元数据组成，每一个线元写成一行数据。与道路坐标放样正反算程序 ROAD 类似，立交匝道数据库子程序采用向矩阵变量 Mat B 赋值的形式，格式如下：

If P≤ 线元计算终点桩号: Then [[线元起点X(N)坐标 , 线元起点Y(E)坐标 , 线元起点直线方位角 , 线元起点曲率(左转为负) , 线元终点曲率(左转为负) , 线元起点桩号 , 线元终点桩号]]→Mat B: Retrun: IfEnd ↵

图 5－4 立交匝道数据库子程序格式示意图

3. 立交匝道数据库子程序的编写

为说明清晰起见，笔者将每条匝道的每个线元都一一进行编号，比如 a 匝道的第一条线元编为 "a－1"，读者可结合 YZX 互通式立交设计图表进行判读。

（1） a 匝道数据库子程序见表 5－7。

表 5－7 立交匝道坐标放样正反算程序（a 匝道数据库子程序，程序名：RAMP－DAT1－1）

行号	程序	说明
1	If P≤153.194: Then [[7325.291，5916.008，264°45′16.6″，0，0，0，153.194]]→Mat B: Return: IfEnd ↵	线元 "a－1" 数据
2	If P≤225.194: Then [[7311.286，5763.456，264°45′16.6″，0，1÷200，153.194，225.194]]→Mat B: Return: IfEnd ↵	线元 "a－2" 数据
3	If P≤342.141: Then [[7309.017，5691.595，275°04′04.3″，1÷200，1÷200，225.194，342.141]]→Mat B: Return: IfEnd ↵	线元 "a－3" 数据
4	If P≤426.641: Then [[7351.868，5584.566，308°34′15.2″，1÷200，0，342.141，426.641]]→Mat B: Return: IfEnd ↵	线元 "a－4" 数据
5	If P≤688.641: Then [[7413.184，5526.667，320°40′28.7″，0，0，426.641，688.641]]→Mat B: Return: IfEnd ↵	线元 "a－5" 数据
6	If P≤799.752: Then [[7615.856，5360.631，320°40′28.7″，0，1÷90，688.641，799.752]]→Mat B: Return: IfEnd ↵	线元 "a－6" 数据
7	If P≤939.358: Then [[7712.688，5310.063，356°02′32.6″，1÷90，1÷90，799.752，939.358]]→Mat B: Return: IfEnd ↵	线元 "a－7" 数据
8	If P≤1000.608: Then [[7805.807，5392.120，84°55′05.3″，1÷90，1÷60，939.358，1000.608]]→Mat B: Return: IfEnd ↵	线元 "a－8" 数据
9	If P≤1084.251: Then [[7787.798，5448.740，133°39′33.6″，1÷60，1÷60，1000.608，1084.251]]→Mat B: Return: IfEnd ↵	线元 "a－9" 数据

第5章 立交匝道坐标放样正反算程序 RAMP 及其应用

续表 5-7

行号	程序	说明
10	If P∠1170.651: Then [[7711.246, 5457.332, 213°31′58.2″, 1÷60, 0, 1084.251, 1170.651]] →Mat B: Return: IfEnd ↙	线元"a-10"数据
11	If P∠1219.223: Then [[7670.439, 5383.423, 254°47′8.8″, 0, -1÷960.55, 1170.651, 1219.223]] →Mat B: Return: IfEnd ↙	线元"a-11"数据
12	Cls: Locate 6, 2, "KP OUT" ↙	若输入的桩号不在匝道范围内,则提示警告

（2）b 匝道数据库子程序见表 5-8。

表 5-8 立交匝道坐标放样正反算程序（b 匝道数据库子程序,程序名：RAMP-DAT1-2）

行号	程序	说明
1	If P∠117.416: Then [[7694.836, 5864.056, 266°51′11.4″, 1÷708.45, 1÷3000, 0, 117.416]] →Mat B: Return: IfEnd ↙	线元"b-1"数据
2	If P∠207.762: Then [[7695.640, 5746.696, 272°43′20.7″, 1÷3000, 1÷3000, 117.416, 207.762]] →Mat B: Return: IfEnd ↙	线元"b-2"数据
3	If P∠286.629: Then [[7701.289, 5656.530, 274°26′52.4″, 1÷3000, 1÷200, 207.762, 286.629]] →Mat B: Return: IfEnd ↙	线元"b-3"数据
4	If P∠344.060: Then [[7713.215, 5578.724, 286°29′52.2″, 1÷200, 1÷200, 286.629, 344.060]] →Mat B: Return: IfEnd ↙	线元"b-4"数据
5	If P∠399.185: Then [[7737.153, 5526.737, 302°57′2.4″, 1÷200, 0, 344.060, 399.185]] →Mat B: Return: IfEnd ↙	线元"b-5"数据
6	If P∠457.430: Then [[7771.226, 5483.462, 310°50′48.3″, 0, -1÷92.75, 399.185, 457.430]] →Mat B: Return: IfEnd ↙	线元"b-6"数据
7	If P∠502.657: Then [[7804.367, 5435.875, 292°51′23.1″, -1÷92.75, -1÷92.75, 457.430, 502.657]] →Mat B: Return: IfEnd ↙	线元"b-7"数据
8	Cls: Locate 6, 2, "KP OUT" ↙	若输入的桩号不在匝道范围内,则提示警告

(3) c 匝道数据库子程序见表 5-9。

表 5-9 立交匝道坐标放样正反算程序（c 匝道数据库子程序，程序名：RAMP-DAT1-3）

行号	程序	说明
1	If P≤116.640: Then [[7450.147, 5504.465, 320°40′28.7″, 0, 1÷100, 0, 116.640]] →Mat B: Return: IfEnd ↵	线元"c-1"数据
2	If P≤226.235: Then [[7551.378, 5450.141, 354°05′22.3″, 1÷100, 1÷100, 116.640, 226.235]] →Mat B: Return: IfEnd ↵	线元"c-2"数据
3	If P≤291.035: Then [[7645.431, 5494.974, 56°52′57.6″, 1÷100, 1÷500, 226.235, 291.035]] →Mat B: Return: IfEnd ↵	线元"c-3"数据
4	If P≤359.994: Then [[7666.919, 5555.662, 79°09′33.4″, 1÷500, 1÷500, 291.035, 359.994]] →Mat B: Return: IfEnd ↵	线元"c-4"数据
5	If P≤439.994: Then [[7675.185, 5624.070, 87°03′41.3″, 1÷500, 0, 359.994, 439.994]] →Mat B: Return: IfEnd ↵	线元"c-5"数据
6	Cls: Locate 6, 2, "KP OUT" ↵	若输入的桩号不在匝道范围内，则提示警告

(4) d 匝道数据库子程序见表 5-10。

表 5-10 立交匝道坐标放样正反算程序（d 匝道数据库子程序，程序名：RAMP-DAT1-4）

行号	程序	说明
1	If P≤117.179: Then [[7448.415, 4977.383, 58°57′27″, 0, 0, 0, 117.179]] →Mat B: Return: IfEnd ↵	线元"d-1"数据
2	If P≤237.277: Then [[7508.841, 5077.780, 58°57′27″, 0, 1÷255, 117.179, 237.277]] →Mat B: Return: IfEnd ↵	线元"d-2"数据
3	If P≤471.616: Then [[7562.385, 5184.951, 72°26′59.5″, 1÷255, 1÷255, 237.277, 471.616]] →Mat B: Return: IfEnd ↵	线元"d-3"数据
4	If P≤610.219: Then [[7527.874, 5408.483, 125°06′12″, 1÷255, 0, 471.616, 610.219]] →Mat B: Return: IfEnd ↵	线元"d-4"数据
5	Cls: Locate 6, 2, "KP OUT" ↵	若输入的桩号不在匝道范围内，则提示警告

5.2.2 立交匝道参数辅助计算 EXCEL 程序的使用

根据图 5-4，立交匝道数据库子程序的每条线元均需要确定以下参数：

(1) 线元起点的 X/Y 坐标；
(2) 线元起点的切线方位角；
(3) 线元起、终点的曲率（半径的倒数，左偏为负）；
(4) 线元起、终点的桩号。

第 5 章 立交匝道坐标放样正反算程序 RAMP 及其应用

以上参数，要数参数（3）最难确定，因为在立交匝道设计图表中是没有直接标注的，而需要根据其他相关参数进行计算确定。除参数（3）外，其他三种参数的确定就比较简单了，因为他们基本可以在匝道的设计图表中直接获取。

考虑到匝道计算的部分参数不能直接从设计图表中获取，以及为了验证立交匝道参数的准确性，笔者编制了"立交匝道参数辅助计算 EXCEL 程序，帮助使用者快速、准确地确定匝道数据库参数，以提高工作效率。该程序在作者的 QQ 空间有详细的使用介绍及下载链接：http：//user.qzone.qq.com/595077/blog/1263139893。

这里以 YZX 互通式立交 A 匝道为例，讲述立交匝道参数辅助计算 EXCEL 程序的基本使用方法。

1．程序主界面及参数输入

程序的主界面如图 5－5 所示。

图 5－5　立交匝道参数辅助计算 EXCEL 程序——主界面

其中，"节点"工作簿用于输入和计算导线节点参数；"CASIO 数据参数"工作簿用于计算并生成匝道的 CASIO 数据库子程序所需的参数；"中桩坐标"工作簿用于计算匝道中桩坐标以便与设计文件对照检查。

"节点"工作簿各列参数输入方法和注意事项：

（1）第一列："节点"。节点是两种不同线元交界的点，如 ZH、ZY、HZ、GQ、YZ 等特征点都是节点，匝道的起、终点也是节点，注意 QZ 不是节点。这一栏就填节点的名称。

（2）第二列："节点桩号"。这个在立交匝道的设计图表上可以找到，需要强调的是输入时按数字输入，如输入 153.194，回车后会自动显示为 K0+153.194 格式，千万不可按桩号格式 K××+×××的格式输入，否则会出错。

（3）第三、四列："半径 1"、"半径 2"。节点除匝道起、终点外，都是对前后两个线元起承接作用的点，一般情况下，其曲率半径是连续的，但也有例外，如 ZY 点，节点前承直线终点，半径无穷大，后接圆曲线，半径为 R。因此，在节点处曲率半径连续的情况下，就在半径 1 中填写半径值，半径 2 中空着就行（当然填一个与半径 1 一样的值也没

159

事），而当节点处曲率半径不连续的情况下，就分别在半径1和半径2中相应填写两个不同的半径值。

关于半径值，本程序有以下两个约定：一是曲线左偏的话，半径输入负值，二是当半径无穷大（如直线）时，半径值输入"0"（准确地讲应为一个极大数）。

(4) 第五列："偏移"。匝道在某个节点处，由于分、合的原因，可能会有一个偏移，如YZX互通式立交A匝道在AK0+939.358的YH点处就有一个偏移。对于有偏移的匝道，有的立交匝道设计时，将其分为两条匝道分别考虑，而有的则按一条匝道考虑，如这个A匝道就是如此。节点处有偏移，按左偏为负、右偏为正的原则，将偏移值填写在对应的地方，无偏移则不填。

需要说明一下这里关于偏移的基本假定，第一，偏移点必须是正交偏移，即垂直向两侧偏移；第二，切线方位角必须连续，横向偏移后没有方向上的改变。以上这两点，一般立交设计时都会满足，鲜有例外的。

偏移前后半径的确定是一个难点，如偏移发生在曲线部分，则偏移前后的节点半径会相差一个偏移值，但经常有例外，如本例的A匝道，偏移前后的半径是一致的，这个在设计文件上没有直接标明，需要根据相关参数验证出来。

(5) 第六、七、八列："X坐标"、"Y坐标"、"切线方位角"。这三个参数，只填写起始节点的，数据一般在设计文件中可找到，有时会出现数据文件中没有直接给定起点方位角的情况，但可根据前后两个坐标反算获得。需要说明的是，角度虽然显示度分秒的格式，但输入时必须按"ddd：mm：ss"的方法输入，中间以冒号隔开，如本例的A匝道起点方位角输入为：264：45：16.6。

(6) 第九列："缓曲参数"。这个参数不需手工输入，对于缓和曲线线元，将会计算出该线元的缓和曲线参数并显示在该列，由于设计图表中都明确标识了缓曲参数，因此该参数是用于校核线元输入参数是否准确的重要依据之一。

2. 程序使用步骤

(1) 第一步：在"节点"工作簿，输入起点节点各参数和以后各节点的桩号、半径1、半径2、偏移等参数，本例输入完成后的界面如图5-6所示。

	A	B	C	E	G	H	I	J
1	匝道	a					参数计算	桩号生成
2	节点	节点桩号	半径1	半径2	偏移	X坐标	Y坐标	切线方位角	缓曲参数
3	BP	K0+000.	0			7325.291	5916.008	264°45'16.6"
4	ZH	K0+153.194	0					
5	HY	K0+225.194	200					
6	YH	K0+342.141	200					
7	HZ	K0+426.641	0					
8	ZH	K0+688.641	0					
9	HY	K0+799.752	90					
10	YH	K0+939.358	90		2.75			
11	HY	K1+000.608	60					
12	YH	K1+084.251	60					
13	GQ	K1+170.651	0					
14	EP	K1+219.223	-960.35					

图5-6 立交匝道参数辅助计算EXCEL程序——原始数据输入

第 5 章 立交匝道坐标放样正反算程序 RAMP 及其应用

(2) 第二步：点击"参数计算"按钮，程序即可计算出各节点的 X、Y 坐标、切线方位角、缓曲参数（若本节点与上一节点组成的线元为缓和曲线，则计算显示）等参数（图 5-7），这些参数是与设计图表相关参数进行对照检查的重要数据，这一步，可能无法一次性计算准确，需要多次检查、更正原始输入参数（即第一步输入的参数）。

	A	B	C	D	E	F	G	H	I	J	L
1	匝道	a								参数计算	桩号生成
2	节点	节点桩号	半径1	半径2	偏移			X坐标	Y坐标	切线方位角	缓曲参数
3	BP	K0+000.	0					7325.291	5916.008	264°45′16.6″	
4	ZH	K0+153.194	0					7311.286	5763.456	264°45′16.6″	
5	HY	K0+225.194	200					7309.017	5691.595	275°04′04.3″	120.
6	YH	K0+342.141	200					7351.867	5584.566	308°34′14.5″	
7	HZ	K0+426.641	0					7413.183	5526.667	320°40′28.0″	130.
8	ZH	K0+688.641	0					7615.855	5360.630	320°40′28.0″	
9	HY	K0+799.752	90					7712.687	5310.062	356°02′31.8″	100.
10	YH	K0+939.358	90		2.75			7805.806	5392.119	84°55′05.2″	
11	HY	K1+000.608	60					7787.797	5448.739	133°39′33.5″	105.
12	YH	K1+084.251	60					7711.245	5457.331	213°31′56.9″	
13	GQ	K1+170.651	0					7670.438	5383.423	254°47′07.6″	72.
14	EP	K1+219.223	-960.55					7657.296	5336.664	253°20′12.5″	216.

图 5-7 立交匝道参数辅助计算 EXCEL 程序——线元参数计算

(3) 第三步：若计算出的各节点参数无误，一般也没有问题了，但为了保险起见，还可点击"桩号生成"按钮，批量生成桩号，并计算其坐标和切线方位角，与设计文件的逐桩坐标进行对照检查（图 5-8）。

	A	B	C	D	E
1				清除数据	坐标计算
2	匝道	桩号	X坐标	Y坐标	切线方位角
3	a	K0+000.	7325.291	5916.008	264°45′16.6″
4	a	K0+002.	7325.108	5914.016	264°45′16.6″
5	a	K0+004.	7324.925	5912.025	264°45′16.6″
6	a	K0+006.	7324.742	5910.033	264°45′16.6″
7	a	K0+008.	7324.560	5908.042	264°45′16.6″
8	a	K0+010.	7324.377	5906.050	264°45′16.6″
9	a	K0+012.	7324.194	5904.058	264°45′16.6″
10	a	K0+014.	7324.011	5902.067	264°45′16.6″
11	a	K0+016.	7323.828	5900.075	264°45′16.6″
12	a	K0+018.	7323.645	5898.083	264°45′16.6″
13	a	K0+020.	7323.463	5896.092	264°45′16.6″
14	a	K0+022.	7323.280	5894.100	264°45′16.6″
15	a	K0+024.	7323.097	5892.109	264°45′16.6″

图 5-8 立交匝道参数辅助计算 EXCEL 程序——逐桩坐标和切线方位角计算

(4) 第四步：若第二步或第三步检查无误，即进入"CASIO 数据参数"工作簿，点击"参数计算"按钮，即可计算出数据库子程序所需的各线元参数（图 5-9）。

161

计算器变量	P≤	W Mat B[1,1]	Y Mat B[1,2]	Q Mat B[1,3]	A Mat B[1,4]	B Mat B[1,5]	S Mat B[1,6]	E Mat B[1,7]
1	153.194	7325.291	5916.008	264°45′16.6″	0	0	0	153.194
2	225.194	7311.286	5763.456	264°45′16.6″	0	1÷200	153.194	225.194
3	342.141	7309.017	5691.595	275°04′04.3″	1÷200	1÷200	225.194	342.141
4	426.641	7351.867	5584.566	308°34′14.5″	1÷200	0	342.141	426.641
5	688.641	7413.183	5526.667	320°40′28.0″	0	0	426.641	688.641
6	799.752	7615.855	5360.630	320°40′28.0″	0	1÷90	688.641	799.752
7	939.358	7712.681	5310.062	356°02′31.8″	1÷90	1÷90	799.752	939.358
8	1000.608	7805.806	5392.119	84°55′05.2″	1÷90	1÷60	939.358	1000.608
9	1084.251	7787.797	5448.739	133°39′33.5″	1÷60	1÷60	1000.608	1084.251
10	1170.651	7711.245	5457.331	213°31′56.9″	1÷60	0	1084.251	1170.651
11	1219.223	7670.438	5383.423	254°47′07.6″	0	-1÷960.55	1170.651	1219.223

图 5-9 立交匝道参数辅助计算 EXCEL 程序——CASIO 数据库参数生成

(5) 第五步：对照各线元参数编写该匝道的数据库子程序，本例对应的数据库子程序见表 5-7。

5.2.3 使用数据库子程序的 RAMP 程序计算操作流程

1. 立交匝道坐标及放样参数计算操作流程

【例 5-2】 计算任务：假设在导线点（2807544.340，475613.014）上架设全站仪，试计算 YZX 互通式立交 c 匝道以下点位的 X/Y 坐标及极坐标放样数据：

（1）K0+315.3 中桩，以及该桩左侧 3.5m、右侧 5m 的边桩；

（2）K0+340 中桩。

使用立交匝道坐标放样正反算程序 RAMP 计算坐标及放样参数的操作流程见表 5-11。

表 5-11 使用 RAMP 程序计算坐标及放样参数的操作流程

步骤	屏幕显示	屏幕说明	按键操作	操作说明
1	RAMP?[1-N]?	等待输入匝道代码	3 EXE	输入 c 匝道代码——"3"
2	ZS[1],FS[2]?	等待确认坐标正算还是坐标反算	1 EXE	输入 1 表示进行坐标正算
3	ZS[1],FS[2]? 1 XS?　　　7659.545	等待输入测站点 X 坐标	7544.340 EXE	输入测站点 X 坐标

续表 5-11

步骤	屏幕显示	屏幕说明	按键操作	操作说明
4	7659.545 7544.340 YS? 5525.537	等待输入测站点 Y 坐标	5613.014 EXE	输入测站点 Y 坐标
5	5525.537 5613.014 KP? 5200.000	等待输入待计算的桩号	315.3 EXE	输入待计算的桩号 CK0+315.3
6	5200.000 315.3 YJ? 90.000	等待输入边桩右角	EXE	由于右角现值显示为 90°，直接按执行键表示不改变现值
7	YJ? 90.000 D? 0.000	等待输入边距	EXE	边距现值为 0，由于是计算中桩坐标，边距应为 0，直接按执行键表示不改变现值
8	X= 7670.903 Y= 5579.595 A= 345°12′31.48″ D= 130.901	显示计算结果：中桩 X、Y 坐标，极坐标放样数据	EXE	按执行键继续往下运行程序
9	YJ? 90.000	等待输入边桩右角	EXE	直接按执行键，不改变现值
10	YJ? 90.000 D? 0.000	等待输入边距	-3.5 EXE	输入左边距离 3.5m，负值表示在左侧
11	X= 7674.368 Y= 5579.105 A= 345°23′1.17″ D= 134.377	显示计算结果：左边桩 X、Y 坐标，极坐标放样数据	EXE	按执行键继续往下运行程序

163

续表 5-11

步骤	屏幕显示	屏幕说明	按键操作	操作说明
12	YJ? 90.000	等待输入边桩右角	[EXE]	直接按执行键,不改变现值
13	YJ? 90.000 D? -3.500	等待输入边距	5 [EXE]	输入右边距离 5m,正值表示在右侧
14	X= 7665.952 Y= 5580.296 A= 344°56'31.61" D= 125.936	显示计算结果: 右边桩 X、Y 坐标,极坐标放样数据	[EXE]	按执行键继续往下运行程序
15	YJ? 90.000	等待输入边桩右角	0 [EXE]	右角输入 0 值(实际中右角不会为 0),表示跳出当前桩号的计算
16	90.000 0 KP? 315.300	等待输入新的待算桩号	340 [EXE]	输入待算的桩号 CK0+340
17	315.300 340 YJ? 90.000	等待输入边桩右角	[EXE]	直接按执行键,不改变现值
18	YJ? 90.000 D? 5.000	等待输入边距	0 [EXE]	计算中桩坐标,边距应为 0
19	X= 7673.761 Y= 5604.127 A= 356°4'18.35" D= 129.725	显示计算结果: 中桩 X、Y 坐标,极坐标放样数据	[AC/ON] [AC/ON]	计算结束,按两次清除键可退出程序

第5章 立交匝道坐标放样正反算程序 RAMP 及其应用

表 5-12 给出了由道路路线 CAD 软件计算的 YZX 互通式立交 c 匝道的中桩坐标及放样数据计算结果，供读者进行计算验证。

表 5-12 （案例三）c 匝道中桩坐标及放样数据计算结果

桩号	中桩坐标/m		切线方位角	极坐标放样数据	
	$N(X)$	$E(Y)$		α_1	D_1/m
CK0+000	2807450.147	475504.465	320°40′29″	229°03′01″	143.719
CK0+010	2807457.892	475498.139	320°55′13″	233°02′13″	143.769
CK0+020	2807465.690	475491.879	321°39′26″	237°00′19″	144.428
CK0+030	2807473.595	475485.755	322°53′07″	240°55′47″	145.602
CK0+040	2807481.654	475479.835	324°36′16″	244°47′39″	147.194
CK0+050	2807489.912	475474.196	326°48′54″	248°35′26″	149.107
CK0+060	2807498.403	475468.916	329°30′60″	252°19′06″	151.243
CK0+070	2807507.154	475464.079	332°42′35″	255°58′52″	153.507
CK0+080	2807516.179	475459.776	336°23′37″	259°35′12″	155.804
CK0+090	2807525.477	475456.103	340°34′09″	263°08′43″	158.041
CK0+100	2807535.031	475453.157	345°14′08″	266°40′02″	160.128
CK0+110	2807544.801	475451.040	350°23′36″	270°09′47″	161.975
CK0+120	2807554.726	475449.851	356°00′53″	273°38′32″	163.493
CK0+130	2807564.720	475449.656	1°44′40″	277°06′40″	164.624
CK0+140	2807574.683	475450.459	7°28′26″	280°34′24″	165.362
CK0+150	2807584.517	475452.253	13°12′13″	284°01′54″	165.705
CK0+160	2807594.122	475455.020	18°55′59″	287°29′20″	165.651
CK0+170	2807603.403	475458.732	24°39′46″	290°56′53″	165.201
CK0+180	2807612.267	475463.351	30°23′32″	294°24′43″	164.356
CK0+190	2807620.626	475468.833	36°07′18″	297°52′60″	163.119
CK0+200	2807628.396	475475.122	41°51′05″	301°21′56″	161.492
CK0+210	2807635.499	475482.155	47°34′51″	304°51′42″	159.480
CK0+220	2807641.864	475489.862	53°18′38″	308°22′33″	157.090
CK0+230	2807647.429	475498.165	58°59′24″	311°54′41″	154.330
CK0+240	2807652.183	475506.959	64°05′58″	315°28′45″	151.254
CK0+250	2807656.192	475516.118	68°30′06″	319°05′53″	147.986
CK0+260	2807659.545	475525.537	72°11′48″	322°47′24″	144.653
CK0+270	2807662.343	475535.137	75°11′03″	326°34′36″	141.385
CK0+280	2807664.697	475544.855	77°27′52″	330°28′36″	138.317
CK0+290	2807666.723	475554.647	79°02′14″	334°30′10″	135.589

续表5-12

桩号	中桩坐标/m		切线方位角	极坐标放样数据	
	N(X)	E(Y)		α_1	D_1/m
CK0+300	2807668.526	475564.483	80°11′13″	338°39′17″	133.332
CK0+310	2807670.132	475574.353	81°19′58″	342°54′57″	131.599
CK0+320	2807671.540	475584.253	82°28′43″	347°15′34″	130.411
CK0+330	2807672.750	475594.180	83°37′29″	351°39′21″	129.783
CK0+340	2807673.761	475604.128	84°46′14″	356°04′21″	129.725
CK0+350	2807674.572	475614.095	85°54′59″	0°28′32″	130.237
CK0+360	2807675.185	475624.076	87°03′44″	4°49′57″	131.312
CK0+370	2807675.601	475634.067	88°08′12″	9°06′44″	132.939
CK0+380	2807675.843	475644.064	89°04′03″	13°17′07″	135.119
CK0+390	2807675.935	475654.064	89°51′19″	17°19′29″	137.849
CK0+400	2807675.902	475664.064	90°29′59″	21°12′27″	141.119
CK0+410	2807675.769	475674.063	91°00′04″	24°54′54″	144.916
CK0+420	2807675.561	475684.061	91°21′33″	28°25′56″	149.220
CK0+430	2807675.303	475694.057	91°34′26″	31°45′01″	154.011

2. 立交匝道坐标反算操作流程

【例5-3】 计算任务：根据例5-2计算的YZX互通式立交c匝道K0+315.3中桩坐标，以及该桩左侧3.5m、右侧5m的边桩坐标计算结果，反算对应的桩号及距中距离，并进行结果的验证。

使用立交匝道坐标放样正反算程序RAMP进行坐标反算的操作流程见表5-13。

表5-13 使用RAMP程序进行立交匝道坐标反算的操作流程

步骤	屏幕显示	屏幕说明	按键操作	操作说明
1	RAMP?[1-N]?	等待输入匝道代码	3 EXE	输入c匝道代码——"3"
2	ZS[1],FS[2]?	等待确认坐标正算还是坐标反算	2 EXE	输入2表示进行坐标反算
3	ZS[1],FS[2]? 2 XB?　　7544.340	等待输入待反算的X坐标	7670.903 EXE	输入c匝道K0+315.3中桩X坐标

续表 5-13

步骤	屏幕显示	屏幕说明	按键操作	操作说明
4	7544.340 7670.903 YB? 5613.014	等待输入待反算的 Y 坐标	5579.595 EXE	输入 c 匝道 K0+315.3 中桩 Y 坐标
5	5613.014 5579.595 KP? 340.000	等待输入估计的桩号	320 EXE	输入估计的桩号 K0+320（估计的对应桩号作为初始计算值，以提高反算速度）
6	XB=7670.903 YB=5579.595 K =315.300 D =-0.001	显示计算结果： 待反算 X、Y 坐标 （原始数据重现），对应中桩桩号，距中桩距离	EXE	按执行键继续往下运行程序
7	XB? 7670.903	等待输入下一个待反算的 X 坐标	7674.368 EXE	输入 c 匝道 K0+315.3 左 3.5m 边桩 X 坐标
8	7670.903 7674.368 YB? 5579.595	等待输入下一个待反算的 Y 坐标	5579.105 EXE	输入 c 匝道 K0+315.3 左 3.5m 边桩 Y 坐标
9	5579.595 5579.105 KP? 315.300	等待输入估计的桩号	320 EXE	输入估计的桩号 K0+320
10	XB=7674.368 YB=5579.105 K =315.301 D =-3.501	显示计算结果： 待反算 X、Y 坐标 （原始数据重现），对应中桩桩号，距中桩距离	EXE	按执行键继续往下运行程序
11	XB? 7674.368	等待输入下一个待反算的 X 坐标	7665.952 EXE	输入 c 匝道 K0+315.3 右 5m 边桩 X 坐标
12	7674.368 7665.952 YB? 5579.105	等待输入下一个待反算的 Y 坐标	5580.296 EXE	输入 c 匝道 K0+315.3 右 5m 边桩 Y 坐标

续表 5-13

步骤	屏幕显示	屏幕说明	按键操作	操作说明
13	5579.105 5580.296 KP? 315.301	等待输入估计的桩号	320 [EXE]	输入估计的桩号 K0+320
14	XB=7665.952 YB=5580.296 K=315.300 D=4.997	显示计算结果： 待反算 X、Y 坐标 （原始数据重现），对应中桩桩号，距中桩距离	[AC/ON] [AC/ON]	计算结束，按两次清除键可退出程序

3. 立交匝道构造物坐标计算操作流程

【例 5-4】 计算任务：如图 5-10 所示，YZX 互通式立交 b 匝道 BK0+384 处有一涵洞，与路线斜交，计算涵洞洞口（中轴线）坐标，若全站仪测站坐标为（2807770.688，475292.635），计算其极坐标放样数据。

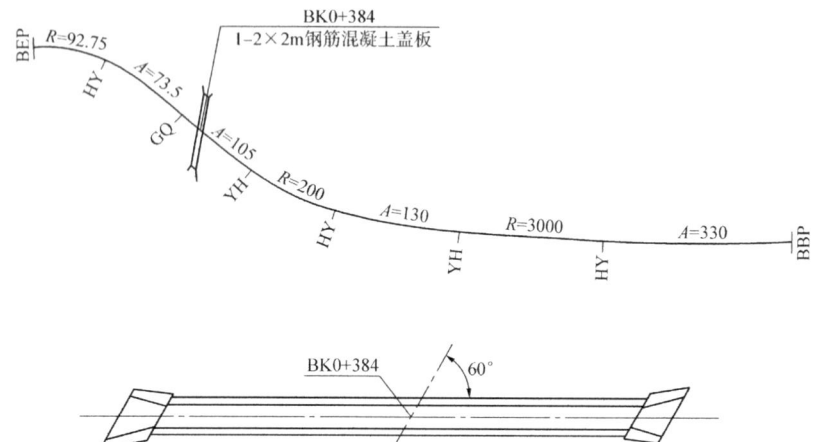

图 5-10 YZX 互通式立交 b 匝道 BK0+384 涵洞示意图

使用立交匝道坐标放样正反算程序 RAMP 进行涵洞洞口坐标及放样数据计算的操作流程见表 5-14。

表5-14 使用RAMP程序进行涵洞洞口坐标及放样数据计算的操作流程

步骤	屏幕显示	屏幕说明	按键操作	操作说明
1	RAMP?[1-N]?	等待输入匝道代码	2 [EXE]	输入b匝道代码——"2"
2	ZS[1],FS[2]?	等待确认坐标正算还是坐标反算	1 [EXE]	输入1表示进行坐标正算
3	ZS[1],FS[2]? 1 XS? 7665.952	等待输入测站点X坐标	7770.688 [EXE]	输入测站点X坐标
4	7665.952 7770.688 YS? 5580.296	等待输入测站点Y坐标	5422.635 [EXE]	输入测站点Y坐标
5	5580.296 5422.635 KP? 315.300	等待输入待计算的桩号	384 [EXE]	输入涵洞中轴线中桩桩号BK0+384
6	315.300 384 YJ? 90.000	等待输入边桩右角	60 [EXE]	由图纸可知,涵洞中轴线与路线切线右夹角是60°
7	90.000 60 D? 4.997	等待输入边距	-25.929 [EXE]	由图纸可知,涵洞左涵长为2592.9cm
8	X= 7735.819 Y= 5490.371 A= 117°14'19.5" D= 76.184	显示计算结果:左涵洞口X、Y坐标,极坐标放样数据	[EXE]	按执行键继续往下运行程序

步骤	屏幕显示	屏幕说明	按键操作	操作说明
9	YJ? 90.000	等待输入边桩右角	60 [EXE]	涵洞中轴线与路线切线右夹角是60°
10	90.000 60 D? -25.929	等待输入边距	23.471 [EXE]	由图纸可知，涵洞右涵长为2347.1cm
11	X= 7784.431 Y= 5499.159 A= 79°49'8.53" D= 77.748	显示计算结果： 右涵洞口 X、Y 坐标，极坐标放样数据	[AC/ON] [AC/ON]	计算结束，按两次清除键可退出程序

第6章 公路施工放样综合程序 RDWORK 及其应用

6.1 公路施工放样综合程序清单

6.1.1 入口程序

公路施工放样综合程序有2个入口程序，其中 RDWORK 是工作程序，RDSET 是设置程序，程序运行时根据需要从任何一个入口程序开始执行均可。

1. 入口程序1清单：RDWORK（见表6-1）
功能：入口程序 RDWORK 是工作程序。

表6-1 公路施工放样综合程序（入口程序1，程序名：RDWORK）

行号	程　序	说　明
1	Deg: Fix 3: 200→DimZ ⏎	基本设置，定义额外变量
2	If Z[21]=1 Or Z[21]=3: Then ⏎	中桩坐标及高程计算模式或平面坐标放样模式
3	Lbl 1: Cls: "KP"? K: K=-1⇒Prog "RDSET" ⏎	输入待计算的中桩桩号，若桩号为-1，则返回设置程序
4	If K<List X[1] Or K>List Y[1]: Then Cls: Locate 6,2,"KP OUT" ◢	判别是否在路线范围内
5	Goto 1: IfEnd ⏎	
6	Z[21]=1⇒Prog "RNEZ" ⏎	计算中桩坐标、切线方位角和设计高程
7	Z[21]=3⇒Prog "RPMFY" ⏎	道路平面放样计算
8	Goto 1: IfEnd ⏎	
9	If Z[21]=2 Or Z[21]=4 Or Z[21]=5: Then List X[1] →K ⏎	
10	Lbl 2: Cls: Fix 3: "XW"? W: W=-1⇒Prog "RDSET": "YW"? U: If Z[21]=4 Or Z[21]=5: Then "ZW"? P: IfEnd ⏎	坐标反算模式，输入路线外一点的坐标；路基填挖放样计算模式和隧道超欠挖计算模式，输入路线外一点的坐标及高程；若X坐标为-1，则返回设置程序
11	If Z[21]=2: Then ⏎	
12	Cls: "XW": Locate 4,1, W: "YW=": Locate 4,2, U: "K =": "D =" ⏎	
13	Prog "RZBFS" ⏎	调用坐标反算子程序

171

续表 6-1

行号	程序	说明
14	Locate 4, 3, K: Locate 4, 4, E ◢	显示坐标反算结果
15	IfEnd ↵	
16	Z [21] =4⇒Prog "RLJFY" ↵	路基放样计算
17	Z [21] =5⇒Prog "RSDFY" ↵	隧道超欠挖计算
18	Goto 2: IfEnd ↵	

2. 入口程序 2 清单:RDSET（见表 6-2）

功能:入口程序 RDSET 是设置程序。

表 6-2 公路施工放样综合程序（入口程序 2,程序名:RDSET）

行号	程序	说明
1	Deg: Norm 1: 200⇒DimZ ↵	基本设置,定义额外变量
2	Lbl 0: Cls: Z [22] → I: "PM DATA?[1-N]"? I: I→Z [22]: I=0⇒Goto 2 ↵	选择路线平面数据文件,输入 0 则跳过,使用现有内存平面数据
3	If I=1: Then Prog "RDATA1": Goto 1: IfEnd ↵	
4	If I=2: Then Prog "RDATA2": Goto 1: IfEnd ↵	
5	If I=3: Then Prog "RDATA3": Goto 1: IfEnd ↵	
6	If I=4: Then Prog "RDATA4": Goto 1: IfEnd ↵	
7	If I=5: Then Prog "RDATA5": Goto 1: IfEnd ↵	
8	……	根据实际自行删减
9	Cls: Locate 4, 2, "DATA ERROR" ◢	若平面数据文件不存在,则警告后重新选择
10	Goto 0 ↵	
11	Lbl 1: Cls: "CHECK? Y [1], N [0]"? →Z [11] ↵	是否检查中间计算结果,以便于校对
12	Prog "RDATAINI" ↵	路线平面数据处理并初始化
13	Lbl 2: Cls: Norm 1: Z [23] → I: "ZDM DATA? [1-N]"? I: I→Z [23]: If I=0 Or I=-1: Then Goto 4: IfEnd ↵	选择路线纵断面数据文件,输入 0 则跳过,使用现有内存纵断面平面数据,输入 -1 则不计算高程
14	If I=1: Then Prog "RBPD1": Goto 3: IfEnd ↵	
15	If I=2: Then Prog "RBPD2": Goto 3: IfEnd ↵	
16	If I=3: Then Prog "RBPD3": Goto 3: IfEnd ↵	
17	If I=4: Then Prog "RBPD4": Goto 3: IfEnd ↵	
18	If I=5: Then Prog "RBPD5": Goto 3: IfEnd ↵	

续表6-2

行号	程 序	说 明
19	……	根据实际自行删减
20	Cls: Locate 4, 2, "DATA ERROR" ◢	若平面数据文件不存在，则警告后重新选择
21	Goto 2 ↵	
22	Lbl 3: Cls: "CHECK? Y [1], N [0]"? → Z [12] ↵	是否检查中间计算结果，以便校对
23	Prog "RBPDINI" ↵	路线纵断面数据处理并初始化
24	Lbl 4: Cls: Z [21] → I: "WORK TYPE? 1-3D, 2-FS, 3-PM, 4-LJ, 5-SD"? I: I → Z [21] ↵	选择工作模式： 1—中桩坐标与设计高程计算； 2—坐标反算； 3—平面坐标放样； 4—路基填挖放样； 5—隧道超欠挖计算
25	If Z [21] =3: Then ↵	
26	Cls: Z [24] → I: "STATION - X"? I: I → Z [24]: Z [25] → I: "STATION - Y"? I: I → Z [25]: Z [29] → I: "BZJS STYLE"? I: I → Z [29]: IfEnd ↵	平面坐标放样模式：设定测站坐标、边桩计算模式
27	If Z [21] =4: Then ↵	
28	Cls: Z [30] → I: "1: N"? I: I → Z [30]: Z [31] → I: "QPD-DH"? I: I → Z [31]: Z [32] → I: "QPD-PJ"? I: I → Z [32]: IfEnd ↵	路基施工放样模式：设定坡比、起坡点与设计高程高差、起坡点横向偏距
29	If Z [21] =5: Then ↵	
30	Cls: Z [14] → I: "GD [0], YG [1]"? I: I → Z [14]: Z [32] → I: "CE-PJ"? I: I → Z [32] ↵	选择隧道超欠挖计算部位 0—拱顶；1—仰拱 设定隧道中心线水平偏移值
31	If Z [14] =0: Then Z [26] → I: "R1"? I: I → Z [26]: Z [27] → I: "O1-ANG"? I: I → Z [27]: Z [31] → I: "O1-DH"? I: I → Z [31]: If Z [27] >0: Then Z [28] → I: "R2"? I: I → Z [28]: IfEnd ↵	若计算拱顶，则设定隧道第1圆半径、第1圆圆心角（半幅）、第1圆圆心高差、第2圆半径
32	Else Z [33] → I: "R4"? I: I → Z [33]: Z [34] → I: "O4-ANG"? I: I → Z [34]: Z [35] → I: "O4-DH"? I: I → Z [35]: Z [36] → I: "R3"? I: I → Z [36]: IfEnd: IfEnd ↵	若计算仰拱，则设定隧道第4圆半径、第4圆圆心角（半幅）、仰拱底（第4圆底部）与设计高程之差、第3圆半径
33	Cls: "ROAD SET OK" ◢	设置完成
34	Prog "RDWORK" ↵	返回工作程序

6.1.2 子程序

公路施工放样综合程序有 12 个子程序（不包括数据库子程序）。

1. 子程序 1 清单：RDATAINI（见表 6-3）

功能：将交点法平面参数转换为线元平面参数的初始化计算。

表 6-3 公路施工放样综合程序（子程序 1，程序名：RDATAINI）

行号	程　序	说　明
1	ClrStat ↵	基本设置
2	Mat A [1,1] →Z [1]: Mat A [1,2] →Z [2]: Mat A [1,4] →D: Mat A [1,5] →H ↵	将路线起点数据赋值给相关变量
3	D→List X [1]: Z [1] →List X [2]: Z [2] →List Y [2] ↵	将路线起点数据赋值给串列
4	Mat A [1,3] →Z [13]: Z [13] =0⇒Goto 1 ↵	读取平面数据类型
5	Mat A [1,5] →List Freq [1]: Mat A [1,6] →List Freq [2] ↵	
6	For 1→U To H ↵	线元数据处理
7	Int ((U+4)÷3) →E: 7→Z: Int (U÷3) =U÷3⇒4→Z: (U+4)÷3=E⇒1→Z ↵	计算本交点数据的矩阵行列位置
8	U>1⇒0→List X [2U]: Mat A [E,Z] →List X [2U+1]: Mat A [E,Z+1] →List Y [2U+1]: Mat A [E,Z+2] →List Freq [2U+1] ↵	将线元各参数赋值给串列
9	Next: Mat A [E,Z] →List Y [1]: Goto 2 ↵	
10	Lbl 1 ↵	交点数据处理
11	Mat A [1,6] →X: Mat A [1,7] →Y: Pol (X-Z [1], Y-Z [2]): J<0⇒J+360→J: J→M: I→P: M→List Freq [2]: 0→U ↵	计算后直线的方位角和距离
12	For 1→Q To H ↵	
13	Int (Q÷2) +1→E: 1→Z: Int (Q÷2) ≠Q÷2⇒6→Z ↵	计算本交点数据的矩阵行列位置
14	Mat A [E,Z+2] →R: Mat A [E,Z+3] →B: Mat A [E,Z+4] →C ↵	读取并赋值本交点半径，第一、第二缓和曲线
15	If Z=6: Then 1→Z: E+1→E: Else 6→Z: IfEnd ↵	计算前交点数据的矩阵行列位置
16	Mat A [E,Z] →F: Mat A [E,Z+1] →G: Pol (F-X, G-Y): J<0⇒J+360→J: J→N ↵	计算前直线的方位角
17	1→W: N-M→A: A>180⇒A-360→A: A<-180⇒A+360→A: A<0⇒-1→W: AW→A ↵	计算本交点转角

续表 6-3

行号	程　序	说　明
18	$B^2 \div 24 \div R - B \wedge (4) \div 2688 \div R \wedge (3) + B \wedge (6) \div 506880 \div R \wedge (5) \rightarrow Z\ [6]$ ↵	计算 p_1
19	$C^2 \div 24 \div R - C \wedge (4) \div 2688 \div R \wedge (3) + C \wedge (6) \div 506880 \div R \wedge (5) \rightarrow Z\ [7]$ ↵	计算 p_2
20	$B \div 2 - B \wedge (3) \div 240 \div R^2 + B \wedge (5) \div 34560 \div R \wedge (4) \rightarrow Z\ [8]$ ↵	计算 q_1
21	$C \div 2 - C \wedge (3) \div 240 \div R^2 + C \wedge (5) \div 34560 \div R \wedge (4) \rightarrow Z\ [9]$ ↵	计算 q_2
22	$Z\ [8] + (R+Z\ [7] - (R+Z\ [6])\cos(A)) \div \sin(A) \rightarrow S$ ↵	计算第一切线长
23	$Z\ [9] + (R+Z\ [6] - (R+Z\ [7])\cos(A)) \div \sin(A) \rightarrow T$ ↵	计算第二切线长
24	$RA\pi \div 180 - (B+C) \div 2 \rightarrow L$ ↵	计算圆曲线长度
25	$D + P - S + B + C + L \rightarrow D$ ↵	计算本交点 HZ 桩号
26	If $Z\ [11] = 1$: Then ↵	
27	Cls: Norm 1: "JD": Locate 4, 1, H: Locate 6, 1, " - ": Locate 7, 1, Q: Fix 3: "PJ =": Locate 5, 2, WA°: "T1 =": Locate 5, 3, S: "HZ =": Locate 5, 4, D ◢	显示交点主要参数计算结果，以便检核
28	Else Cls: Locate 6, 2, "JD": Locate 9, 2, H: Locate 11, 2, " - ": Locate 12, 2, Q: IfEnd ↵	显示计算进程
29	$W \div R \rightarrow R$: If $P - S > 0.001$: Then $P - S \rightarrow J$: $1 \rightarrow Z\ [3]$: Prog "RLIST": IfEnd: If $B > 0$: Then $B \rightarrow J$: $2 \rightarrow Z\ [3]$: Prog "RLIST": IfEnd: If $L > 0.001$: Then $L \rightarrow J$: $3 \rightarrow Z\ [3]$: Prog "RLIST": IfEnd: If $C > 0$: Then $C \rightarrow J$: $4 \rightarrow Z\ [3]$: Prog "RLIST": IfEnd ↵	将交点各线元赋值给串列
30	$N \rightarrow M$: $F \rightarrow X$: $G \rightarrow Y$: $I - T \rightarrow P$ ↵	将前交点相关数据赋值给本交点变量
31	Next ↵	
32	If $P > 0.001$: Then $P \rightarrow J$: $1 \rightarrow Z\ [3]$: Prog "RLIST": IfEnd: List X $[2U+1] \rightarrow$ List Y $[1]$: $U \rightarrow$ List Freq $[1]$ ↵	
33	Lbl 2: ClrMat: Prog "RLISTINI" ↵	清除矩阵变量所占用的内存，调用子程序进行串列数据初始化

175

2. 子程序2清单: RLIST (见表6-4)
功能: 将线元相关参数赋值给串列变量。

表6-4 公路施工放样综合程序 (子程序2, 程序名: RLIST)

行号	程序	说明
1	0→Z [4]: 0→Z [5]: If Z [3]=3: Then R→Z [4]: Z [4]→Z [5]: IfEnd: Z [3] =2⇒R→Z [5]: Z [3] =4⇒R→Z [4] ↙	
2	U>0⇒0→List X [2U+2]: Z [4] →List Y [2U+3]: Z [5] →List Freq [2U+3]: List X [2U+1] +J→List X [2U+3]: U+1→U ↙	

3. 子程序3清单: RLISTINI (见表6-5)
功能: 将串列变量中的线元参数进行初始化计算。

表6-5 公路施工放样综合程序 (子程序3, 程序名: RLISTINI)

行号	程序	说明
1	List Freq [1] →C: List X [2] →X: List Y [2] →Y: List Freq [2] →Q ↙	
2	For 1→U To C-1 ↙	
3	List Y [2U+1] → A: List Freq [2U+1] → B: List X [2U+1] -List X [2U-1] →D: D →L: -1→K: Prog "RZBJS" ↙	
4	F→List X [2U+2]: G→List Y [2U+2]: Z→List Freq [2U+2] ↙	
5	F→X: G→Y: Z→Q ↙	
6	If Z [13] =1 And Z [11] =1: Then ↙	
7	Cls: Norm 1: "LINE": Locate 6, 1, C: Locate 8, 1, " - ": Locate 9, 1, U+1: Fix 3: "K=": Locate 4, 2, List X [2U+1]: "X=": Locate 4, 3, F: "A=": Locate 4, 4, Z° ▲	显示线元主要参数计算结果, 以便检核
8	Else Cls: Norm 1: Locate 4, 2, "LINE": Locate 9, 2, C-1: Locate 11, 2, " - ": Locate 12, 2, U: IfEnd ↙	
9	Next: Cls: Locate 4, 2, "LINE DONE" ↙	

4. 子程序 4 清单：RZBJS（见表 6-6）
功能：计算线元中桩平面坐标。

表 6-6 公路施工放样综合程序（子程序 4，程序名：RZBJS）

行号	程 序	说 明
1	If K≠-1: Then 0→U: Do: U+1→U: L▸While K〉List X [2U+1] ↵	确定中桩所在线元的序号
2	List X [2U] → X: List Y [2U] → Y: List Fre◂ [2U] → Q: List Y [2U+1] → A: List Fre◂ [2U+1] →B: List X [2U+1] -List X [2U-1] →D: K-List X [2U-1] →L: IfEnd ↵	线元相关参数赋值
3	180÷π→M: If A=B: Then ↵	
4	If A=0: Then X+Lcos（Q）→F: Y+Lsin（Q） →G: Q→Z ↵	直线线元坐标计算
5	Else Rec（Abs（2sin（0.5MLA）÷A），Q + 0.5MLA）: X+I→F: Y+J→G: Q+MLA→Z: If- End ↵	圆曲线线元坐标计算
6	Else Pro◂ "RGL": IfEnd ↵	缓和曲线线元坐标计算
7	Z〈0→Z+360→Z: Z〉360→Z-360→Z ↵	

5. 子程序 5 清单：RGL（见表 6-7）
功能：使用 Gauss-Legendre 方法计算缓和曲线线元坐标。

表 6-7 公路施工放样综合程序（子程序 5，程序名：RGL）

行号	程 序	说 明
1	0.1739274226→Z [1]: 0.0694318442→Z [2]: 0.3260725774→Z [3]: 0.3300094782→Z [4]: Z [3] →Z [5]: 1-Z [4] →Z [6]: Z [1] → Z [7]: 1-Z [2] →Z [8] ↵	定义 Gauss-Legendre 积分公式的参数（四结点）
2	180÷π→M: (B-A) ÷2÷D→N ↵	计算中间参数
3	0→F: 0→G: 0→Z ↵	设定初值
4	For 0→J To 3 ↵	
5	F+LZ [2J+1] cos（Q+MALZ [2J+2] +MN（LZ [2J+2])²）→F ↵	计算 X、Y 坐标值及切线方位角
6	G+LZ [2J+1] sin（Q+MALZ [2J+2] +MN（LZ [2J+2])²）→G ↵	
7	Next: X+F→F: Y+G→G: Q+MAL+MNL²→Z ↵	

6. 子程序 6 清单：RBPDINI（见表 6-8）
功能：路线变坡点设计参数初始化计算。

表 6-8　公路施工放样综合程序（子程序 6，程序名：RBPDINI）

行号	程　序	说　明
1	Mat B [1,3] → H: Mat B [1,1] → Z [41]: H+1 → Z [42]: Mat B [1,4] - Mat B [1,1] → D: (Mat B [1,5] - Mat B [1,2]) ÷ D → I: 0 → Z [43]: 0 → Z [44] ↵	将第一条纵坡的相关参数赋值给相关变量
2	For 1 → U To H ↵	变坡点数据处理
3	Int ((U+3)÷3) → E: 7 → Z: Int (U÷3) = U÷3 ⇒ 1 → Z: (U+2) ÷ 3 = E ⇒ 4 → Z ↵	计算本变坡点数据的矩阵行列位置
4	Mat B [E, Z] → K: Mat B [E, Z+1] → G: Mat B [E, Z+2] → R ↵	本变坡点的桩号、高程、半径
5	Z+3 → Z: If Z=10: Then 1 → Z: E+1 → E: IfEnd ↵	计算前变坡数据的矩阵行列位置
6	K → Z [41+5U]: G → Z [42+5U]: I → Z [43+5U]: Mat B [E, Z] - K → D: (Mat B [E, Z+1] - G) ÷ D → J ↵	本变坡点相关参数赋值给相关变量
7	I - J → W: W > 0 ⇒ -R → R: Abs (RW÷2) → T: T → Z [44+5U]: R → Z [45+5U] ↵	
8	If Z [12] = 1: Then ↵	
9	Cls: Norm 1: "BPD": Locate 5, 1, H: Locate 7, 1, "-": Locate 8, 1, U: Fix 3: "K=": Locate 4, 2, K: "I=": Locate 4, 3, 100I: Locate 11, 3, 100J: "T =": Locate 4, 4, T ◢	显示变坡点主要参数计算结果，以便检核
10	Else Cls: Locate 5, 2, "BPD": Locate 9, 2, H: Locate 11, 2, "-": Locate 12, 2, U: IfEnd ↵	显示计算进程
11	J → I : Next ↵	
12	U+1 → U: Mat B [E, Z] → Z [41+5U]: Mat B [E, Z+1] → Z [42+5U]: I → Z [43+5U]: 0 → Z [44+5U]: 0 → Z [45+5U]: ClrMat: Norm 1 ↵	

7. 子程序 7 清单：RNEZ（见表 6-9）
功能：计算并显示路线中桩坐标及设计高程。

表 6-9　公路施工放样综合程序（子程序 7，程序名：RNEZ）

行号	程　序	说　明
1	Prog "RZBJS" ↵	调用子程序计算中桩坐标
2	Cls: "X=": Locate 4, 1, F: "Y =": Locate 4, 2, G: "B=": Locate 4, 3, Z°: "Z=" ↵	显示中桩坐标及切线方位角计算结果
3	If Z [23] = -1: Then 0 → H: Else Prog "RGCJS": IfEnd: Locate 4, 4, H ◢	显示高程计算结果

8. 子程序8清单：RGCJS（见表6-10）
功能：计算路线设计高程。

表6-10 公路施工放样综合程序（子程序8，程序名：RGCJS）

行号	程 序	说 明
1	0→U: Do: U+1→U: LpWhile K≥Z[41+5U]↙	确定桩号所在纵坡的序号
2	Z[41+5U]-K→D: Z[42+5U]-DZ[43+5U]→H: 0→X: 1→R↙	纵坡直线段高程计算
3	Z[36+5U]+Z[39+5U]→T: If K<T: Then T-K→X: Z[40+5U]→R: Goto 1: IfEnd↙	纵坡起点曲线范围内
4	Z[41+5U]-Z[44+5U]→T: If K≥T: Then K-T→X: Z[45+5U]→R: Goto 1: IfEnd↙	纵坡终点曲线范围内
5	Lbl 1: $X^2 \div 2 \div R$→C: H+C→H↙	

9. 子程序9清单：RZBFS（见表6-11）
功能：根据路线外一点坐标反算对应桩号及距中距离（坐标反算）。

表6-11 公路施工放样综合程序（子程序9，程序名：RZBFS）

行号	程 序	说 明
1	Lbl 1: Prog "RZBJS"↙	调用子程序计算中桩坐标
2	(V-G)cos(Z-90)-(W-F)sin(Z-90)→D↙	
3	If Abs(D)>0.001: Then K+D→K: Goto 1: IfEnd↙	
4	Pol(V-G, W-F): (G-V)sin(Z-90)<0⇒-I→I: I→E↙	

10. 子程序10清单：RPMFY（见表6-12）
功能：计算并显示道路平面放样数据。

表6-12 公路施工放样综合程序（子程序10，程序名：RPMFY）

行号	程 序	说 明
1	Prog "RZBJS"↙	调用子程序计算中桩坐标
2	Lbl 1: Cls: 90→H: "ZJ"? H: H=-1⇒Return: "JL"? T↙	
3	F+Tcos(Z+H)→X: G+Tsin(Z+H)→Y↙	
4	Cls: "X=": Locate 4, 1, X: "Y=": Locate 4, 2, Y↙	
5	Pol(X-Z[24], Y-Z[25]): J<0⇒J+360→J↙	
6	"A=": Locate 4, 3, J°: "D=": Locate 4, 4, I▲	
7	If Z[29]=1: Then X→F: Y→G: Z+H→Z: IfEnd: Goto 1↙	

11. 子程序11清单:RLJFY(见表6-13)
功能:计算并显示路基放样(坡口坡脚确定)数据。

表6-13 公路施工放样综合程序(子程序11,程序名:RLJFY)

行号	程 序	说 明
1	Cls: Fix 2: "": "Z": "V": "H" ↵	
2	Prog "RZBFS": Locate 1, 1, K: Locate 11, 1, E: Locate 3, 4, E-Z [32] ↵	反算桩号及偏距
3	Prog "RGCJS": Locate 3, 2, H: Locate 11, 2, P-H ↵	路线设计高程计算
4	P-H-Z [31] → I: IZ [30] +Z [32] → J: (E-Z [32]) ÷Z [30] -I→B: Locate 3, 3, I: Locate 11, 3, B: Locate 11, 4, J-E ◢	计算并显示坡口坡脚位置和移动参数

12. 子程序12清单:RSDFY(见表6-14)
功能:计算并显示隧道施工超欠挖数据。

表6-14 公路施工放样综合程序(子程序12,程序名:RSDFY)

行号	程 序	说 明
1	Cls: Fix 2: "": "Z": "R": "A" ↵	
2	Prog "RZBFS": Locate 1, 1, K: E-Z [32] → Y: Locate 11, 1, Y ↵	坐标反算,显示桩号及偏距(距隧道中心)
3	Prog "RGCJS": Locate 3, 2, H: Locate 11, 2, P-H ↵	路线设计高程计算
4	If Z [14] =0: Then Z [27] →A: A<0⇒150→ A: Z [26] →R: 90-A→C: P-H-Z [31] → X: Pol (X, Y) ↵	计算拱顶,测点位于第1圆心弧范围内
5	If Abs (J) >A: Then Z [28] →R: (Z [26] -Z [28]) cos (C) →U: Y<0⇒-U→U: (Z [26] -Z [28]) sin (C) →S: X-S→X: Y-U→Y: Pol (X, Y): IfEnd ↵	计算拱顶,测点位于第2圆心弧范围内
6	Else Z [34] →A: Z [33] →R: P-H-Z [35] → -R→X: Pol (X, Y) ↵	计算仰拱,测点位于第4圆心弧范围内
7	If Abs (J) <180-A: Then Z [36] →R: (Z [33] -Z [36]) sin (A) →U: Y<0⇒-U →U: (Z [33] -Z [36]) cos (A) →S: X+S →X: Y-U→Y: Pol (X, Y): IfEnd: IfEnd ↵	计算仰拱,测点位于第3圆心弧范围内
8	Locate 3, 4, J°: Locate 3, 3, R: Locate 11, 3, I-R ◢	显示隧道超欠挖相关计算结果

6.1.3 数据库子程序

公路施工放样综合程序有两类数据库子程序，一类是平面数据子程序，另一类是纵断面（变坡点）数据库子程序。数据库子程序均采用向矩阵赋值的方式，矩阵维数视数据库类型和数据量大小而定。

1. 平面数据子程序

平面数据库赋值给矩阵变量 Mat A。平面数据子程序可使用两种格式，一种是交点数据格式，另一种是线元数据格式。

（1）交点数据格式的平面数据库子程序。

交点数据格式适用于道路主线。以 6 个交点（不含起终点）的路线平面数据为例，采用交点数据的格式如表 6－15 所示。

表 6－15 平面数据库子程序采用交点数据的格式（6 交点）

行列号	1	2	3	4	5	6	7	8	9	10
1	路线起点 X	路线起点 Y	交点格式代码"0"	路线起点桩号	交点数量（不含起终点）	第1交点 X	第1交点 Y	第1交点 R	第1交点 Ls1	第1交点 Ls2
2	第2交点 X	第2交点 Y	第2交点 R	第2交点 Ls1	第2交点 Ls2	第3交点 X	第3交点 Y	第3交点 R	第3交点 Ls1	第3交点 Ls2
3	第4交点 X	第4交点 Y	第4交点 R	第4交点 Ls1	第4交点 Ls2	第5交点 X	第5交点 Y	第5交点 R	第5交点 Ls1	第5交点 Ls2
4	第6交点 X	第6交点 Y	第6交点 R	第6交点 Ls1	第6交点 Ls2	路线终点 X	路线终点 Y	路线结束代码 -1	路线终点桩号	0

案例一（表 4－10）的平面数据库子程序见表 6－16。

表 6－16 公路施工放样综合程序（案例一数据库子程序，程序名：RDATA1）

行号	程 序	说 明
1	[[7685.567, 5704.35, 0, 4695.549, 6, 7696.195, 5334.276, 950, 130, 150] [6890.074, 4134.969, 550, 160, 140, 6895.919, 3660.501, 830, 130, 130] [6727.328, 3243.502, 1111.024, 130, 150, 6589.242, 2018.304, 635, 160, 130] [6155.072, 1540.386, 500, 130, 160, 6377.927, 957.629, -1, 9819.272, 0]] →Mat A	JD7～JD12 交点数据

同样是案例一的数据库子程序，对比表6-16和表4-11，可以发现采用表6-15格式要简洁得多。

如果交点数目为单数，矩阵最后一行则仅有路线终点的四个参数，则需补足6个"0"，以保证矩阵每行的参数相等（10个）。由于fx-5800P计算器的矩阵维数最大为10×10，因此 Mat A 最大可存储18个交点的路线平面数据。

（2）线元数据格式的平面数据库子程序。

线元数据格式适用于立交匝道和道路主线卵形曲线段。以7个线元的立交匝道平面数据为例，采用线元数据的格式如表6-17所示。

表6-17　平面数据库子程序采用线元数据的格式（7线元）

行列号	1	2	3	4	5	6	7	8	9
1	路线起点 X	路线起点 Y	线元格式代码"1"	路线起点桩号	线元数量	路线起点切线方位角	第1线元终点桩号	第1线元起点曲率	第1线元终点曲率
2	第2线元终点桩号	第2线元起点曲率	第2线元终点曲率	第3线元终点桩号	第3线元起点曲率	第3线元终点曲率	第4线元终点桩号	第4线元起点曲率	第4线元终点曲率
3	第5线元终点桩号	第5线元起点曲率	第5线元终点曲率	第6线元终点桩号	第6线元起点曲率	第6线元终点曲率	第7线元终点桩号	第7线元起点曲率	第7线元终点曲率

案例三（图5-2、图5-3）的b匝道数据库子程序见表6-18。

表6-18　公路施工放样综合程序（案例三b匝道数据库子程序，程序名：RDATA2）

行号	程　序	说　明
1	[[7694.836,5864.056,1,0,7,266°51′11.4″,117.416,1÷708.45,1÷3000] [207.762,1÷3000,1÷3000,286.629,1÷3000,1÷200,344.06,1÷200,1÷200] [399.185,1÷200,0,457.43,0,-1÷92.75,502.657,-1÷92.75,-1÷92.75]] →Mat A	b匝道线元数据

案例三（图5-2、图5-3）的c匝道数据库子程序见表6-19。

表6-19　公路施工放样综合程序（案例三c匝道数据库子程序，程序名：RDATA3）

行号	程　序	说　明
1	[[7450.147,5504.465,1,0,5,320°40′28.7″,116.64,0,1÷100] [226.235,1÷100,1÷100,291.035,1÷100,1÷500,359.994,1÷500,1÷500] [439.994,1÷500,0,0,0,0,0,0,0]]→Mat A	c匝道线元数据

第6章 公路施工放样综合程序 RDWORK 及其应用

由于立交匝道线元的曲率半径的准确确定是一个难点,读者可使用"立交匝道参数辅助计算 EXCEL 程序"(见第5.2.2节)。Mat A 最多可存储28条线元的数据。

2. 纵断面（变坡点）数据子程序

纵断面数据库赋值给矩阵变量 Mat B。以9个变坡点（不含起终点）的纵断面数据为例,数据库子程序的格式如表6-20所示。

表6-20 纵断面（变坡点）数据库子程序格式（9变坡点）

行列号	1	2	3	4	5	6	7	8	9
1	起点桩号	起点高程	变坡点数量（不含起终点）	第1变坡点桩号	第1变坡点高程	第1变坡点半径	第2变坡点桩号	第2变坡点高程	第2变坡点半径
2	第3变坡点桩号	第3变坡点高程	第3变坡点半径	第4变坡点桩号	第4变坡点高程	第4变坡点半径	第5变坡点桩号	第5变坡点高程	第5变坡点半径
3	第6变坡点桩号	第6变坡点高程	第6变坡点半径	第7变坡点桩号	第7变坡点高程	第7变坡点半径	第8变坡点桩号	第8变坡点高程	第8变坡点半径
4	第9变坡点桩号	第9变坡点高程	第9变坡点半径	终点桩号	终点高程	0	0	0	0

路线变坡点数据可从"纵断面图"上获取,也可从"纵坡、竖曲线表"上获取。湖南省 YZ～FTL 高速公路 K4+800～K9+600 路段（案例一）的"纵坡、竖曲线表"见表6-21。

案例一的纵断面数据库子程序见表6-22。

表6-22 公路施工放样综合程序（案例一纵断面数据库子程序,程序名:RBPD1）

行号	程序	说明
1	[[4380,265.07,9,5000,247.09,8000,5560,259.97,12000] [5960,275.77,25000,6360,287.37,15000,6960,317.07,8000] [7400,306.95,11320.75,8100,272.3,8000,9060,294.86,24000] [9720,320.798,22000,10420,339.348,0,0,0,0]] → Mat B	案例一变坡点数据

Mat B 最多可存储28个变坡点的数据。

表6-21（案例一）湖南省YZ~FTL高速公路——纵坡及竖曲线表

序号	桩号	标高/m	凸曲线半径 R/m	凹曲线半径 R/m	曲线 切线长 T/m	曲线 外距 E/m	起点桩号	终点桩号	纵坡/% +	纵坡/% -	变坡点间距/m	直坡段长/m
0	K4+380	265.070									620	412.000
1	K5+000	247.090		8000	208.000	2.704	K4+792.000	K5+208.000	2.3	-2.9	560	253.000
2	K5+560	259.970		12000	99.000	0.408	K5+461.000	K5+659.000	3.95		400	169.750
3	K5+960	275.770	25000		131.250	0.345	K5+828.750	K6+091.250		-2.9	400	115.000
4	K6+360	287.370		15000	153.750	0.788	K6+206.250	K6+513.750	2.9		600	156.250
5	K6+960	317.070	8000		290.000	5.256	K6+670.000	K7+250.000	4.95		410	0.000
6	K7+400	306.950	11320.75		150.000	0.994	K7+250.000	K7+550.000		-2.3	700	258.000
7	K8+100	272.300		8000	292.000	5.329	K7+808.000	K8+392.000	2.35	-4.95	960	478.400
8	K9+060	294.860		24000	189.600	0.749	K8+870.400	K9+219.600	3.93		660	329.600
9	K9+720	320.798	22000		140.800	0.451	K9+579.200	K9+860.800	2.65		700	559.200
10	K10+420	339.348										

6.2 公路施工放样综合程序的解读

6.2.1 程序的特点与功能

与其他类似程序相比,本公路施工放样综合程序 RDWORK 的特点在于:

(1) 程序总体分为设置程序和工作程序,将相对比较固定的程序设置、功能设置、数据参数设置等集成在一个设置程序中,每天现场施工放样之前可将其作为准备工作设置妥当,现场工作时可仅执行工作程序,大大简化了操作。

(2) 对于路线测量程序所需的基本数据,将数据库分为用户数据库和计算数据库两种类型,其中用户数据库采用矩阵赋值形式写在程序中(见表 6-16、表 6-18、表 6-19、表 6-22),这种数据库需要用户根据设计文件自行编写,需要的参数都是基本参数,数据无冗余,无须逐一变量赋值,无须逻辑判别,简单清晰;而计算数据库的目的在于便于编程计算,存储在统计串列存储器或者扩展变量中,是在用户数据库基础上进行进一步计算处理后而得,数据量要大一些,利用程序进行读取,用户不需直接面对。

(3) 对于平面数据,根据不同路线特点,提供了两种路线平面数据格式的用户数据库供用户选用——交点数据格式、线元数据格式,而经过数据处理后,计算数据库则均采用统一的线元格式存储在统计串列存储器中,供工作程序调用。

(4) 用户数据库转换成计算数据库的工作由设置程序完成,在进行转换计算(或称初始化)时,用户可选择显示或者不显示中间计算结果,对于第一次建立的用户数据库,转换时可选择显示中间计算结果,以便逐一检查校对,而对于已经验证无误的用户数据库,再次转换时可选择不显示中间计算结果,以提高程序转换计算运行速度。

(5) 设置程序和工作程序均作为入口程序,工作程序运行时可随时进入设置程序进行相关设置,而设置程序运行完毕后则自然进入工作程序,二者既相互独立,又可相互调用。

(6) 输入方面,作为基础数据的平面和纵断面参数均采用用户数据库方式,不再提供按键逐一输入方式,而输出方面,均采用 Locate 屏幕定位函数显示计算结果和放样参数,一屏最多的可显示 7 个参数,满足了施工放样时同时对多个参数的需求。

公路施工放样综合程序 RDWORK 的功能主要是五项,这也主要体现在设置程序的工作模式选项中:

(1) 参数计算或查询——中桩坐标与设计高程计算。
(2) 参数计算或查询——坐标反算。
(3) 施工放样计算——平面坐标放样。
(4) 施工放样计算——路基填挖放样。
(5) 施工放样计算——隧道超欠挖计算。

公路施工放样综合程序 RDWORK 的整体程序框图如图 6-1 所示。

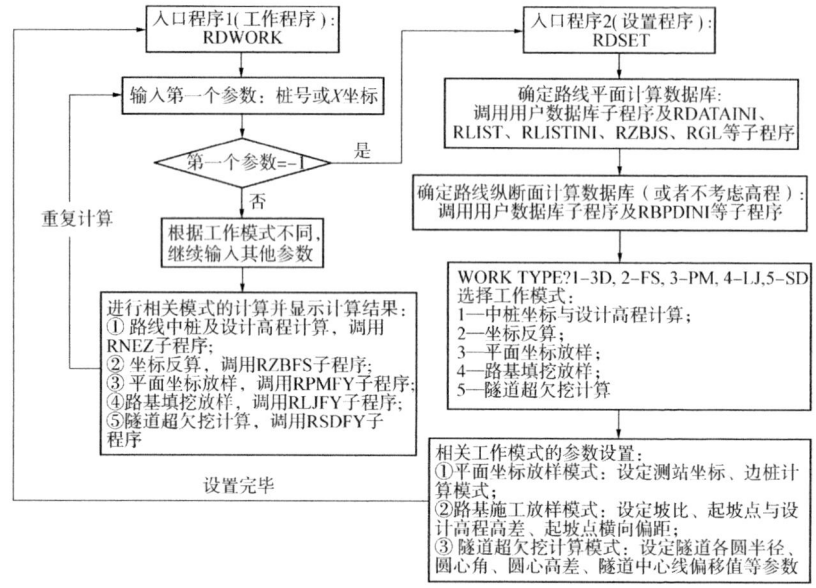

图 6-1 公路施工放样综合程序 RDWORK 整体程序框图

6.2.2 数据库的转换

前面已经说过，公路施工放样综合程序 RDWORK 的数据库分为用户数据库和计算数据库两种类型，其中用户数据库采用矩阵赋值形式写在程序中（见表 6-16、表 6-18、表 6-19、表 6-22），而计算数据库则通过程序计算处理后存储在统计串列存储器或者扩展变量中。从用户数据库到计算数据库，这中间有一个转换的过程。

1. 路线平面数据库的转换

路线平面数据库的转换计算流程如图 6-2 所示。

2. 路线平面计算数据库的格式

路线平面计算数据库，存储在计算器统计串列变量中，格式见表 6-23。

表 6-23 路线平面计算数据库格式

行 号	List X	List Y	List Freq	备 注
1	路线起点桩号	路线终点桩号	线元数量	
2	起点 X	起点 Y	起点方位角	线元1
3	线元终点桩号	起点曲率	终点曲率	
4	起点 X	起点 Y	起点方位角	线元2
5	线元终点桩号	起点曲率	终点曲率	
⋮	⋮	⋮	⋮	

第6章 公路施工放样综合程序 RDWORK 及其应用

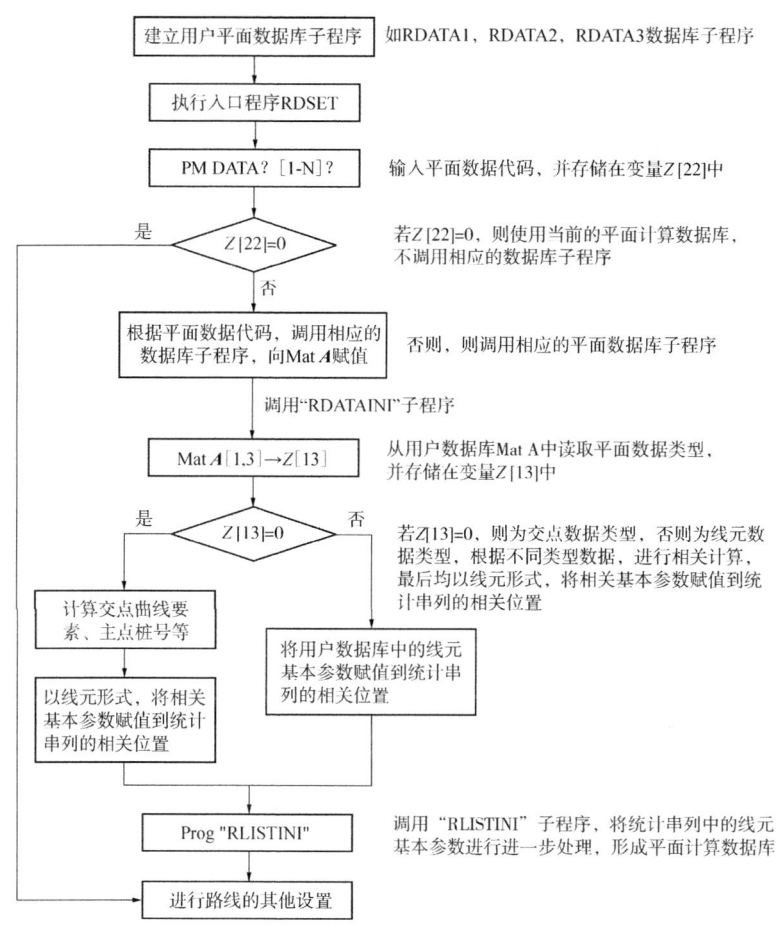

图 6-2 公路施工放样综合程序 RDWORK 平面数据库转换流程图

表 6-23 中，曲率是有正负之分的，路线左转时，曲率为负值，右转则为正值。

由表 6-23 可得，平面计算数据中的一条线元数据有 6 个，正好占用两行统计串列，由于 fx-5800P 计算器的统计串列最多可定义 199 行数据，因此路线平面计算数据库最大可存储 99 条线元的数据，完全可满足之前用户数据库定义的 18 个交点或 28 条线元的数据量。

路线平面计算数据库生成后，用户可进入双变量统计计算模式查看相关数据。

3. 路线纵断面数据库的转换

路线纵断面数据库的转换计算流程如图 6-3 所示。

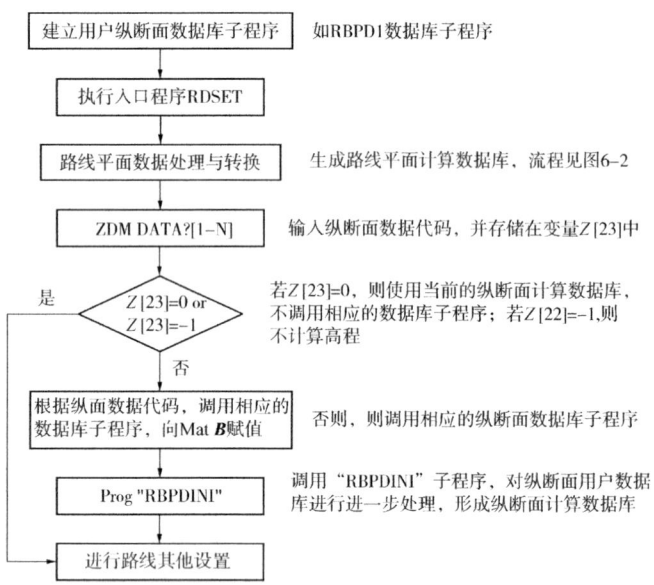

图6-3 公路施工放样综合程序 RDWORK 纵断面数据库转换流程图

4. 路线纵断面计算数据库的格式

路线纵断面计算数据库,存储在扩展变量中,范围是:$Z[41] \sim Z[200]$。纵断面计算数据库以一条纵坡为一条记录,每条记录5个数据,格式见表6-24。

表6-24 路线纵断面计算数据库格式

	1	2	3	4	5	备注
1	第一条纵坡起点桩号	纵坡数量	0	0	0	
2	纵坡终点桩号	纵坡终点高程	纵坡坡度	终点 T	终点 R	第一条纵坡参数
3	纵坡终点桩号	纵坡终点高程	纵坡坡度	终点 T	终点 R	第二条纵坡参数
⋮	⋮	⋮	⋮	⋮	⋮	⋮
	纵坡终点桩号	纵坡终点高程	纵坡坡度	0	0	最后一条纵坡参数

表6-24中,纵坡为上坡时为正,下坡时为负,半径 R 凸曲线时为正,凹曲线时为负。

在 $Z[41] \sim Z[200]$ 的范围内,最多可定义31条纵坡数据,同样也满足之前纵断面用户数据库 Mat B 定义的最多28个变坡点的数据。

5. 路线数据库转换操作示例

路线平面和纵断面计算数据库的转换和确定,将为公路施工放样计算提供重要的基础性数据,是公路施工放样综合程序 RDWORK 的重要操作之一,该操作在入口程序 RDSET

中首先完成。

（1）新建路线平面数据库和纵断面数据库的转换操作。

案例一是湖南省 YZ～FTL 高速公路某路段（K4+800～K9+600），根据该路段的"直线、曲线及转角表"（表4-10）和"纵坡、竖曲线表"（表6-21），分别新建了路线平面数据库子程序 RDATA1（表6-16）和纵断面数据库子程序 RBPD1（表6-22），则路线数据库转换操作流程见表6-25。

表6-25　公路施工放样综合程序 RDWORK 路线数据库转换操作流程

步骤	屏幕显示	屏幕说明	按键操作	操作说明
1	—	—	—	运行入口程序 RDSET
2	PM DATA?[1-N]?　　0	等待输入路线平面用户数据库代码	1 EXE	输入1，即调用 RDATA1 数据库子程序
3	CHECK?Y[1],N[0]?	是否显示中间计算结果，用于检查用户数据库参数是否准确	1 EXE	输入1，表示需要检查，若输入0则不检查
4	JD 6 -1 PJ= -35°33'8.09" T1= 370.225 HZ= 5425.029	屏幕首行显示的"JD6-1"表示路线有6个交点（不含起终点），当前显示的是第一个交点主要参数的计算结果（偏角、第一切线长、HZ 桩号）	EXE	按 EXE 键继续
5	JD 6 -2 PJ= 34°36'46.94" T1= 251.123 HZ= 6721.764	显示第二个交点的主要参数	EXE	按 EXE 键继续
6	JD 6 -3 PJ= -22°43'8.68" T1= 231.905 HZ= 7180.879	显示第三个交点的主要参数	EXE	按 EXE 键继续
7	JD 6 -4 PJ= 15°34'58.42" T1= 217.883 HZ= 7623.049	显示第四个交点的主要参数	EXE	按 EXE 键继续
8	JD 6 -5 PJ= -35°49'24.76 T1= 284.769 HZ= 8886.917	显示第五个交点的主要参数	EXE	按 EXE 键继续

续表 6-25

步骤	屏幕显示	屏幕说明	按键操作	操作说明
9	JD 6 -6 PJ= 63°10'53.52" T1= 374.131 HZ= 9583.280	显示第六个交点的主要参数	[EXE]	按[EXE]键继续
10	LINE 23-1	屏幕闪动显示"LINE 23-1","LINE 23-2"……表示当前路线共生成23条线元,正逐条进行计算处理,直至显示"LINE 23-23"处理完毕		
11	ZDM DATA?[1-N]? 0	等待输入路线纵断面用户数据库代码	1 [EXE]	输入1,即调用RBPD1数据库子程序
12	CHECK?Y[1],N[0]?	是否显示中间计算结果,用于检查用户数据库参数是否准确	1 [EXE]	输入1,表示需要检查,若输入0则不检查
13	BPD 9 -1 K= 5000.000 I= -2.900 2.300 T= 208.000	屏幕首行显示的"BPD9-1"表示路线有9个变坡点(不含起终点),当前显示的是第一个变坡点主要参数的计算结果(变坡点桩号、前后坡度、竖曲线T长)	[EXE]	按[EXE]键继续
14	BPD 9 -2 K= 5560.000 I= 2.300 3.950 T= 99.000	显示第二个变坡点的主要参数	[EXE]	按[EXE]键继续
15	BPD 9 -3 K= 5960.000 I= 3.950 2.900 T= 131.250	显示第三个变坡点的主要参数	[EXE]	按[EXE]键继续
16	BPD 9 -4 K= 6360.000 I= 2.900 4.950 T= 153.750	显示第四个变坡点的主要参数	[EXE]	按[EXE]键继续
17	BPD 9 -5 K= 6960.000 I= 4.950 -2.300 T= 290.000	显示第五个变坡点的主要参数	[EXE]	按[EXE]键继续

续表 6-25

步骤	屏幕显示	屏幕说明	按键操作	操作说明
18	BPD 9 -6 K= 7400.000 I= -2.300 -4.950 T= 150.000	显示第六个变坡点的主要参数	[EXE]	按[EXE]键继续
19	BPD 9 -7 K= 8100.000 I= -4.950 2.350 T= 292.000	显示第七个变坡点的主要参数	[EXE]	按[EXE]键继续
20	BPD 9 -8 K= 9060.000 I= 2.350 3.930 T= 189.600	显示第八个变坡点的主要参数	[EXE]	按[EXE]键继续
21	BPD 9 -9 K= 9720.000 I= 3.930 2.650 T= 140.800	显示第九个变坡点的主要参数	[EXE]	按[EXE]键继续
22	WORK TYPE?1-3D,2 -FS,3-PM,4-LJ,5- SD? 1.000	完成变坡点数据处理，进行路线其他设置		

表 6-25 中的步骤 4~9 逐个交点显示了当前交点的主要参数计算结果——偏角、第一切线长、HZ 点桩号。当然交点参数不止这三个，只是限于屏幕显示的限制而选取了这三个有代表性的参数，主要目的是便于程序用户在新建了路线平面用户数据库（如案例一的表 4-10）之后，在生成平面计算数据库过程中进行逐个交点检查，以确保用户数据库所有参数准确无误。当然，如果经过这一过程，已经确认路线平面用户数据库各参数准确无误，以后再进行计算数据库的处理时可略过这一过程，这个由步骤 3 计算器询问"CHECK? Y [1], N [0]?"时按"0"确认。

同样，步骤 13~21 逐个变坡点显示了当前变坡点的主要参数——变坡点桩号、前后坡度、切线长，目的也是便于用户检查路线纵断面数据库的准确性。

(2) 新建立交匝道平面数据库的转换操作。

案例三是湖南省 YZ~FTL 高速公路某路段内（案例一）的一处立交——YZX 互通式立交，根据该立交的线位数据图（图 5-2、图 5-3），并结合立交匝道参数辅助计算 EXCEL 程序（见 5.2.2 节），新建了立交匝道平面数据库子程序 RDATA2（表 6-18，b 匝道）和 RDATA3（表 6-19，c 匝道），现以 b 匝道为例，立交匝道数据库转换操作流程见表 6-26。

表6-26 公路施工放样综合程序 RDWORK 立交匝道数据库转换操作流程

步骤	屏幕显示	屏幕说明	按键操作	操作说明
1	—	—	—	运行入口程序 RDSET
2	PM DATA?[1-N]? 1	等待输入路线平面用户数据库代码	2 EXE	输入2，调用 RDATA2（即 b 匝道）数据库子程序
3	CHECK?Y[1],N[0]?	是否显示中间计算结果，用于检查用户数据库参数是否准确	1 EXE	输入1，表示需要检查，若输入0则不检查
4	LINE 7 -2 K= 117.416 X= 7695.640 A= 272°43'20.66"	屏幕首行显示的"LINE 7-2"表示路线有7条线元，当前显示的是第二条线元起点的主要参数计算结果（桩号、X坐标、切线方位角）	EXE	按 EXE 键继续
5	LINE 7 -3 K= 207.762 X= 7701.289 A= 274°26'52.4"	显示第三条线元起点的主要参数	EXE	按 EXE 键继续
6	LINE 7 -4 K= 286.629 X= 7713.215 A= 286°29'52.36"	显示第四条线元起点的主要参数	EXE	按 EXE 键继续
7	LINE 7 -5 K= 344.060 X= 7737.153 A= 302°57'2.33"	显示第五条线元起点的主要参数	EXE	按 EXE 键继续
8	LINE 7 -6 K= 399.185 X= 7771.225 A= 310°50'48.2"	显示第六条线元起点的主要参数	EXE	按 EXE 键继续

续表 6 – 26

步骤	屏幕显示	屏幕说明	按键操作	操作说明
9	LINE 7 -7 K= 457.430 X= 7804.367 A= 292°51′23.28″	显示第七条线元起点的主要参数	[EXE]	按[EXE]键继续
10	ZDM DATA?[1-N]? 1	等待输入路线纵断面用户数据库代码	-1 [EXE]	输入-1,表示不考虑高程计算
11	WORK TYPE?1-3D,2-FS,3-PM,4-LJ,5-SD? 1	进行路线其他设置		

（3）确认正确的用户数据库的转换操作。

表 6 – 25 和表 6 – 26 所示的数据库转换操作需要逐条显示相关中间计算结果,以确认用户数据库参数输入无误,而对于已经确认无误的用户数据库,则可略过这一步骤,以简化操作。以案例一为例,若路线平面数据库程序 RDATA1 和纵断面数据库子程序 RB-PD1 已经确认准确,则该路线数据库转换操作流程见表 6 – 27。

表 6 – 27 公路施工放样综合程序 RDWORK 路线数据库转换操作流程

步骤	屏幕显示	屏幕说明	按键操作	操作说明
1	—	—	—	运行入口程序 RDSET
2	PM DATA?[1-N]? 2	等待输入路线平面用户数据库代码	1 [EXE]	输入1,即调用 RDATA1 数据库子程序
3	CHECK?Y[1],N[0]?	是否显示中间计算结果,用于检查用户数据库参数是否准确	0 [EXE]	输入0,表示不需要检查
4	JD 6 -1	屏幕闪动显示的"JD 6 -1","JD 6 -2"……表示当前路线有6个交点(不含起终点),正逐个进行计算处理,直至显示"JD 6 -6"处理完毕		

续表6-27

步骤	屏幕显示	屏幕说明	按键操作	操作说明
5	LINE 23-1	屏幕闪动显示"LINE 23-1","LINE 23-2"……表示当前路线共生成23条线元,正逐条进行计算处理,直至显示"LINE 23-23"处理完毕		
6	ZDM DATA?[1-N]? -1	等待输入路线纵断面用户数据库代码	1 EXE	输入1,即调用RBPD1数据库子程序
7	CHECK?Y[1],N[0]?	是否显示中间计算结果,用于检查用户数据库参数是否准确	0 EXE	输入0,表示不需要检查
8	BPD 9-1	屏幕闪动显示"BPD 9-1","BPD 9-2"……表示路线有9个变坡点(不含起终点),正逐个进行计算处理,直至显示"BPD 9-9"处理完毕		
9	WORK TYPE?1-3D,2-FS,3-PM,4-LJ,5-SD? 1	进行路线其他设置		

6.2.3 程序扩展变量的分配

为了满足程序计算变量、项目各种参数以及相关的计算数据库的存储要求,公路施工放样综合程序 RDWORK 共定义了200个扩展变量,并分配如下:

(1)计算变量。由于基本的字母变量只有26个,不能满足此大型程序的中间计算变量的要求,因此程序确定 $Z[1] \sim Z[10]$ 作为程序的中间计算变量。

(2)项目参数。项目的各种参数需要相对固定地保存在计算器中,以便在下一次设置时进行回显,也使对于同一参数的情况便于直接按 EXE 键确认通过,程序确定 $Z[11] \sim Z[40]$ 作为程序的项目参数存储变量,为便于读者进一步理解及改写程序,将本程序的项目参数的变量名称及含义列于表6-28。

第6章 公路施工放样综合程序 RDWORK 及其应用

表 6-28 公路施工放样综合程序 RDWORK 用于项目参数存储的扩展变量一览表

扩展变量	项目参数及含义	扩展变量	项目参数及含义
$Z[11]$	平面数据文件初始化时是否检查中间计算结果 1—是；0—否	$Z[26]$	隧道第1圆半径
$Z[12]$	纵断面数据文件初始化时是否检查中间计算结果 1—是；0—否	$Z[27]$	隧道第1圆圆心角（半幅），若拱顶为单圆隧道，也可输入 -1
$Z[13]$	平面数据类型 0—交点型；1—线元型	$Z[28]$	隧道第2圆半径
$Z[14]$	隧道计算部位 0—拱顶；1—仰拱	$Z[29]$	边桩计算模式 0—独立式；1—连续式
$Z[15]\sim$ $Z[20]$	预留变量，暂未定义	$Z[30]$	路基横坡比
$Z[21]$	工作模式： 1—中桩坐标与设计高程计算； 2—坐标反算； 3—平面坐标放样； 4—路基填挖放样； 5—隧道超欠挖计算	$Z[31]$	路基填挖放样：起坡点与设计高程之差
			隧道超欠挖：第1圆圆心与设计高程之差
$Z[22]$	路线平面用户数据库文件代码： 0—不调用用户数据库； 1—RDATA1； 2—RDATA2； ……	$Z[32]$	路基填挖放样：起坡点与测设中线的横向偏距
			隧道超欠挖：隧道截面中心与测设中线的横向偏距
$Z[23]$	路线纵断面用户数据库文件代码： -1—不计算高程； 0—不调用用户数据库； 1—RBPD1； 2—RBPD2； ……	$Z[33]$	隧道第4圆半径
		$Z[34]$	隧道第4圆圆心角（半幅）
		$Z[35]$	隧道仰拱拱底（第4圆底部）与设计高程之差
$Z[24]$	测站点 X 坐标	$Z[36]$	隧道第3圆半径
$Z[25]$	测站点 Y 坐标	$Z[37]\sim$ $Z[40]$	预留变量，暂未定义

表 6-28 所列项目参数的几何意义将在 6.3 节应用实例中解释。

(3) 纵断面计算数据库。这个前面已经讲过，路线纵断面计算数据库，存储在扩展变量中，范围是 $Z[41] \sim Z[200]$。

6.3 公路施工放样综合程序的应用实例

6.3.1 中桩坐标与设计高程计算模式

中桩坐标与设计高程计算模式实际上是一个查询模式，在当前存在平面计算数据库和纵断面计算数据库的前提下，可在路线有效计算范围内查询任意桩号的平面坐标、切线方位角和设计高程。

【例 6-1】 计算任务：根据案例一的平面和纵断面设计资料（见表 4-10 和表 6-21），查询 K5+000 和 K6+300 两个桩号的平面坐标和设计高程。

相关操作步骤见表 6-29。

表 6-29 公路施工放样综合程序 RDWORK 中桩坐标与设计高程计算模式操作流程

步骤	屏幕显示	屏幕说明	按键操作	操作说明
1		确保当前已经准确生成案例一的平面计算数据库和纵断面计算数据库（如已经完成表 6-25 或表 6-27 的操作），运行入口程序 RDSET		
2	PM DATA?[1-N]?　　　1	等待输入路线平面用户数据库代码	0 [EXE]	输入 0，不调用用户数据库，使用当前的平面计算数据库
3	ZDM DATA?[1-N]?　　　1	等待输入路线纵断面用户数据库代码	0 [EXE]	输入 0，不调用用户数据库，使用当前的纵断面计算数据库，若输入 -1 则表示不进行高程计算（也没有纵断面用户数据库）
4	WORK TYPE?1-3D,2-FS,3-PM,4-LJ,5-SD?　　　1	选择工作模式	1 [EXE]	输入 1，进行中桩坐标与设计高程计算
5	ROAD SET OK	路线参数设置完成	[EXE]	按确认键继续

续表6-29

步骤	屏幕显示	屏幕说明	按键操作	操作说明
6	KP? 9640.000	等待输入待计算的桩号	5000 [EXE]	输入桩号K5+000
7	X= 7663.488 Y= 5401.678 B= 257°12′12.61″ Z= 249.794	显示K5+000的计算结果（平面坐标、切线方位角、设计高程）	[EXE]	按确认键继续
8	KP? 5000.000	等待输入下一个待计算的桩号	6300 [EXE]	输入桩号K6+300
9	X= 6996.764 Y= 4292.945 B= 237°17′3.2″ Z= 285.923	显示K6+300的计算结果（平面坐标、切线方位角、设计高程）	……	

在仅存在平面计算数据库而无纵断面计算数据库时，该模式也可正常计算，只是设计高程会显示"$Z=0$"。

表6-30所示是案例一部分桩号的中桩坐标和设计高程，供读者操作验证。

表6-30 案例一部分桩号的中桩坐标和设计高程

桩号	X坐标	Y坐标	高程	桩号	X坐标	Y坐标	高程
K4+805	2807686.940	475594.919	252.756	K7+436	2806729.353	473203.527	304.594
K4+905	2807679.866	475495.215	250.643	K7+545	2806711.192	473096.084	299.771
K5+000	2807663.488	475401.678	249.794	K7+650	2806698.960	472991.800	294.575
K5+115	2807631.300	475291.348	250.276	K7+740	2806688.880	472902.366	290.120
K5+208	2807595.669	475205.484	251.874	K7+850	2806676.561	472793.058	284.785
K5+310	2807547.195	475115.792	254.220	K7+922	2806668.497	472721.511	281.923
K5+410	2807492.898	475031.827	256.520	K8+053	2806653.825	472591.336	278.378
K5+517	2807433.211	474943.021	259.112	K8+141	2806643.970	472503.889	277.201
K5+617	2807377.426	474860.027	262.295	K8+147	2806643.298	472497.927	277.156
K5+710	2807325.546	474782.843	265.895	K8+204	2806636.914	472441.286	276.953
K5+810	2807269.761	474699.849	269.845	K8+321	2806623.811	472325.022	277.809

续表 6-30

桩号	X 坐标	Y 坐标	高程	桩号	X 坐标	Y 坐标	高程
K5+905	2807216.765	474621.004	273.481	K8+445	2806608.291	472202.010	280.408
K6+013	2807156.517	474531.370	277.185	K8+518	2806593.350	472130.585	282.123
K6+120	2807096.827	474442.567	280.410	K8+610	2806563.451	472043.665	284.285
K6+300	2806996.764	474292.945	285.923	K8+700	2806522.356	471963.679	286.400
K6+407	2806944.334	474199.771	290.076	K8+830	2806444.639	471859.685	289.455
K6+507	2806910.862	474105.685	294.648	K8+929	2806378.489	471786.031	291.853
K6+606	2806894.993	474008.098	299.547	K9+010	2806327.529	471723.117	294.091
K6+706	2806892.877	473908.152	304.416	K9+125	2806271.883	471622.766	297.738
K6+822	2806892.742	473792.163	308.795	K9+250	2806239.073	471502.486	302.327
K6+920	2806883.979	473694.611	311.184	K9+350	2806234.950	471402.737	306.257
K7+031	2806860.307	473586.249	312.439	K9+438	2806247.790	471315.793	309.715
K7+128	2806828.604	473494.612	312.276	K9+535	2806276.607	471223.232	313.528
K7+228	2806791.446	473401.772	310.876	K9+640	2806313.893	471125.076	317.570
K7+340	2806753.680	473296.363	307.972	K9+712	2806339.610	471057.825	320.083

6.3.2 坐标反算模式

坐标反算模式也是一项基本查询功能,在已知路线附近任意点坐标的前提下,计算出该点对应的桩号和距中线的距离和位置(左右位置)。

【例 6-2】 计算任务:同例 4-6,根据例 4-5 计算的案例一(湖南省 YZ~FTL 高速公路)K6+100 的中桩、左右边桩的坐标,反算对应桩号及偏距,并进行验证。

相关操作步骤见表 6-31。

表 6-31 公路施工放样综合程序 RDWORK 坐标反算模式操作流程

步骤	屏幕显示	屏幕说明	按键操作	操作说明
1		确保当前已经准确生成案例一的平面计算数据库和纵断面计算数据库(如已经完成表 6-25 或表 6-27 的操作),运行入口程序 RDSET		
2	PM DATA?[1-N]? 0	等待输入路线平面用户数据库代码	0 [EXE]	输入 0,若当前值为 0 则直接按 [EXE] 键确认,不调用用户数据库,使用当前的平面计算数据库
3	ZDM DATA?[1-N]? 0	等待输入路线纵断面用户数据库代码	0 [EXE]	输入 0 或 -1,不调用用户数据库,坐标反算不涉及高程计算

续表 6-31

步骤	屏幕显示	屏幕说明	按键操作	操作说明
4	WORK TYPE?1-3D,2 -FS,3-PM,4-LJ,5- SD? 1	选择工作模式	2 [EXE]	输入2,进行坐标反算
5	ROAD SET OK	路线参数设置完成	[EXE]	按确认键继续
6	XW? 0.013	等待输入待反算的某点 X 坐标	7107.984 [EXE]	输入 K6+100 的中桩 X 坐标（简化坐标,注意要和数据库的坐标简化方式一致,下同）
7	0.013 7107.984 YW? 4206.658	等待输入待反算的某点 Y 坐标	4459.165 [EXE]	输入 K6+100 的中桩 Y 坐标
8	XW=7107.984 YW=4459.165 K =6100.000 D =0.001	显示计算结果：某点 X、Y 坐标,对应中桩桩号,距中桩距离,计算无误	[EXE]	按 [EXE] 键继续
9	XW? 7107.984	等待输入待反算的某点 X 坐标	7097.818 [EXE]	输入 K6+100 的左边桩 X 坐标
10	7107.984 7097.818 YW? 4459.165	等待输入待反算的某点 Y 坐标	4465.999 [EXE]	输入 K6+100 的左边桩 Y 坐标
11	XW=7097.818 YW=4465.999 K =6100.000 D =-12.25	显示计算结果：某点 X、Y 坐标,对应中桩桩号,距中桩距离（负值表示在路线左侧）,计算无误	[EXE]	按 [EXE] 键继续
12	XW? 7097.818	等待输入待反算的某点 X 坐标	7118.151 [EXE]	输入 K6+100 的右边桩 X 坐标
13	7097.818 7118.151 YW? 4465.999	等待输入待反算的某点 Y 坐标	4452.331 [EXE]	输入 K6+100 的右边桩 Y 坐标

续表 6-31

步骤	屏幕显示	屏幕说明	按键操作	操作说明
14	XW=7118.151 YW=4452.331 K =6100.000 D =12.252	显示计算结果：某点 X、Y 坐标，对应中桩桩号，距中桩距离，计算无误	……	

6.3.3 平面坐标放样模式

平面坐标放样计算是道路施工现场平面放样的一项实用功能，它可计算出路线中、边桩和相关构造物平面特征点的放样参数，包括平面坐标和夹角距离。

平面坐标放样模式在使用前，除了确定平面计算数据库之外，还需确定三个参数：测站坐标 X、Y 和边桩计算模式。测站坐标好理解，这里阐述一下边桩计算模式。

边桩计算模式有两类：独立式和连续式，分别以 0 和 1 表示。独立式表示每一个边桩坐标计算均以路线中桩点为基准，而连续式则表示每一个边桩坐标的计算以上一个中（边）桩点为基准。

【例 6-3】 计算任务：同例 4-4，计算案例一（湖南省 YZ～FTL 高速公路）K6+100～K6+700 段的中桩坐标（桩距 20m），并在导线点（2807118.026，474113.687）上架设全站仪，计算各中桩的极坐标放样数据。

相关操作步骤见表 6-32。

表 6-32 公路施工放样综合程序 RDWORK 平面坐标放样模式（中桩放样）操作流程

步骤	屏幕显示	屏幕说明	按键操作	操作说明
1		确保当前已经准确生成案例一的平面计算数据库（如已经完成表 6-25 或表 6-27 的操作），运行入口程序 RDSET		
2	PM DATA?[1-N]? 　　　　　0	等待输入路线平面用户数据库代码	0 [EXE]	输入 0，若当前值为 0，则直接按 [EXE] 键确认，不调用用户数据库，使用当前的平面计算数据库
3	ZDM DATA?[1-N]? 　　　　　0	等待输入路线纵断面用户数据库代码	0 [EXE]	输入 0 或 -1，不调用用户数据库，平面坐标放样不涉及高程计算
4	WORK TYPE?1-3D,2 -FS,3-PM,4-LJ,5- SD?　　　　2	选择工作模式	3 [EXE]	输入 3，进行平面坐标放样计算
5	STATION X? 　　　7770.688	等待输入测站点 X 坐标	7118.026 [EXE]	输入测站 X 坐标（简化坐标，注意要和数据库的坐标简化方式一致，下同）

第 6 章　公路施工放样综合程序 RDWORK 及其应用

续表 6-32

步骤	屏幕显示	屏幕说明	按键操作	操作说明
6	7770.688 7118.026 STATION Y? 5422.635	等待输入测站点 Y 坐标	4113.687 [EXE]	输入测站 Y 坐标
7	5422.635 4113.687 BZJS STYLE? 1	等待输入边桩计算模式代码	0 [EXE]	输入 0，独立式
8	ROAD SET OK	路线参数设置完成	[EXE]	按确认键继续
9	KP? -1.000	等待输入待计算的中桩桩号	6100 [EXE]	输入待算的桩号 K6+100
10	ZJ? 90.000	等待输入边桩转角	[EXE]	由于右角现值显示为 90°，直接按 [EXE] 键表示不改变现值
11	ZJ? 90.000 JL 12.000	等待输入边距	0 [EXE]	由于是计算中桩坐标，边距应为 0
12	X= 7107.984 Y= 4459.165 A= 91°39′53.5″ D= 345.624	显示计算结果：中桩 X、Y 坐标，极坐标放样数据	[EXE]	按 [EXE] 键继续
13	ZJ? 90.000	等待输入边桩转角	-1 [EXE]	转角输入 -1，表示跳出当前桩号的计算
14	KP? 6100.000	等待输入下一个待计算的中桩桩号	6120 [EXE]	输入待算的桩号 K6+120
15	ZJ? 90.000	等待输入边桩转角	[EXE]	由于转角现值显示为 90°，直接按 [EXE] 键表示不改变现值

续表 6-32

步骤	屏幕显示	屏幕说明	按键操作	操作说明
16	ZJ? 90.000 JL? 0.000	等待输入边距	0 [EXE]	边距现值为 0，直接按 [EXE] 键表示不改变现值
17	X= 7096.827 Y= 4442.567 A= 93°41'16.79" D= 329.562	显示计算结果：中桩 X、Y 坐标，极坐标放样数据	[EXE]	按 [EXE] 键继续
18	……			按照以上操作程序可继续进行其他桩号的计算

表 4-13 给出了由道路路线 CAD 软件计算的 K6+100～K6+700 段中桩坐标及放样数据计算结果，供读者进行计算验证。

【例 6-4】 计算任务：同例 4-5，计算案例一（湖南省 YZ～FTL 高速公路）K6+100～K6+700 段的路面边桩（左右各 12.25m）坐标（桩距 20m）。并在导线点（2807118.026，474113.687）上架设全站仪，计算各边桩的极坐标放样数据。

相关操作步骤见表 6-33。

表 6-33 公路施工放样综合程序 RDWORK 平面坐标放样模式（边桩放样）操作流程

步骤	屏幕显示	屏幕说明	按键操作	操作说明
1		由于路线项目、计算模式、测站坐标等均与例 6-3 相同，因此本例接表 6-32 第 17 步继续运行。（注意本例的边桩计算模式要确定为独立式）		
2	ZJ? 90.000	等待输入边桩转角	-1 [EXE]	转角输入 -1，表示跳出当前桩号的计算
3	KP? 6120.000	等待输入下一个待计算的中桩桩号	6100 [EXE]	输入待算的桩号 K6+100
4	ZJ? 90.000	等待输入边桩转角	[EXE]	由于右角现值显示为 90 度，直接按 [EXE] 键表示不改变现值
5	ZJ? 90.000 JL? 0.000	等待输入边距	-12.25 [EXE]	输入距中桩的距离，负值表示左侧边桩

续表 6-33

步骤	屏幕显示	屏幕说明	按键操作	操作说明
6	X= 7097.818 Y= 4465.999 A= 93°16′58.2″ D= 352.891	显示计算结果： K6+100 左边桩 X、Y 坐标，极坐标放样数据	[EXE]	按 [EXE] 键继续
7	ZJ? 90.000	等待输入边桩转角	[EXE]	直接按 [EXE] 键表示不改变现值
8	ZJ? 90.000 JL? -12.250	等待输入边距	12.25 [EXE]	输入距中桩的距离，正值表示右侧边桩
9	X= 7118.151 Y= 4452.332 A= 89°58′43.69″ D= 338.645	显示计算结果： K6+100 右边桩 X、Y 坐标，极坐标放样数据	[EXE]	按 [EXE] 键继续
10	ZJ? 90.000	等待输入边桩转角	-1 [EXE]	转角输入 -1，表示跳出当前桩号的计算
11	KP? 6100.000	等待输入下一个待计算的中桩桩号	参照前述步骤继续进行计算……	

表 4-15 给出了由道路路线 CAD 软件计算的 K6+100 ~ K6+700 段边桩坐标及放样数据计算结果，供读者进行计算验证。

【例 6-5】 计算任务：例 5-4 所示的 YZX 互通式立交（案例三）b 匝道 BK0+384 涵洞（图 5-10），其基础尺寸如图 6-4 所示，计算其基础四角点（1~4 点）的坐标，若全站仪测站坐标为（2807770.688，475422.635），计算其极坐标放样数据。

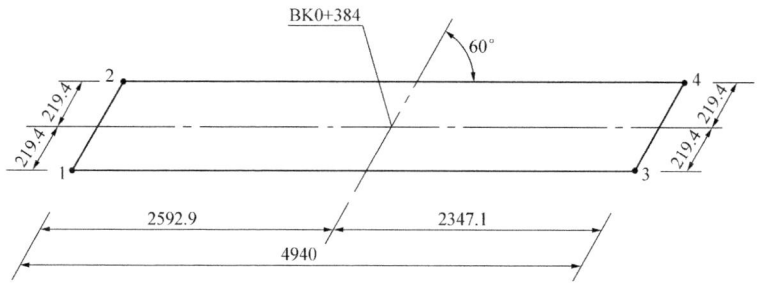

图 6-4 YZX 互通式立交 b 匝道 BK0+384 涵洞基础尺寸示意图

相关操作步骤见表6-34。

表6-34 公路施工放样综合程序 RDWORK 平面坐标放样模式（构造物放样）操作流程

步骤	屏幕显示	屏幕说明	按键操作	操作说明
1		确保当前已经准确生成案例三b匝道的平面计算数据库（如已经完成表6-26的操作），运行入口程序 RDSET		
2	PM DATA?[1-N]? 0	等待输入路线平面用户数据库代码	0 [EXE]	输入0，若当前值为0则直接按[EXE]键确认，不调用用户数据库，使用当前的平面计算数据库
3	ZDM DATA?[1-N]? 0	等待输入路线纵断面用户数据库代码	0 [EXE]	输入0或-1，不调用用户数据库，平面坐标放样不涉及高程计算
4	WORK TYPE?1-3D,2-FS,3-PM,4-LJ,5-SD? 3	选择工作模式	3 [EXE]	输入3，进行平面坐标放样计算，若当前值为3则直接按[EXE]键确认
5	STATION X? 7118.026	等待输入测站点 X 坐标	7770.688 [EXE]	输入测站 X 坐标（简化坐标，注意要和数据库的坐标简化方式一致，下同）
6	7118.026 7770.688 STATION Y? 4113.687	等待输入测站点 Y 坐标	5422.635 [EXE]	输入测站 Y 坐标
7	4113.687 5422.635 BZJS STYLE? 0	等待输入边桩计算模式代码	1 [EXE]	输入1，连续式
8	ROAD SET OK	路线参数设置完成	[EXE]	按确认键继续
9	KP? 6100.000	等待输入待计算的中桩桩号	384 [EXE]	输入涵洞中轴线中桩桩号 BK0+384

204

第 6 章　公路施工放样综合程序 RDWORK 及其应用

续表 6-34

步骤	屏幕显示	屏幕说明	按键操作	操作说明
10	ZJ? 90.000	首先计算左洞口中轴点坐标，等待输入边桩转角	-120 [EXE]	由图纸可知，涵洞中轴线与路线切线右夹角是 60°，则左洞口转角为 -120°
11	90.000 -120 JL? 12.250	等待输入左洞口距离	25.929 [EXE]	由图纸可知，涵洞左涵长为 2592.9cm
12	X= 7735.819 Y= 5490.370 A= 117°14'20.17" D= 76.184	显示计算结果：左涵洞口 X、Y 坐标，极坐标放样数据	[EXE]	按执行键继续往下运行程序
13	ZJ? 90.000	再计算涵洞左洞口基础 1 点的坐标，等待输入边桩转角	-60 [EXE]	1 点与涵洞左洞口中轴线点的关系是左转 60°
14	90.000 -60 JL? 25.929	等待输入 1 点与涵洞左洞口中轴点的距离	2.194 [EXE]	由图纸可知，1 点距涵洞左洞口中轴点的距离为 219.4cm
15	X= 7734.401 Y= 5492.045 A= 117°36'0.78" D= 78.323	显示计算结果：涵洞左洞口基础 1 点 X、Y 坐标，极坐标放样数据	[EXE]	按执行键继续往下运行程序
16	ZJ? 90.000	再计算涵洞左洞口基础 2 点的坐标，等待输入边桩转角	180 [EXE]	2 点与 1 点的关系是在同一直线上，但方向相反，故输入 180° 或 -180° 均可
17	90.000 180 JL? 2.194	等待输入 2 点与 1 点的距离	2.194 [×] 2 [EXE]	由图纸可知，1 点距 2 点的距离为 2 个 219.4cm
18	X= 7737.236 Y= 5488.696 A= 116°51'24.47" D= 74.048	显示计算结果：涵洞左洞口基础 2 点 X、Y 坐标，极坐标放样数据	[EXE]	按执行键继续往下运行程序

205

续表 6-34

步骤	屏幕显示	屏幕说明	按键操作	操作说明
19	ZJ? 90.000	下一步计算涵洞右洞口基础点坐标，等待输入边桩转角	-1 EXE	转角输入 -1，表示跳出当前桩号的计算，因为涵洞右洞口基础坐标基础与涵洞左洞口并不连续，故需先跳出
20	KP? 384.000	等待输入待计算的中桩桩号	EXE	当前桩号不变，按 EXE 键确认继续
21	ZJ? 90.000	先计算涵洞右洞口中轴点坐标，等待输入边桩转角	60 EXE	由图纸可知，涵洞中轴线与路线切线右夹角是 60°
22	90.000 60 JL? 4.388	等待输入涵洞右洞口距离	23.471 EXE	由图纸可知，涵洞右涵长为 2347.1cm
23	X= 7784.431 Y= 5499.159 A= 79°49'8.56" D= 77.748	显示计算结果：涵洞右洞口 X、Y 坐标，极坐标放样数据	EXE	按执行键继续往下运行程序
24	ZJ? 90.000	再计算涵洞右洞口基础 3 点的坐标，等待输入边桩转角	120 EXE	3 点与涵洞右洞口中轴线点的关系是右转 120°
25	90.000 120 JL? 23.471	等待输入 3 点与涵洞右洞口中轴点的距离	2.194 EXE	由图纸可知，3 点距涵洞右洞口中轴点的距离为 219.4cm
26	X= 7783.013 Y= 5500.833 A= 81°2'35.41" D= 79.164	显示计算结果：涵洞右洞口基础 3 点 X、Y 坐标，极坐标放样数据	EXE	按执行键继续往下运行程序
27	ZJ? 90.000	再计算涵洞右洞口基础 4 点的坐标，等待输入边桩转角	180 EXE	4 点与 3 点的关系是在同一直线上，但方向相反，故输入 180° 或 -180° 均可

续表 6-34

步骤	屏幕显示	屏幕说明	按键操作	操作说明
28	180 JL? 90.000 2.194	等待输入 4 点与 3 点的距离	2.194 [×] 2 [EXE]	由图纸可知，4 点距 3 点 的 距 离 为 2 个 219.4cm
29	X= 7785.848 Y= 5497.484 A= 78°33′0.42″ D= 76.369	显示计算结果： 涵洞右洞口基础 4 点 X、Y 坐标，极坐标放样数据		计算完毕

6.3.4 路基填挖放样模式

路基填挖施工就是在原天然地面上按照该路段设计的横断面尺寸进行填筑或者开挖，形成道路路基的施工过程。图 6-5 所示是案例一（湖南省 YZ～FTL 高速公路）一般路段的路基横断面设计示意图。

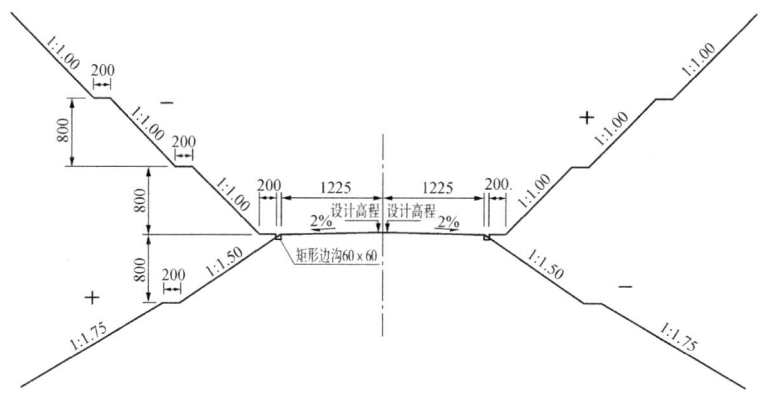

图 6-5　湖南省 YZ～FTL 高速公路一般路段路基横断面设计示意图

路基填挖施工的关键工作有两点，一是在路基施工前，确定各断面路堤填筑坡脚位置，或者路堑开挖坡口位置，简称坡口坡脚的确定，如图 6-6 所示。

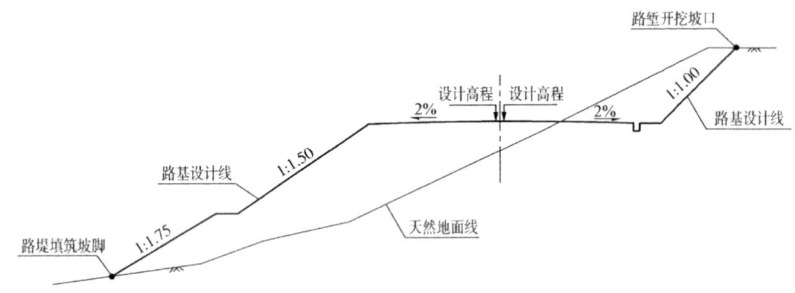

图 6-6　路基填挖施工坡口坡脚的确定示意图

路基填挖施工的第二个关键工作就是在路基填筑或者开挖过程中，实际路基几何位置与设计位置偏差的控制，这个工作贯穿于路基施工的全过程，如图 6-7 所示。

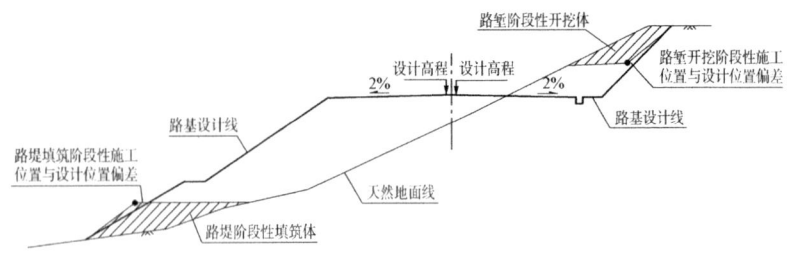

图 6-7　路基填挖施工过程的位置控制示意图

进行路基填挖放样模式的计算必须确定平面计算数据库和纵断面计算数据库，除此之外，还需确定三个参数：当前坡段的坡比、起坡点高差、起坡点偏距。

先解释这个名词：当前坡段。由图 6-5 可知，路基分路堤边坡和路堑边坡，又分左右两边，各种边坡有时又不止一段，如何在程序中定义这些坡段，以便进行相关的计算。程序每次仅针对一个坡段进行计算，这个坡段就称为当前坡段。实际施工对应的当前坡段视需要计算的对象而确定，例如，计算图 6-7 所示的路堤填筑阶段性施工位置与设计位置偏差时，当前坡段就是路基左侧第二级填方边坡。

当前坡段的位置与几何尺寸则由上述的三个参数来确定：当前坡段的坡比、起坡点高差、起坡点偏距。

（1）当前坡段的坡比。边坡一般用 1:N 这样的格式来表示，则当前坡段的坡比就是 N 这个数字，这个参数容易从横断面图上确定，但要注意的是，横断面图上的 N 值都为正值，但输入计算器中的坡比则是有正负号区别的，定义是：按横断面从左往右的方向，若为上坡则为正，若为下坡则为负。图 6-5 中已经标示了各种坡段的坡比符号。

（2）起坡点高差。起坡点指当前坡段靠近路基那一侧的端点，起坡点高差指的是起坡点与该断面设计高程的高差，即：起坡点高程减去设计高程，应注意结果也会有正负号之分。

（3）起坡点偏距。起坡点偏距指起坡点与道路中心线的水平距离，起坡点在中心线左侧，其值为负，右侧则为正。

【例6-6】 计算任务：案例一（湖南省 YZ～FTL 高速公路）路基施工前的某横断面，如图 6-8 所示，为确定该断面左侧路堤填筑坡脚点位置，在估计的位置测量了一点的三维坐标为：$X = 7030.646m$，$Y = 4406.021m$，$Z = 268.76m$，试进行进一步的计算，以确定坡脚点的最终位置。

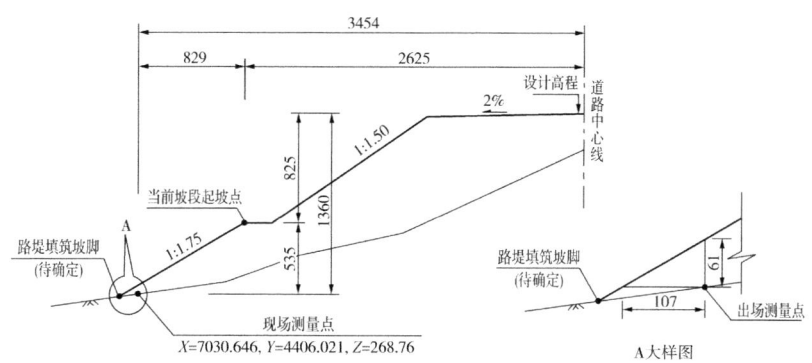

图 6-8　路堤填筑坡脚位置的确定示意图

相关操作步骤见表 6-35。

表 6-35　公路施工放样综合程序 RDWORK 路基填挖放样模式（坡口坡脚确定）操作流程

步骤	屏幕显示	屏幕说明	按键操作	操作说明
1		确保当前已经准确生成案例一的平面计算数据库和纵断面计算数据库（如已经完成表 6-25 或表 6-27 的操作），运行入口程序 RDSET		
2	PM DATA?[1-N]? 0	等待输入路线平面用户数据库代码	0 EXE	输入 0，若当前值为 0，则直接按 EXE 键确认，不调用用户数据库，使用当前的平面计算数据库
3	ZDM DATA?[1-N]? 0	等待输入路线纵断面用户数据库代码	0 EXE	输入 0，不调用用户数据库，使用当前的纵断面计算数据库
4	WORK TYPE?1-3D,2 -FS,3-PM,4-LJ,5- SD? 3	选择工作模式	4 EXE	输入 4，进行路基填挖放样计算

续表 6-35

步骤	屏幕显示	屏幕说明	按键操作	操作说明
5	1:N?　　　　0	等待输入当前坡段的坡比	1.75 [EXE]	当前坡段为路基左侧第二级填方边坡，坡度 1:1.75
6	1.75　　　　0 QPD-DH?　　0	等待输入起坡点高差	-8.25 [EXE]	起坡点比设计高程低 8.25m
7	-8.25　　　0 QPD-PJ?　　0	等待输入起坡点偏距	-26.25 [EXE]	起坡点在路基左侧，距道路中线 26.25m
8	ROAD SET OK	路线参数设置完成	[EXE]	按确认键继续
9	XW?　　　　0	等待输入测量点 X 坐标	7030.646 [EXE]	输入测量点 X 坐标 7030.646
10	7030.646　0 YW?　　　　0	等待输入测量点 Y 坐标	4406.021 [EXE]	输入测量点 Y 坐标 4406.021
11	4406.021　0 ZW?　　　　0	等待输入测量点高程 Z	268.76 [EXE]	输入测量点高程 268.76
12	6187.25 -34.54 Z 282.36 -13.60 V -5.35 0.61 H -8.29 -1.07	显示计算结果，各数据含义见表 6-36	[EXE]	按确认键继续
13	XW?　　7030.646	等待输入下一个测量点 X 坐标		重复以上步骤 9～12，直至确认坡脚点为止

第6章 公路施工放样综合程序 RDWORK 及其应用

表6-35 中,步骤12 的屏幕显示共有八个数据参数,其具体含义见表6-35,读者可对照图6-8 进行理解。

表6-36 路基填挖放样模式(坡口坡脚确定)计算结果参数含义

行号	参数类型	该行参数显示		参数含义
1	桩号位置	6187.25	-34.54	6187.25 测量点对应的桩号,即 K6+187.25
				-34.54 测量点距道路中心线的水平距离,负值表示测量点在路线的左侧
2	高程高差	Z 282.36	-13.60	282.36 测量点对应桩号(K6+187.25)的设计高程
				-13.60 测量点与设计高程的高差,负值表示测量点低于设计高程
3	竖向参数	V -5.35	0.61	-5.35 测量点与当前坡段起坡点的高差,参数为负表示比起坡点低。对于类似于本例的路堤填筑而言,若该参数为正,则表示需要将当前坡段换为上一级边坡
				0.61 测量点位置处的路基设计线与实测点的高差,该参数为正,表示该点处设计线比实测点高,进一步说明路基左侧填筑坡脚点还在实测点的左侧
4	横向参数	H -8.29	-1.07	-8.29 测量点与当前坡段起坡点的平距,参数为负表示实测点在起坡点的左侧
				-1.07 测量点位置处的路基设计线与实测点的水平距离,该参数为负,表示路基设计线在实测点的左侧,该距离可作为下一个测量点平移方向和距离的参考值

一个测量点计算完毕,若位置不满足精度要求,则参考相关参数重新再测一个点,重复表6-35 的步骤9~12,直至确认坡脚点为止。

【例6-7】 计算任务:案例一(湖南省 YZ~FTL 高速公路)某横断面路基右侧为挖方,如图6-9,目前已经开挖部分土方,为了检验当前开挖路基与设计线的偏差,在已开挖路堑边坡内侧位置测量了一点的三维坐标为:$X=7073.692\mathrm{m}$,$Y=4377.172\mathrm{m}$,$Z=285.338\mathrm{m}$,试进行进一步的计算,以检验与设计线的偏差。

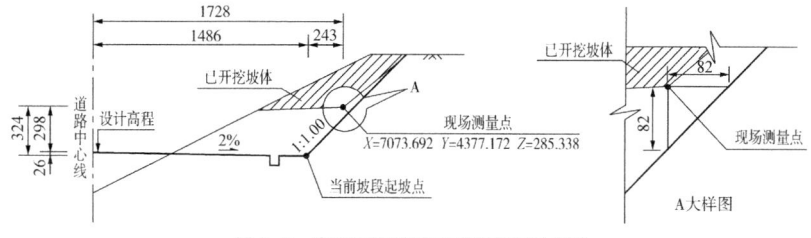

图6-9 路堑开挖过程施工放样控制示意图

211

相关操作步骤见表 6-37。

表 6-37 公路施工放样综合程序 RDWORK 路基填挖放样模式（路堑开挖检验）操作流程

步骤	屏幕显示	屏幕说明	按键操作	操作说明
1	XW? 7030.646	接表 6-35 步骤 13	-1 [EXE]	工作模式第一个数据输入 -1，表示进入设置程序
2	PM DATA?[1-N]? 0	等待输入路线平面用户数据库代码	[EXE]	当前值为 0，直接按 [EXE] 键确认，不调用用户数据库，使用当前的平面计算数据库
3	ZDM DATA?[1-N]? 0	等待输入路线纵断面用户数据库代码	[EXE]	当前值为 0，直接按 [EXE] 键确认，不调用用户数据库，使用当前的纵断面计算数据库
4	WORK TYPE?1-3D,2-FS,3-PM,4-LJ,5-SD? 4	选择工作模式	[EXE]	当前值为 4，直接按 [EXE] 键确认，进行路基填挖放样计算
5	1:N? 1.75	等待输入当前坡段的坡比	1 [EXE]	当前坡段为路基右侧第一级挖方边坡，坡度 1:1.00
6	1.75 1 QPD-DH? -8.25	等待输入起坡点高差	-0.26 [EXE]	起坡点比设计高程低 0.26m
7	-8.25 -0.26 QPD-PJ? -26.25	等待输入起坡点偏距	14.86 [EXE]	起坡点在路基右侧，距道路中线 14.86m
8	ROAD SET OK	路线参数设置完成	[EXE]	按确认键继续
9	XW? -1.000	等待输入测量点 X 坐标	7073.692 [EXE]	输入测量点 X 坐标 7073.692
10	-1.000 7073.692 YW? 4406.021	等待输入测量点 Y 坐标	4377.172 [EXE]	输入测量点 Y 坐标 4377.172

第6章 公路施工放样综合程序RDWORK及其应用

续表6-37

步骤	屏幕显示	屏幕说明	按键操作	操作说明
11	4406.021 4377.172 ZW? 268.760	等待输入测量点高程 Z	285.338 [EXE]	输入测量点高程 285.338
12	6187.18 17.28 Z 282.36 2.98 V 3.24 -0.82 H 2.42 0.82	显示计算结果	[EXE]	按确认键继续

表6-37步骤12的屏幕显示结果，读者可参考表6-36的解读，并结合图6-8进行理解。

6.3.5 隧道超欠挖计算模式

开挖是隧道施工中的关键工作。超挖过多，不仅因出渣量和衬砌量增多而提高工程造价，而且由于局部超挖会产生应力集中，影响围岩稳定性。欠挖则直接影响衬砌厚，处理起来费时、费力，所以隧道开挖必须控制好超欠挖。

隧道超欠挖是以设计的隧道开挖轮廓线为基准线，实际开挖获得的断面在基准线以外的部分为超挖，在基准线以内的部分则称为欠挖，超挖值和欠挖值均按该点处的隧道基准圆弧的法线方向计量，如图6-10所示。

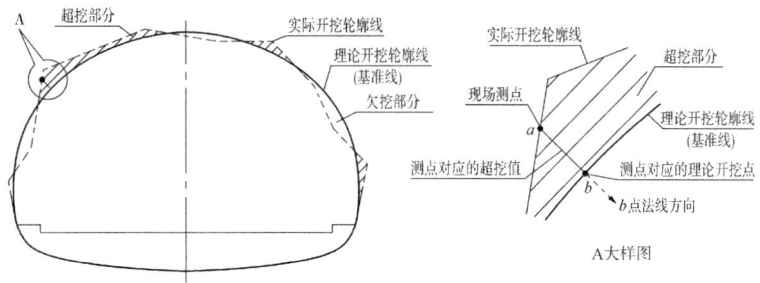

图6-10 隧道施工超欠挖示意图

隧道的开挖基准线（隧道横断面），按地质条件（围岩类型）设仰拱或者不设仰拱，为表述清晰，本书将仰拱以上的部分称为拱顶，如图6-11所示。

213

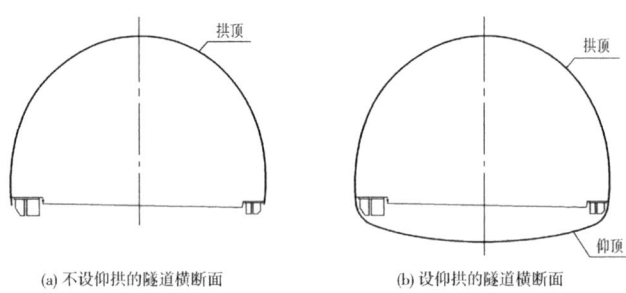

(a) 不设仰拱的隧道横断面　　(b) 设仰拱的隧道横断面

图 6-11　隧道开挖基准线（隧道横断面）示意图

拱顶部分的基准线一般分为单心圆和三心圆两种。单心圆是指拱顶曲线为一单圆心的圆弧，相关几何尺寸如图 6-12 所示。

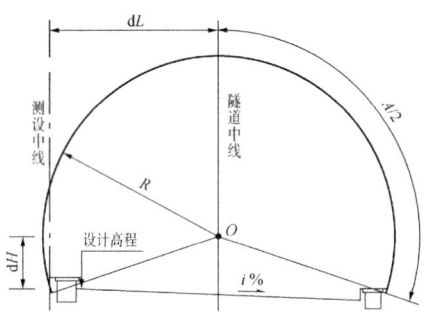

图 6-12　单心圆隧道横断面尺寸示意图

三心圆则是指拱顶曲线由三个不同圆心的圆弧组成，相关几何尺寸如图 6-13 所示。

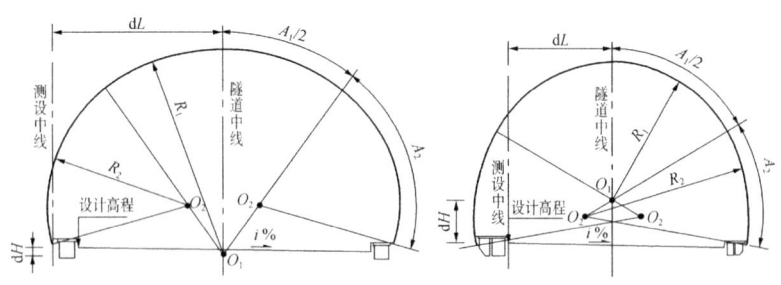

图 6-13　三心圆隧道横断面尺寸示意图

仰拱的基准线一般由三个不同圆心的圆弧组成，相关几何尺寸如图 6-14 所示。

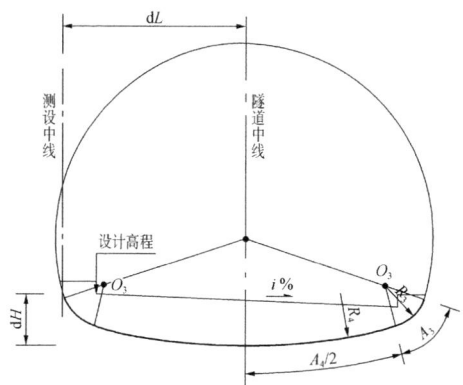

图 6-14 仰拱横断面尺寸示意图

【例 6-8】 （模拟隧道案例）计算任务：案例一（湖南省 YZ～FTL 高速公路）某路段为隧道，横截面为不设仰拱的单心圆截面，如图 6-15 所示。在隧道开挖基本完成后，为检测其超欠挖，在开挖表面某点测量了一点的三维坐标为：$X = 6660.016$m，$Y = 2642.665$m，$Z = 282.786$m，试计算该点的超欠挖值。

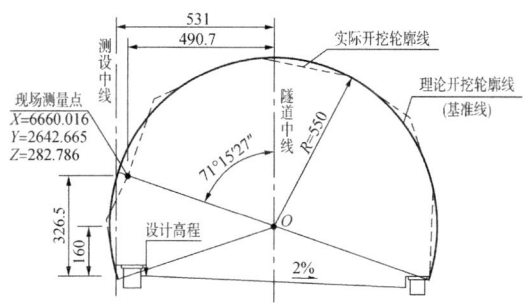

图 6-15 单心圆隧道拱顶超欠挖检测示意图

相关操作步骤见表 6-38。

表6-38 公路施工放样综合程序 RDWORK 隧道超欠挖计算模式（单心圆拱顶）操作流程

步骤	屏幕显示	屏幕说明	按键操作	操作说明
1		确保当前已经准确生成案例一的平面计算数据库和纵断面计算数据库（如已经完成表6-25或表6-27的操作），运行入口程序 RDSET		
2	PM DATA?[1-N]? 0	等待输入路线平面用户数据库代码	0 [EXE]	输入0，若当前值为0则直接按[EXE]键确认，不调用用户数据库，使用当前的平面计算数据库
3	ZDM DATA?[1-N]? 0	等待输入路线纵断面用户数据库代码	0 [EXE]	输入0，不调用用户数据库，使用当前的纵断面计算数据库
4	WORK_TYPE?1-3D,2-FS,3-PM,4-LJ,5-SD? 4	选择工作模式	5 [EXE]	输入5，进行隧道超欠挖计算
5	GD[0],YG[1]? 0	选择隧道计算位置	0 [EXE]	输入0表示计算拱顶，若输入1则表示计算仰拱
6	0 0 CE-PJ? 0	等待输入隧道中心线与测设中线的水平偏距	5.31 [EXE]	由图6-15可得，隧道中心线在测设中线的右侧5.31m，若隧道中心线在测设中线左侧，则数值为负值
7	0 5.31 R1? 0	等待输入第1圆半径	5.5 [EXE]	输入第1圆半径5.5m
8	0 5.5 O1-ANG? 0	等待输入第1圆的圆心角（半幅）	-1 [EXE]	本隧道拱顶为单圆心截面，输入-1
9	-1 0 O1-DH? 0	等待输入第1圆圆心与设计高程的高差	1.6 [EXE]	若第1圆圆心在设计高程以下，则该值输入负数

第6章 公路施工放样综合程序 RDWORK 及其应用

续表6-38

步骤	屏幕显示	屏幕说明	按键操作	操作说明
10	ROAD SET OK	隧道参数设置完成	[EXE]	按确认键继续
11	XW? 0	等待输入测量点 X 坐标	6660.016 [EXE]	输入测量点 X 坐标 6660.016
12	6660.016 0 YW? 0	等待输入测量点 Y 坐标	2642.665 [EXE]	输入测量点 Y 坐标 2642.665
13	2642.665 0 ZW? 0	等待输入测量点高程 Z	282.786 [EXE]	输入测量点高程 282.786
14	8001.30 -4.91 Z 279.52 3.27 R 5.50 -0.32 A -71°15′27.05″	显示计算结果，各数据含义见表6-39	[EXE]	按确认键继续
15	XW? 6660.016	等待输入下一个测量点 X 坐标	……	

表6-38 中，步骤 14 的屏幕显示共有七个数据参数，其具体含义见表6-39，读者可对照图6-15 进行理解。

表6-39 隧道超欠挖计算模式（单圆心拱顶）计算结果参数含义

行号	参数类型	该行参数显示		参数含义
1	桩号位置	8001.30	-4.91	8001.30　测量点对应的桩号，即 K8+001.30
				-4.91　测量点距隧道中心线的水平距离，负值表示测量点在隧道中心线的左侧
2	高程高差	Z 279.52	3.27	279.52　测量点对应桩号（K8+001.30）的设计高程
				3.27　测量点与设计高程的高差，若为负值则表示测量点低于设计高程

续表 6-39

行号	参数类型	该行参数显示		参数含义
3	径向参数	R 5.50　-0.32	5.50	测量点处对应的基准线半径（即理论开挖线半径）
			-0.32	测量点处的超欠挖值，负值表示欠挖，正值表示超挖
4	角度参数	A -71°15′27.05″		测量点处的径向（即法线方向）角度，以正上方为 0°度方向，左转为负值，右转为正值

【例 6-9】 （模拟隧道案例）计算任务：案例一（湖南省 YZ～FTL 高速公路）某路段为隧道，横截面为不设仰拱的三心圆截面，如图 6-16 所示。在隧道开挖基本完成后，为检测其超欠挖，在开挖表面某点测量了一点的三维坐标为：$X = 6670.919m$，$Y = 2629.427m$，$Z = 284.556m$，试计算该点的超欠挖值。

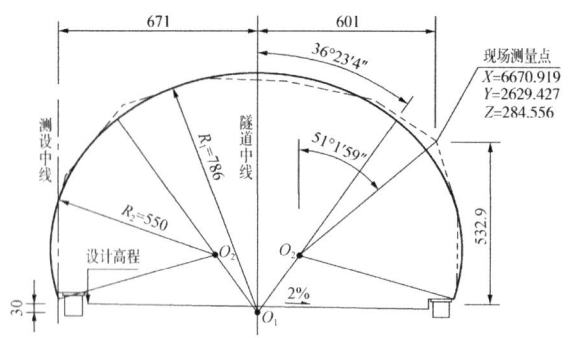

图 6-16　三心圆隧道拱顶超欠挖检测示意图

相关操作步骤见表 6-40。

表 6-40　公路施工放样综合程序 RDWORK 隧道超欠挖计算模式（三心圆拱顶）操作流程

步骤	屏幕显示	屏幕说明	按键操作	操作说明
1	XW?　　6660.016	接表 6-38 步骤 15	-1 [EXE]	工作模式第一个数据输入 -1，表示进入设置程序
2	PM DATA?[1-N]?　　0	等待输入路线平面用户数据库代码	[EXE]	当前值为 0，直接按 [EXE] 键确认，不调用用户数据库，使用当前的平面计算数据库

续表 6-40

步骤	屏幕显示	屏幕说明	按键操作	操作说明
3	ZDM DATA?[1-N]? 0	等待输入路线纵断面用户数据库代码	EXE	当前值为0，直接按EXE键确认，不调用用户数据库，使用当前的纵断面计算数据库
4	WORK TYPE?1-3D,2-FS,3-PM,4-LJ,5-SD? 5	选择工作模式	EXE	当前值为5，直接按EXE键确认，进行隧道超欠挖计算
5	GD[0],YG[1]? 0	选择隧道计算位置	EXE	当前值为0，直接按EXE键确认，计算拱顶
6	GD[0],YG[1]? 0 CE-PJ? 5.31	等待输入隧道中心线与测设中线的水平偏距	6.71 EXE	由图6-16可得，隧道中心线在测设中线的右侧6.71m，若隧道中心线在测设中线左侧，则数值为负值
7	5.31 6.71 R1? 5.5	等待输入第1圆半径	7.86 EXE	输入第1圆半径7.86m
8	5.5 7.86 O1-ANG? -1	等待输入第1圆的圆心角（半幅）	36 °'" 23 °'" 4 °'" EXE	输入第1圆的半幅圆心角：36°23′4″
9	-1 36°23′4″ O1-DH? 1.3	等待输入第1圆圆心与设计高程的高差	-0.3 EXE	第1圆圆心在设计高程以下0.3m，故该值输入负数
10	1.3 -0.3 R2? 0	等待输入第2圆半径	5.5 EXE	输入第2圆半径5.5m
11	ROAD SET OK	隧道参数设置完成	EXE	按确认键继续

续表 6-40

步骤	屏幕显示	屏幕说明	按键操作	操作说明
12	XW? -1	等待输入测量点 X 坐标	6670.919 [EXE]	输入测量点 X 坐标 6670.919
13	6670.919 -1 YW? 2642.665	等待输入测量点 Y 坐标	2629.427 [EXE]	输入测量点 Y 坐标 2629.427
14	2642.665 2629.427 ZW? 282.786	等待输入测量点高程 Z	284.556 [EXE]	输入测量点高程 284.556
15	8013.23 6.01 Z 279.23 5.33 R 5.50 0.43 A 51°1′59.29″	显示计算结果	[EXE]	按确认键继续
16	XW? 6670.919	等待输入下一个测量点 X 坐标	……	

表 6-40 步骤 15 的屏幕显示结果，读者可参考表 6-39 的解读，并结合图 6-16 进行理解。

【例 6-10】 （模拟隧道案例）计算任务：案例一（湖南省 YZ～FTL 高速公路）某路段为隧道，横截面因为地质条件限制而设有仰拱，如图 6-17 所示。在隧道开挖基本完成后，为检测仰拱的超欠挖情况，在仰拱开挖表面某点测量了一点的三维坐标为：$X = 6663.524$ m，$Y = 2627.879$ m，$Z = 277.846$ m，试计算该点的超欠挖值。

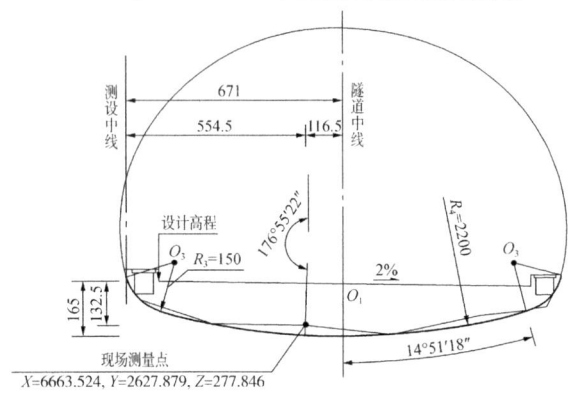

图 6-17 隧道仰拱超欠挖检测示意图

相关操作步骤见表 6-41。

表 6-41 公路施工放样综合程序 RDWORK 隧道超欠挖计算模式（仰拱）操作流程

步骤	屏幕显示	屏幕说明	按键操作	操作说明
1	XW? 6670.919	接表 6-40 步骤 16	-1 [EXE]	工作模式第一个数据输入 -1，表示进入设置程序
2	PM DATA?[1-N]? 0	等待输入路线平面用户数据库代码	[EXE]	当前值为 0，直接按 [EXE] 键确认，不调用用户数据库，使用当前的平面计算数据库
3	ZDM DATA?[1-N]? 0	等待输入路线纵断面用户数据库代码	[EXE]	当前值为 0，直接按 [EXE] 键确认，不调用用户数据库，使用当前的纵断面计算数据库
4	WORK TYPE?1-3D,2-FS,3-PM,4-LJ,5-SD? 5	选择工作模式	[EXE]	当前值为 5，直接按 [EXE] 键确认，进行隧道超欠挖计算
5	GD[0],YG[1]? 0	选择隧道计算位置	1 [EXE]	输入 1，计算仰拱
6	1 0 CE-PJ? 6.71	等待输入隧道中心线与测设中线的水平偏距	[EXE]	当前值为 6.71，本例不变，按 [EXE] 键确认
7	CE-PJ? 6.71 R4? 0	等待输入第 4 圆半径	22 [EXE]	输入第 4 圆半径 22m
8	22 0 O4-ANG? 0	等待输入第 4 圆的圆心角（半幅）	14 [°'"] 51 [°'"] 18 [°'"] [EXE]	输入第 4 圆的半幅圆心角：14°51′18″

221

续表 6-41

步骤	屏幕显示	屏幕说明	按键操作	操作说明
9	14°51′18° -1 O4-DH? 0	等待输入仰拱拱底（第4圆底部）与设计高程之差	-1.65 [EXE]	仰拱拱底（第4圆底部）在设计高程以下1.65m，故该值输入负数
10	0 -1.65 R3? 0	等待输入第3圆半径	1.5 [EXE]	输入第3圆半径1.5m
11	ROAD SET OK	隧道参数设置完成	[EXE]	按确认键继续
12	XW? -1	等待输入测量点X坐标	6663.524 [EXE]	输入测量点X坐标6663.524
13	-1 6663.524 YW? 2629.427	等待输入测量点Y坐标	2627.879 [EXE]	输入测量点Y坐标2627.879
14	2629.427 2627.879 ZW? 284.556	等待输入测量点高程Z	277.846 [EXE]	输入测量点高程277.846
15	8015.60 -1.17 Z 279.17 -1.33 R 22.00 -0.29 A -176°55′21.73″	显示计算结果	[EXE]	按确认键继续
16	XW? 6663.524	等待输入下一个测量点X坐标	……	

表 6-41 步骤 15 的屏幕显示结果，读者可参考表 6-39 的解读，并结合图 6-17 进行理解。

参考文献

[1] JTG C10-2007 公路勘测规范 [S]. 北京：人民交通出版社，2007.
[2] 符锌砂. 公路计算机辅助设计 [M]. 北京：人民交通出版社，1998.
[3] 朱照宏，符锌砂. 道路勘测设计软件开发与应用指南 [M]. 北京：人民交通出版社，2003.
[4] 刘培文. 公路施工测量技术 [M]. 北京：人民交通出版社，2003.
[5] CASIO fx-5800P 用户说明书.
[6] 覃辉. 测量程序与新型全站仪的应用 [M]. 北京：机械工业出版社，2006.
[7] 覃辉，段长虹. CASIO fx-4800P 矩阵编程计算器原理与实用测量程序 [M]. 上海：同济大学出版社，2007.
[8] 覃辉. CASIO fx-4800P/fx-4850P 与 fx-5800P 编程计算器功能比较与程序转换 [M]. 上海：同济大学出版社，2009.
[9] 王建忠. 现代公路测量使用程序及其应用——CASIO fx-4850P/4800P 计算器编程 [M]. 北京：人民交通出版社，2006.
[10] 王中伟. CASIO fx-5800P 计算器与道路坐标放样计算 [M]. 广州：华南理工大学出版社，2008.
[11] 李孟山，李少元. 计算公路匝道点位坐标的复化辛普森公式 [J]. 测绘通报，2000 (1).
[12] 李全信. 线路中边桩坐标计算的通用 Gauss Legendre 公式 [J]. 工程勘察，2002 (3).
[13] 王中伟. 路线定点求桩计算的统一数学模型 [J]. 交通科技与经济，2008 (6).
[14] 王中伟. 基于 JAVA 手机的道路测量软件中的平面模型问题 [J]. 湖南交通科技，2009 (1).
[15] 李仕东. 工程测量 [M]. 第二版. 北京：人民交通出版社，2005.
[16] 张超，郑南翔，王建设. 路基路面试验检测技术 [M]. 北京：人民交通出版社，2004.
[17] 杨晓丰，李云峰. 路基路面检测技术 [M]. 北京：人民交通出版社，2006.
[18] 颜庆津. 数值分析 [M]. 北京：北京航空航天大学出版社，2000.